Soziologien in Neuseeland

Charles Crothers

Soziologien in Neuseeland

Springer VS

Charles Crothers
Fakultät für Sozialwissenschaften
Technische Universität Auckland
Auckland, Neuseeland

ISBN 978-3-031-24987-7   ISBN 978-3-031-24988-4 (eBook)
https://doi.org/10.1007/978-3-031-24988-4

Die Deutsche Nationalbibliothek verzeichnet diese Publikation in der Deutschen Nationalbibliografie; detaillierte bibliografische Daten sind im Internet über http://dnb.d-nb.de abrufbar.

Springer VS
© Der/die Herausgeber bzw. der/die Autor(en), exklusiv lizenziert an Springer Nature Switzerland AG 2023
Das Werk einschließlich aller seiner Teile ist urheberrechtlich geschützt. Jede Verwertung, die nicht ausdrücklich vom Urheberrechtsgesetz zugelassen ist, bedarf der vorherigen Zustimmung des Verlags. Das gilt insbesondere für Vervielfältigungen, Bearbeitungen, Übersetzungen, Mikroverfilmungen und die Einspeicherung und Verarbeitung in elektronischen Systemen.
Die Wiedergabe von allgemein beschreibenden Bezeichnungen, Marken, Unternehmensnamen etc. in diesem Werk bedeutet nicht, dass diese frei durch jedermann benutzt werden dürfen. Die Berechtigung zur Benutzung unterliegt, auch ohne gesonderten Hinweis hierzu, den Regeln des Markenrechts. Die Rechte des jeweiligen Zeicheninhabers sind zu beachten.
Der Verlag, die Autoren und die Herausgeber gehen davon aus, dass die Angaben und Informationen in diesem Werk zum Zeitpunkt der Veröffentlichung vollständig und korrekt sind. Weder der Verlag, noch die Autoren oder die Herausgeber übernehmen, ausdrücklich oder implizit, Gewähr für den Inhalt des Werkes, etwaige Fehler oder Äußerungen. Der Verlag bleibt im Hinblick auf geografische Zuordnungen und Gebietsbezeichnungen in veröffentlichten Karten und Institutionsadressen neutral.

Planung/Lektorat: Cori Antonia Mackrodt
Springer VS ist ein Imprint der eingetragenen Gesellschaft Springer Nature Switzerland AG und ist ein Teil von Springer Nature.
Die Anschrift der Gesellschaft ist: Gewerbestrasse 11, 6330 Cham, Switzerland

An die soziologische Gemeinschaft Neuseelands – in Vergangenheit, Gegenwart und Zukunft – in der Hoffnung, dass diese historischen Überlegungen zum Stand unserer Disziplin in Neuseeland zu einer besseren analytischen Bodenhaftung, zu einer besseren Beweisführung und zu einer wirksamen Politikberatung in der Zukunft führen werden.

Vorwort

Als Neuseeland (NZ) von den zunächst ergebnislosen Wahlen im September 2017 erschüttert wurde, kommentierte der Māori-Führer der „Königsmacher"-Minderheiten-Partei (Winston Peters von *New Zealand First*, im Folgenden „NZF") am Tag nach der Wahl den Niedergang der Māori-Partei, die bei der vorherigen Wahl zwei Sitze errungen hatte. Nachdem er den Vorsitzenden dieser Partei als „wunderbaren Neuseeländer" gelobt hatte, kritisierte er dessen politische Vorstellungen: „... Ich denke, einige seiner politischen Ideen waren falsch ... Seine Politik war die Art von Politik aus dem soziologischen Fachbereich der ... Sie ist eigentlich Müll für die Māori. Sie wird den Māori nicht helfen, und deshalb ist sie am Ende gescheitert". Hatte die neuseeländische Soziologie damit den Gipfel des Erfolgs – oder der Berühmtheit – erreicht? Die Verbindung zu dem Kommentar war offenbar ein Soziologie-Student, der der NZF-Führung nahesteht, und der Kommentar bezog sich vermutlich auf die Ideen der kulturellen Rehabilitation und der gezielten und angemessenen Wohlfahrtsunterstützung, die Winston Peters anprangerte. Die Verbindung zur Soziologie ist jedoch weitgehend ein Zufallstreffer und wurde nicht weiter aufgegriffen. Die Soziologie hatte noch nicht den Höhepunkt ihrer Wirkung erreicht. Stattdessen erzählt dieser Band eine Geschichte nüchterner und solider Errungenschaften.

Im Jahr 2013 feierte die SAANZ (in der ersten Hälfte ihres Bestehens stand das Akronym für die Sociological Association of Australia/New Zealand und später für die Sociological Association of Aotearoa/New Zealand) den 50. Jahrestag ihrer Gründung. Die Wahl des Zeitpunkts ist etwas willkürlich, aber sicherlich waren die späten 1950er- bis zu den späten 1960er-Jahren ein Gründungsjahrzehnt. Der australische Verband (TASA) feierte mit einer Ansprache von Raewyn Connell (2014), „Setting Sail", und dem Start einer historischen Website, http://www.tasa.org.au/about-tasa/tasa-history/, mit Kurzbiografien prominenter australischer Soziologen (einige davon mit Verbindungen zu Neuseeland: Athol Congalton, Cora Baldock und Evan Willis). Die SAANZ feierte dies im Dezember 2013 mit einer Konferenzsitzung zur Geschichte mehrerer Fachbereiche und einer abschließenden Plenarsitzung, bei der Soziologen aus verschiedenen Jahrzehnten über ihre Karrieren berichteten (Schmidt et al., 2014). Weitere Arbeiten führten zu zwei Sonderausgaben der Verbandszeitschrift (*New Zealand Sociology*) in den Jahren 2014 und 2016 (Tab. 1.1), die – zusammen mit anderen Quellen – das Ausgangsmaterial für dieses Buch bilden.

Eine historische Soziologie der Soziologie muss jedoch nicht auf solche ritualisierten Zeitmarken warten, da jedes Selbststudium von Nutzen sein sollte. McFalls, Engle und Gallagher (1999, S. 96) weisen darauf hin, dass „es ironisch ist, dass Soziologen, die sich intensiv mit den Merkmalen aller möglichen Gruppen beschäftigen, so wenig über sich selbst wissen". Die vorliegende Monografie liefert Informationen und Analysen zur Geschichte und zur gegenwärtigen Situation der Soziologie in Neuseeland und gibt einen Überblick über ihre Stärken und Schwächen im Laufe der Zeit und im globalen Kontext. Dies ist nicht nur für Neuseeland von Interesse, sondern auch für die Entwicklung und das Überleben von Disziplinen in (halb-)peripheren Ländern, und diese Monografie liefert neben anderen Bänden der Palgrave Macmillan-Reihe „*Sociology Transformed*" einen Beitrag dazu.

Die Entwicklung der neuseeländischen Soziologie wird in vier großen Phasen nachgezeichnet: vor-disziplinär (Kap. 2), gemeinschaftsempirisch, spezialisiert und zeitgenössisch (Kap. 3, 4 und 5). Die Entwicklung zeigt, dass die Soziologie in der vor-disziplinären Phase diffus war, sich anschließend in Disziplinen aufteilte, die sich dann in einem Netz von entstehenden Spezialgebieten ausdehnten, um schließlich weitgehend in die heutigen Semi-Silos zurückzufallen (re-diszipliniert), obwohl andere soziologische Strömungen bestehen bleiben. Die Geschichte entfaltet sich auf drei Ebenen: Aufstieg und Niedergang der Fachbereiche (Kap. 3), Aufstieg und Niedergang der Spezialgebiete (Kap. 4), und die Spezialgebiete, die Forschungsnetzwerke hervorgebracht haben (oder auch nicht: Kap. 5).

Diese Monografie untersucht insbesondere die Beziehung zwischen der „Mainstream-/Akademiker-Soziologie" und der diffuseren „anderen" Soziologie, die oft übersehen wird (Brickell, 2007). Die (halb-)periphere Position Neuseelands in Bezug auf die Weltsoziologie bedeutet, dass es sich in einer deutlich asymmetrischen Position befindet, und während es sowohl direkt als auch indirekt wichtige Einflüsse aus Übersee auf die neuseeländische Soziologie gab, gab es relativ geringe Einflüsse auf den metropolitanen Kern: beide Richtungen werden behandelt. Der Zweck des Buches (wie auch der vorangegangenen Sonderausgaben der *New Zeeland Sociology*) besteht weitgehend darin, die Vergangenheit aufzuzeichnen, aber auch eine Plattform für Überlegungen zur Zukunft zu bieten, die einen Rückblick auf die Gegenwart erfordern. Es bleibt zu hoffen, dass die Veröffentlichung dieses Buches dazu beiträgt, den beklagenswerten Mangel an historischem Bewusstsein zu beheben, der viele neuseeländische Soziologen und unsere Doktoranden zu plagen scheint.

Ein Historiker der Soziologie sollte den Begriff von den Subjekten definieren lassen; eine vorläufige Definition ist jedoch ein notwendiger Ausgangspunkt. Ich verstehe Soziologie als den expliziten Versuch, soziale Strukturen (im Besonderen oder im Allgemeinen) zu verstehen und zu untersuchen und dabei einschlägige theoretische und methodologische Instrumente einzusetzen und sich mit mindestens einer der drei Gruppen der vergleichenden/historischen, der Makro- und der Mikroanalyse (vorzugsweise mit allen) zu beschäftigen. Diese Studie ist deskriptiv, aber auch erklärend, wobei der Schwerpunkt weniger auf bestimmten Inhalten als vielmehr auf sozialen Prozessen liegt.

Die Monografie ist in fünf umfangreiche Kapitel gegliedert, zwischen denen sich einleitende und zusammenfassende Texte befinden:

1. In der Einleitung werden die Forschungsfragen vorgestellt und der theoretische Rahmen und die Methodik der Studie beschrieben, gefolgt von Skizzen des spezifischen Kontexts und der Periodisierung des Landes, seiner Universitäten und seiner Forschungseinrichtungen;
2. Dargestellt wird die Soziologie vor der Etablierung der akademischen Mainstream-Soziologie um 1960;
3. Die Entwicklungen in den Hauptfächern der Soziologie bis zur Gegenwart werden dokumentiert;
4. Spezialgebiete der Soziologie und ihre über die Soziologie hinausgehenden Ergänzungen werden erforscht;

5. Untersucht werden kollektive institutionelle Merkmale sowie Personal, soziologische Forschung und Publikationsergebnisse;
6. Es werden Schlussfolgerungen aus den Erfahrungen der neuseeländischen Soziologie gezogen.

Literatur

Brickell, C. (2007). Those "other sociologists": Social analysis before sociology. *New Zealand Sociology, 22*(2), 195–218.

McFalls, J. A., Jr., Engle, M. J., & Gallagher, B. J., III. (1999). The American sociologist: Characteristics in the 1990s. *The American Sociologist, 30*(3), 96–100.

Schmidt, J., Russell, M., McManus, R., Matthewman, S., Baker, M., & Pearson, D. (2014). 'The sociological working life': Final Plenary presentations at SAANZ conference. *New Zealand Sociology, 29*(1), 162–179.

Point Chevalier, Auckland, New Zealand Charles Crothers
November 2017

DANKSAGUNG

Mein Dank gilt denjenigen, die Studien über die Geschichte der neuseeländischen Soziologie für die Sonderausgaben der *New Zealand Sociology* verfasst haben, sowie anderen historischen Autoren. Mehrere Kollegen diskutierten Teile der Entwürfe dieses Buches und gaben wertvolle Kommentare ab: Cluny Macpherson, David Pearson und Martin Tolich. Von meinen Kollegen haben insbesondere Chris Brickell und Paul Spoonley aufschlussreiche Beiträge über Aspekte der Geschichte der neuseeländischen Soziologie geschrieben. Stephen Turner machte einige nützliche und provokative Vorschläge für Erklärungsansätze.

Inhaltsverzeichnis

1	Einführung	1
2	Eine lange Vorgeschichte: Bis 1960	25
3	Fachbereiche: Die operationellen Einheiten der Universitätssoziologie	39
4	Interessengebiete der Soziologie und angrenzende Disziplinen	75
5	Die Produktion der neuseeländischen Soziologie	119
6	Schlussfolgerung	151
	Literatur	161

Über den Autor

Professor Charles Crothers hat an der Victoria University of Wellington (VUW) in Soziologie promoviert, nachdem er zuvor an der University of Waikato studiert hatte. Nach fünf Jahren als Leiter des Fachbereichs Soziologie an der University of Natal Durban kam er 2001 an die Auckland University of Technology (AUT) in Auckland, nachdem er zuvor an den Universitäten von Auckland und VUW sowie im Fachbereich für Stadt- und Landesplanung des Ministeriums für Bau und Entwicklung gearbeitet hatte. Er ist Professor für Soziologie an der AUT und Senior Research Associate an der University of Johannesburg. Zu Charles' aktuellen Forschungsgebieten gehören die Sozialtheorie (das Werk von Robert K. Merton und die Sozialstruktur), Methoden der angewandten Sozialforschung und politische Prozesse, die Geschichte und aktuelle Situation der Soziologie sowie Siedlergesellschaften (insbesondere Neuseeland und Südafrika). Er war Mitherausgeber von *New Zealand Sociology* (2008–2016) und ist jetzt Herausgeber von *Kotuitui: New Zealand Journal of Social Sciences Online*. Für die UNESCO-Online-Enzyklopädie hat er ein Thema zur „Geschichte und Entwicklung der Soziologie" entwickelt und bearbeitet. Er hat Bücher über Robert K. Merton und die Sozialstruktur geschrieben, rund ein Dutzend Sonderausgaben oder ähnliche Sammlungen herausgegeben und ein weiteres Dutzend Monografien sowie zahlreiche Kapitel, Fachartikel und andere Artikel und Rezensionen verfasst.

Tabellenverzeichnis

Tab. 1.1	Sonderausgaben von *New Zealand Sociology* zur Geschichte der neuseeländischen Soziologie, 1 = 29 (4) 2014 und 2 = 31 (3) 2016	7
Tab. 1.2	Studentenzahlen nach Art der tertiären Bildungseinrichtung	15
Tab. 1.3	Das neuseeländische Hochschulsystem	16
Tab. 3.1	Neuseeländische Soziologie-Studiengänge im Hauptstudium	40
Tab. 3.2	Assoziierte Studienfächer	41
Tab. 3.3	Anzahl und institutionelle Verteilung des Hochschulpersonals im Bereich Soziologie in Neuseeland im Laufe der Zeit	42
Tab. 3.4	Merkmale des neuseeländischen Hochschulpersonals im Bereich Soziologie im Zeitverlauf	42
Tab. 3.5	Schüler in sozialwissenschaftlichen Fächern	44
Tab. 3.6	Soziologische Abschlussarbeiten	46
Tab. 5.1	Soziologiebezogene Projekte innerhalb des BRCSS-Kollegiums	125
Tab. 5.2	Teilnahme Neuseelands an länderübergreifenden Erhebungen	130
Tab. 5.3	SAANZ-Präsidenten	134
Tab. 5.4	Gemeinschaftliche und verwandte Studien	139
Tab. 5.5	Überblick über neuseeländische Soziologie-Texte	144
Tab. 5.6	Zeitschriften-Sonderausgaben/Symposien	146
Tab. 5.7	Fachgebiet nach Zeitschrift (1960–2008)	147

KAPITEL 1

Einführung

Zusammenfassung Es wird ein konzeptioneller Rahmen für die Analyse einer „nationalen Soziologie" skizziert, der darauf hindeutet, dass Wissensprojekte mehrere Stufen durchlaufen, von der Problemauswahl über die Mobilisierung von Theorien, Methoden, Ressourcen und Daten bis hin zur Produktion einer Vielzahl von Arten (Genres) von Ergebnissen für eine Vielzahl von Zielgruppen. Einige der wichtigsten Merkmale der neuseeländischen Gesellschaft im Laufe der Zeit, die die Entwicklung der neuseeländischen Soziologie prägen könnten, werden skizziert, wobei der Schwerpunkt auf Zeiten liegt, in denen Neuseeland als „soziales Labor" angesehen wurde. Im Gegenzug wird der Aufbau des neuseeländischen Universitätssystems im Laufe der Zeit als das Umfeld skizziert, in dem die akademischen Programme angesiedelt sind. Die Methoden, die bei der Entwicklung dieser historischen Soziologiestudie angewandt wurden, werden beschrieben und ihre Möglichkeiten und Grenzen dargelegt. Angesichts der Fülle der verfügbaren Informationen ist es möglich, die beträchtliche Ausdehnung der Soziologie auf viele Standorte innerhalb der Universitäten aufzuzeigen und den Aufstieg und Niedergang von Soziologien und Fachbereichen im Laufe der Zeit nachzuzeichnen.

Dieses Kapitel gibt einen Überblick über die verschiedenen Kontexte, in die die Geschichte der Soziologie Neuseelands eingeordnet werden soll. Es werden die Analyseinstrumente der Soziologie der Soziologie be-

© Der/die Autor(en), exklusiv lizenziert an Springer Nature
Switzerland AG 2023
C. Crothers, *Soziologien in Neuseeland*,
https://doi.org/10.1007/978-3-031-24988-4_1

trachtet, gefolgt von einer Diskussion der Daten, die für die Erstellung dieses Buches herangezogen wurden. Die Charakteristika der neuseeländischen Gesellschaft und ihrer Geschichte werden skizziert, und anschließend wird die Struktur der neuseeländischen Universitäten und der Forschungsinfrastruktur skizziert. Diese Hintergründe werden in den Kapiteln über die Geschichte der neuseeländischen Soziologie als Erklärungsgrundlage herangezogen.

1.1 Konzeptualisierung

Christian Fleck (2015) hat kürzlich eine Reihe von Schlüsselbereichen vorgeschlagen, die eine gewisse Orientierung für die Analyse wissenschaftlicher Unternehmen bieten: Menschen, Ideen, Instrumente, Institutionen und Kontexte. Innerhalb dieses Rahmens werden Kuhns Konzepte von Paradigmen (oder Traditionen) weitgehend herangezogen, um konzeptionelle/methodische Verschiebungen aufzudecken und allgemeiner auf die Rolle der „Ressourcenmobilisierung" hinzuweisen (Auswirkungen verschiedener verfügbarer Ressourcen zu verschiedenen Zeiten/Orten).

Das angewandte konzeptionelle Schema hat vier Ebenen. Die erste ist der Kontext, sowohl auf nationaler als auch auf internationaler Ebene, der Universitätsstrukturen, der Forschungsförderungsstrukturen und anderer Institutionen. Disziplinen (und ähnliche Einheiten) operieren innerhalb dieser Kontexte und setzen sich wiederum aus Fachbereiche, disziplinären „Fraktionen" (z. B. Mainstream/Sonstige) und Spezialgebieten zusammen. Schließlich sind in all diesen Einheiten die beteiligten Personen zu finden: akademisches Personal, Forscher, Verwaltungsangestellte, Studenten und „Verbraucher" oder „Publikum", zusammen mit ihren sozialen Merkmalen, Einstellungen und Verhaltensweisen sowie ihren individuellen und kollektiven „Ergebnissen". Die Erklärung der Ergebnisse der NZ-Soziologie muss sich nicht nur auf jede dieser vier Ebenen stützen, sondern auch auf deren Kombinationen.

Die Disziplinen stehen im Mittelpunkt des Konzepts. Akademische Disziplinen sind sozial konstruiert, und ihre Grenzen werden von denjenigen überwacht, die sie aufrechterhalten. Der Grundstein für die gegenwärtige internationale (zumindest angelsächsische) Aufstellung der sozialwissenschaftlichen Disziplinen wurde in den 1890er-Jahren gelegt, obwohl in den letzten Jahrzehnten eine Lockerung und zunehmende Fließfähigkeit der disziplinären Grenzen zu beobachten war, mit dem Aufkommen (und gelegentlichen Niedergang) verschiedener Studienbereiche.

Dennoch konnte die Soziologie (auch in Neuseeland) durchweg eine starke disziplinäre Identität bewahren. Andererseits hat die formale Soziologie bei weitem nicht das gesamte Spektrum der soziologischen Tätigkeit erfasst.

Es hat immer (und in zunehmendem Maße) zwei Soziologien oder „Fraktionen" gegeben: die in den Mainstream-Programmen der Mainstream-Universitäten und die „am Rande" oder die „Anderen" – vielleicht eine Unterscheidung zwischen **Soziologie** und Soziologie. Als Mainstream-Fachbereiche werden diejenigen definiert, die sich formell zur Soziologie als Disziplin bekennen und (hauptsächlich) mit Institutionen wie den Soziologieverbänden assoziiert sind, die sich auch formell als zentral mit der Soziologie als Disziplin verbunden sehen. Außerhalb dieses Mainstreams sind viele Wissenschaftler oder andere Intellektuelle mit einer soziologischen Perspektive infiziert, praktizieren ihre Soziologie aber außerhalb der Grenzen der formalen Soziologiefachbereiche. Die Beziehungen zwischen den beiden Fraktionen ändern sich im Laufe der Zeit. Die breitere Perspektive und Verortung der Soziologie wurde in den letzten Jahrzehnten durch einen zunehmenden und weit verbreiteten Konsens über eine Reihe von Gesellschaftstheoretikern (z. B. Foucault, Bourdieu) und über Methoden der Sozialforschung gestärkt, die beide, wenn überhaupt, innerhalb der Soziologie als Disziplin angesiedelt (oder zumindest lose mit ihr verbunden) zu sein scheinen.

In einigen Ländern sind diese Brüche deutlicher sichtbar: Einige scheinbar „soziologische" Spezialgebiete führen ein von der Mainstream-Soziologie getrenntes institutionelles Leben, was in der US-amerikanischen Soziologie durch separate Vereinigungen (z. B. die American Society for the Study of Religion) sichtbar wird. Einige Spezialgebiete sind als getrennte Bereiche innerhalb benachbarter Disziplinen institutionalisiert: eine davon ist die Bildungssoziologie innerhalb der Erziehungswissenschaft, aber es gibt auch politische, wirtschaftliche und andere Soziologien, die Zwischenbereiche zwischen der Soziologie und anderen Disziplinen einnehmen. Was in der Kurzform als Dichotomie dargestellt wird, ist in der Praxis natürlich ein Kontinuum.

Die Disziplinen sind größtenteils in verschiedenen nationalen Kontexten angesiedelt und können innerhalb dieser Kontexte auf recht unterschiedliche Weise funktionieren: daher das Konzept einer „nationalen Soziologie", das die besonderen Merkmale der Soziologie eines Landes im Vergleich zu anderen nationalen Soziologien widerspiegelt. Solche Merkmale können die Charakteristika der Gesellschaft oder der Gemeinschaft der in ihr ansässigen oder sie studierenden Soziologen widerspiegeln, oder alles zusammen. Es gibt mehrere verwandte Modelle einer nationalen Soziologie, die als Interpretationshilfe dienen können. Ein puristisches disziplinäres Modell würde bedeuten, dass eine nationale Soziologie die klassische oder Mainstream-„Kern"-Soziologie reproduziert (oder sogar ergänzt), insbesondere für Studenten, ohne viel Rücksicht auf lokale Gegebenheiten – auch wenn es eine gewisse lokale Anwendung geben könnte. Ein stärker lokal ausgerichtetes Modell geht von der Vorstellung aus, dass jede Gesellschaft eine Reihe von Mythen über ihre eigenen Merkmale hat und dass die lokale Soziologie (zusammen mit verschiedenen anderen Kenntnissen und Ideologien) in unterschiedlicher Entfernung davon steht. In diesem Konzept setzt sich die lokale Soziologie mit den gängigen Mythen und alternativen Gesellschaftsbildern auseinander und orientiert sich bei ihrer Forschungsagenda an den Anliegen der Öffentlichkeit. Ein anderes Modell sieht die Soziologie weniger als akademische Tätigkeit, sondern vielmehr als einen kognitiven Rahmen, der das soziale Handeln prägt. Im Großen und Ganzen kann man sagen, dass eine nationale Soziologie das ist, was die in diesem Land ansässigen Soziologen tun, und eine andere ist eine Soziologie, die sich auf den Gegenstand eines bestimmten Landes konzentriert (unabhängig davon, wo die an einer solchen Soziologie beteiligten Soziologen ansässig sind). In diesem Buch wird untersucht, inwieweit es eine nationale NZ-Soziologie gibt.

Raewyn Connell (z. B. 2007) hat argumentiert, dass es eine Hierarchie zwischen den nationalen Soziologien gibt: Imperiale oder metropolitane „Kerne" kolonisieren die Sozialforschung in der „Peripherie" und saugen deren akademisches Talent und ihre Daten aus, die durch die vom Kern bereitgestellten Theorien zu interpretieren sind. Großstädtische Theorien und Modelle der Sozialforschungsmethodik werden ohne große lokale Anpassung in Dienst gestellt.

Akademische Fachbereiche für Soziologie sind Teil der sich wandelnden Universitätsstrukturen, einschließlich der Modelle für die Strukturierung von Wissen und die Arbeitsteilung. Es gibt nur eine begrenzte internationale Literatur über akademische Fachbereiche, obwohl die Wissenschaftssoziologie der Struktur und Dynamik wissenschaftlicher Fachbereiche viel Aufmerksamkeit gewidmet hat. Akademische Fachbereiche wurden im Laufe der Zeit durch verschiedene Ideologien von „Organisationsmustern" geformt, obwohl sie in vielerlei Hinsicht „feudale" Strukturen mit Kastenlinien zwischen den verschiedenen Ebenen bilden. Eine Zeit lang tendierten die NZ-Fachbereiche dazu, nach dem Modell eines professoralen Leiters organisiert zu sein, wobei der Professor in die Rolle des Fachbereichsleiters (Head of Department, HOD) eingespannt war und der Rest der Ränge als Untergebene in seinem (!!) Schatten auftraten. Dies ist eine schwächere Version des noch radikaleren deutschen Modells, bei dem der HOD das Zentrum war, das den Rest der Einheit zusammenhielt. Im Laufe der Zeit wurde die Verbindung zwischen Professoren und Leitern durch rotierende Lehrstühle und befristete Amtszeiten der Leiter geschwächt. Die Fachbereiche waren tendenziell stark autonome Einheiten mit eigenem Hilfspersonal, eigenen Räumen usw., wenn auch im Allgemeinen unter der Aufsicht der Fakultäten.

In jüngerer Zeit (in den letzten zwei Jahrzehnten) hat man die Größenvorteile von Fachbereichen als nicht kosteneffizient angesehen und stattdessen die Zusammenlegung zu größeren Einheiten (oft als „Schulen" bezeichnet) angestrebt. Einige Fachbereiche waren jedoch von Anfang an multidisziplinär ausgerichtet, wobei die Soziologie auf komplexe (und möglicherweise problematische) Weise in sie integriert wurde. Diese Veränderungen gehen mit dem Wechsel zu geschäftsführenden Dekanen und einer insgesamt wettbewerbsintensiveren Situation einher, in der die Forschung immer mehr durch Prüfungskulturen – insbesondere Forschungsbewertungsschemata wie den neuseeländischen Performance-based Research Fund (PBRF) – und die Kosten für Lehre und Verwaltung angetrieben wird. Zwar wurde den Studiengängen ein Teil ihrer früheren (finanziellen und autoritativen) Autonomie genommen, doch funktionieren viele von ihnen in erheblichem Maße weiter wie zuvor. HODs mit einem hohen Verwaltungsaufwand stehen nun Programmleitern mit begrenzten Befugnissen vor. Die Einbettung von Fachbereichen in größere Schulen entschärft ihre Grenzen und bietet neben der gezielteren administrativen Unterstützung auch eine stärkere Vernetzung von Lehre und Forschung, wobei es für die HODs eine erhebliche Belastung darstellt, Gruppen zusammenzuhalten, die es nicht immer gewohnt sind, zusammenzuarbeiten.

Disziplinen und ihre Bestandteile werden durch ihren nationalen Kontext geprägt oder zumindest begrenzt. Dazu gehören Rechts- und Machtstrukturen, Finanzierung, Einstellungspolitik und Personalverwaltung sowie eine Reihe anderer Mechanismen. Die Merkmale der Universitäten werden ihrerseits von der nationalen Politik beeinflusst. Einige dieser Merkmale sind in zunehmendem Maße in nationale „Wissenschafts- und Innovationssysteme" eingebettet, in denen ein geplanter und systematischer Ansatz zur Erreichung nationaler Ziele verfolgt wird.

Es gibt auch umfassendere Fragen über den aktiveren Einfluss der Soziologie in Form einer „öffentlichen Soziologie" oder die von Merton und Wolfe (1995) aufgeworfenen Fragen über die Einbindung der Soziologie in die breitere Gesellschaft, wie die Übernahme soziologischer Begriffe in den öffentlichen Diskurs.

1.2 Methoden

Die Kleinteiligkeit von NZ ermöglicht eine umfassendere Wahrnehmung der Disziplin als Ganzes, als dies in einer Geschichte größerer soziologischer Einrichtungen möglich wäre. Es ist auch möglich, mehr von den feinkörnigen Feinheiten des soziologischen Unternehmens zu vermitteln als nur grobe Pinselstriche.

Dieses Buch stützt sich im Wesentlichen auf das Material, das die Autoren einer Sonderausgabe der *New Zealand Sociology* von 2014 zur Geschichte der Soziologie in Neuseeland zusammengetragen haben (Crothers, 2014), gefolgt von einer weiteren Sonderausgabe im Jahr 2016 (Tab. 1.1). Diese Geschichten deckten sieben der „Fachbereiche" ab, die die wichtigsten institutionellen Standorte der akademischen Soziologie waren, zusammen mit Aufsätzen über viele ihrer Spezialgebiete. Ich habe diese Studie erweitert, um die fehlenden Fachbereiche und andere Merkmale zu erfassen. Die Erlaubnis, auf veröffentlichtes Material zurückzugreifen, wurde von den derzeitigen Herausgebern von *New Zealand Sociology* (Juni 2017) erteilt.

Sowohl die bisher veröffentlichten Historien als auch dieses Buch stützen sich auf eine Vielzahl bereits veröffentlichter Quellen. Um einen Anhaltspunkt zu geben, enthält die Bibliografie in Crothers (2014) etwa 28 sogenannte allgemeine Artikel, 18 zu spezielleren soziologischen Bereichen, 7, die bestimmte Forschungsprogramme beschreiben, 14 Nachrufe/Pensionierungskommentare und weitere 8, die sich mit Fachbereichen oder Lehre befassen. Das ist ein beachtlicher Teil der gesamten neuseeländischen Soziologie-Literatur! Weitere historische Kommentare stammen von Austrin und Farnsworth (2007), Crothers (2005a, b, 2006, 2008a, b, 2010a, b, 2011, 2012, 2013a, b, 2016), Crothers und Pavlich (1995), Crothers und Gibben (1986), Crothers und Robb (1985), Crothers et al. (1981), Gidlow und Spoonley (1993), Hancock et al.(1996), Hansen (1965), McManus (2006), Mol (1968), Scott (1978), Shuker (2001), Spoonley (2003, 2016), Thompson (1967, 1972) und Thorns (2003).

Tab. 1.1 Sonderausgaben von *New Zealand Sociology* zur Geschichte der neuseeländischen Soziologie, 1 = 29 (4) 2014 und 2 = 31 (3) 2016

Charles Crothers: History of New Zealand Sociology: An introductory editorial 1: 2–25
Charles Crothers: Rounding out the picture: Editorial introduction to the second issue on history of New Zealand Sociology 2: 2–18
Part 1 Departments
Chris Brickell, Martin Tolich, and Bonnie Scarth: Sociology Before Sociology at Otago University 1: 26–42
Maxine Campbell: Reminiscing: Waikato takes root 1: 44–59
Allison M. Kirkman: Sociology at Victoria University of Wellington 1: 60–73
Charles Crothers, Cluny Macpherson and Steve Matthewman: History of Auckland Sociology Department (together with AUT) 1: 74–98
Rosemary Du Plessis: Sociology at the University of Canterbury: A very partial history 1: 99–123
Cora Baldock: Appendix: Migrant in New Zealand: 1964–1969 1: 124–137
Rupert Tipples, Michael Mackay and Harvey C. Perkins: Tracing the Development of a Sociological Orientation at Lincoln University 2: 19–38
Paul Spoonley, Graeme Fraser, and Steve Maharey: A New Zealand sociological imagination: The Massey story 2: 39–61
David Thorns: A journey in comparative historical sociology 2: 62–75
Part 2: Institutions and Fields
Chris Wilkes: The journal: Reflections from a founding editor 1: 138–139
Kevin Dew: Health sociology in New Zealand 1: 140–160
Appendix: Interview with John McKinlay *with Kevin Dew* 1: 161–168
David Pearson: Disinterested relations? Reflections on sociology and history in and beyond New Zealand 1: 169–186
Rex W. Thomson and Steve Jackson: History and development of the sociology of sport in Aotearoa New Zealand 2: 76–107
Phil Harington: Sociology and social work in New Zealand 2: 108–143
Ian Pool: The seminal relationship between demography and sociology 2: 144–165
Liz Gordon: The sociology of education in New Zealand: An historical overview 2: 166–183
Kevin Ward: Religion in New Zealand since the 1960s: Some sociological perspectives 2: 184–204
Alison Loveridge: Rural sociology in New Zealand: Companion planting? 2: 205–228
C. Nicholas Taylor and Michael Mackay: Social impact assessment (SIA) in New Zealand: Legacy and change 2: 229–245
David Neilson: Sociology on the left in New Zealand: Currents and contests in recent and future history 2: 246–267
Charles Crothers: Reverberations from Littledene: Empirical research in New Zealand sociology 2: 268–305

Andere Aufzeichnungen sind schwieriger direkt zu beschaffen, insbesondere in Ermangelung eines organisierten Archivs für die Vereinigung. Es wurde ein Programm für mündliche Überlieferungen gestartet, das jedoch ins Stocken geraten ist, da nur einige wenige aufgezeichnet wurden. Zu den weiteren Quellen gehören Sammlungen von Konferenzunterlagen, Serien von Arbeitspapieren der Fachbereiche, Dissertationen und Veröffentlichungen der Mitarbeiter. Neben der Zeitschrift gab es in den 1990er- und 2000er-Jahren viele Jahre lang einen Newsletter, der jedoch 2009 eingestellt wurde: Viele der darin enthaltenen Nachrichten ergänzen das historische Bild. Für alle neuseeländischen Universitäten und einige ihrer Einheiten wurde mindestens eine (in der Regel feierliche) Geschichte verfasst, und diese wurden nach relevantem Material durchsucht. Weitere Daten können den Erhebungen im Rahmen des BRCSS-Programms (siehe nachfolgende Diskussion: Witten, 2006) und den Prüfungen des PBRF (siehe nachfolgende Diskussion) entnommen werden.

Es wurden keine besonderen Anweisungen oder Vorlagen für die Geschichte der Fachbereiche und Spezialgebiete entwickelt, so dass die Berichterstattung nicht einheitlich ist. Viele Geschichten könnten zusätzlich zu den hier angesprochenen erzählt werden und können zukünftigen Historikern überlassen werden. Natürlich gibt es Geschichten, die hier *nicht* erzählt werden: schwierige Charaktere, Verrat, Faulheit, mangelnde Kompetenz und so weiter.

Zwischen den verschiedenen früheren Berichten und diesem Buch gibt es einen eindeutigen „Angelpunkt". Für die Einheimischen ist ihre nationale Soziologie von einer bedeutenden Reihe von Personen bevölkert, während für ein eher internationales Publikum lange Namenslisten ziemlich bedeutungslos sind. Wer sich dafür interessiert, kann jedoch Einzelheiten aus den zitierten Quellen entnehmen.

Es ist etwas schwierig, eine gleichmäßige zeitliche Abdeckung zu erreichen. Es ist einfacher (und sicherer, da die Beurteilungen objektiver sein können!), sich auf frühere Zeiträume zu konzentrieren. Da die früheren Zeiträume noch nicht so lange zurückliegen, war es glücklicherweise möglich, viele dieser Informationen zu erhalten. Es gibt zweifellos eine „Bibliotheksverzerrung" mit einer „Überauswahl" von früherem Material, das seinen Weg in Datenbanken gefunden hat, und einer Unterauswahl von neuerer, in Zeitschriften veröffentlichter Literatur. Es kann zu einer Verzerrung in Richtung Gegenwart kommen, da dies eine detaillierte zeitgenössische Beschreibung ermöglicht. Die Geschichten werden durch das „institutionelle Gedächtnis" zusammengehalten, das die Autoren kennen oder mit ihnen teilen. Einige der Studien, aus denen sie sich zusammensetzen, führten Inhaltsanalysen von Veröffentlichungen durch, indem sie in den Akten wühlten, während andere persönliche oder über das Internet vermittelte Interviews führten. Ich stütze mich auch auf andere Studien und Datenquellen, darunter historisches, qualitatives und bibliometrisches Material (z. B. aus *Sociological Abstracts*). Obwohl das Buch weitgehend historisch angelegt ist, wird versucht, Erklärungen für die beschriebenen Muster zu finden.

1.3 NEUSEELÄNDISCHE GESELLSCHAFT (HINWEIS: DIESER ABSCHNITT STÜTZT SICH AUF CROTHERS, 2017)

Neuseeland hat einige offensichtliche Merkmale. Es ist klein (von der Fläche her, aber vor allem von der Einwohnerzahl her – derzeit 4,5 Mio.), hat eine vielfältige und zerklüftete Landschaft („sauber, grün und schön") und ein gemäßigtes Klima. Es ist weit von Europa entfernt und teilt den Status einer „weißen Siedlerkolonie" mit den USA, Kanada und Australien (und in geringerem Maße mit den gemäßigten Ländern Lateinamerikas und Südafrikas). Große Einwanderungsströme aus dem Vereinigten Königreich und in jüngerer Zeit aus dem Südpazifik und jetzt auch aus Asien haben die einheimische Māori-Bevölkerung überwältigt, obwohl dieser Effekt zumindest teilweise durch den Aufschwung ausgeglichen wurde, den die jüngste Māori-Renaissance und die stärkere Betonung des Vertrags von Waitangi als verfassungsrechtlicher Eckpfeiler bewirkt haben. Als ein Land in halber Peripherie, das wirtschaftlich und in gewissem Maße auch kulturell, politisch und militärisch immer noch an sein Mutterland, die USA und jetzt auch an Asien gebunden ist, hat Neuseeland dazu tendiert, Primärprodukte im Austausch gegen Industriegüter und postindustrielle Dienstleistungen zu produzieren. Aufgrund dieses Schwerpunkts auf der Primärproduktion ist das Land auch moralisch vom ländlichen Sektor dominiert worden. Das Land ist zwar mäßig wohlhabend, hat aber einen wirtschaftlichen Niedergang erlitten und befindet sich heute am Ende der OECD-Länder.

Der allgemeine Arbeitskräftemangel in den frühen Jahren Neuseelands bedeutete, dass Forderungen wie die nach einem 8-Stunden-Tag (der weit unter den Normen „zu Hause" lag) (größtenteils) erfüllt wurden, und das Bestreben, soziale Unterschiede zu beseitigen, war beträchtlich. Darüber hinaus wurde die Ideologie des Egalitarismus durch die materiellen Bedingungen verstärkt. Bezahlbares Land war relativ leicht verfügbar, und viele Arbeiter konnten ihren Lohn mit selbst angebautem Gemüse und Obst aufbessern. Soziale Hierarchien in verschiedenen Formen blieben unweigerlich bestehen, veränderten sich aber im Laufe der Zeit. So züchtete beispielsweise eine wohlhabende *Squattokratie* Schafe auf gepachtetem Land in den weiten Tussock-Ebenen der Südinsel mit Hilfe von Hirtengruppen. Doch diese Klasse wurde durch die Landreformen der 1890er-Jahre zerschlagen. Aus dieser Zeit der liberalen Reformen stammen auch staatliche Maßnahmen im Bereich des Wohnungsbaus, eine frühe Version einer aktiven Arbeitsmarktpolitik und Renten, die allesamt die Härten für die Armen verringerten.

Das Thema der Gleichheit setzte sich über ein ganzes Jahrhundert lang fort. Die Neuseeländer waren das, was man als „primitive Sozialisten" bezeichnen könnte (diese Ideologie war weitgehend unartikuliert): Sie betrachteten es als ihr Geburtsrecht, eine gute Schulbildung zu erhalten (zumindest bis zur Sekundarstufe und mit billiger Verfügbarkeit von Hochschulbildung), eine Krankenhausversorgung (und eine subventionierte medizinische Grundversorgung durch Allgemeinärzte), und wenn sie krank wurden, alt wurden oder sich in einer schwierigen wirtschaftlichen Lage befanden, erwarteten sie die Unterstützung einer angemessenen Rente oder einer angemessenen staatlichen Wohnung. Dieses „Geschäft" mit dem Staat hatte aber auch eine Kehrseite: Die Neuseeländer fühlten sich kaum berechtigt, sich über die erbrachten Leistungen zu „beschweren". Da der Standard der Leistungen jedoch angemessen und im ganzen Land recht einheitlich war, stellte dies keinen großen Nachteil dar. Es führte jedoch zu einer Homogenität, die von vielen als lähmend empfunden wurde und zu der auch das Tall-Poppy-Syndrom gehörte: Jeder, der etwas Besonderes leistete, wurde durch milde Kritik zurechtgestutzt, so dass es wichtig war, Talente und Unterschiede zu verbergen.

Doch obwohl Neuseeland in seiner Ideologie egalitär war, war dies in den materiellen Verhältnissen kaum der Fall. Man könnte es eher als eine „Ein-Klassen-Gesellschaft" denn als eine klassenlose Gesellschaft bezeichnen. Sie wurde von einer breiten sozialen Schicht beherrscht, die sich hauptsächlich aus der oberen Arbeiterklasse und der unteren Mittelschicht zusammensetzte. Dahinter stand jedoch eine Hierarchie. Einstellungen und Verhaltensweisen bewegten sich innerhalb eines engen Rahmens, der durch eine begrenzte Anzahl von Schlüsselinstitutionen geprägt war (umgangssprachlich manchmal als „Rugby, Rennen und Bier" bezeichnet). Die wichtigste Wirtschaftskraft war die Landwirtschaft, wobei einige sekundäre Industriezweige als „Importsubstitute" hinter beträchtlichen Einfuhrschranken Schutz boten.

Nach Burdon (1966), der für die *Encylopedia of New Zealand* maßgeblich über „New Zealand Society:" Its Characteristics' schrieb, war die Erörterung der folgenden Themen erforderlich:

- Eine gleichberechtigte Gesellschaft
- Vorteile für die Bildung
- Regel der Konformität
- Beschränkungen des städtischen Lebens
- Der Reiz des Sports
- Ort der Künste
- Die puritanische Tradition
- Die Auswirkungen der Insellage
- Māori-Pākehā-Beziehungen.

Dies sind die Themen, die weiterhin nachhallen, obwohl die ethnische Dimension erweitert wurde, um ein breiteres Spektrum an Gruppierungen zu erfassen. Ein weiteres Thema, das für die Soziologie besonders relevant ist, ist das Konzept von NZ als „soziales Labor" (Martin, 2010).

Ein kurzer geschichtlicher Überblick (der auch in anderen Ländern üblich ist) könnte folgende Phasen umfassen:

- Māori-Siedlung (selbst in Phasen unterteilt);
- Frühe Erkundung und spätere Besiedlung durch Walfänger, Robbenfänger, Missionare und Kaufleute;
- Offizielle Gründung eines Pākehā-Staates und anschließende Besiedlung durch die Briten;
- Die liberale Periode der sozialen Innovation;
- Die Depression und die weitere Etablierung des Wohlfahrtsstaates;
- Das „goldene Zeitalter" der 1960er- und 1970er-Jahre, gefolgt von „Think Big";
- Die neoliberale Wende; und
- Die derzeitige Rückkehr zur politischen Mitte.

Nach dem Zweiten Weltkrieg wuchs der Wohlstand Neuseelands (und die Großzügigkeit des Wohlfahrtsstaates) mehrere Jahrzehnte lang, doch mit dem Beitritt des wichtigsten Exportmarktes – des Vereinigten Königreichs – zur EU geriet dies ins Wanken. Ein umfangreiches staatlich gelenktes Programm zur Entwicklung von Industrie und Infrastruktur

(„Think Big" genannt) versuchte, den wirtschaftlichen Niedergang aufzuhalten, was jedoch weitgehend misslang.

In gewisser Weise als Reaktion auf diese Situation kam Mitte der 1980er-Jahre eine neoliberale Labour-Regierung an die Macht und änderte rasch die wirtschaftliche Organisation des Landes, was weitreichende, hauptsächlich negative soziale Auswirkungen hatte. Die meisten wirtschaftlichen Schutzmechanismen des Landes wurden abgeschafft, so dass die Wirtschaft dem globalen Wettbewerb ausgesetzt war und aufgrund ihrer geringen Größe nicht ohne weiteres Größenvorteile erzielen konnte. Zu den sozialen Auswirkungen gehörten ein massiver Anstieg der Ungleichheit und das Zurückdrängen von Fortschritten bei der Verringerung der Armut in den unteren Schichten der Gesellschaft, insbesondere bei den Māori und polynesischen Arbeitern, die nach dem Zweiten Weltkrieg ins Land geholt worden waren, um die Fabriken der seit mehreren Jahrzehnten stetig wachsenden Wirtschaft zu betreiben. Die Diversifizierung wurde durch einen großen Zustrom asiatischer Einwanderer verstärkt, während die traditionellen Migrationsströme anhielten; dies wird jedoch teilweise durch die vielen Neuseeländer kompensiert, die ins Ausland reisen und eine große Diaspora in Australien und dem Vereinigten Königreich bilden. Die einfachen politischen Institutionen Neuseelands (es gibt nur eine Kammer) und die begrenzte politische Opposition ermöglichten die rasche Umsetzung weitreichender politischer Veränderungen, so dass Neuseeland zu einem internationalen Aushängeschild des neoliberalen Wandels wurde. Die nachfolgende nationale Regierung hat diese Agenda weiter vorangetrieben.

Doch seit der Jahrtausendwende kehrten eine Labour-Regierung des „dritten Weges", eine nachfolgende Mitte-Rechts-Regierung und zeitgleich eine Labour-geführte Koalition zu einem eher zentristischen Ansatz zurück, mit dem versucht wurde, einige der Extreme der früheren Perioden zu begrenzen.

1.4 Neuseelands kulturelle Konfiguration

Die neuseeländischen Intellektuellen haben sich bemüht, über ihre eigene Gesellschaft nachzudenken, die von weltweiten kulturellen Trends geprägt ist und ihrerseits einige der Fragen, mit denen eine lokale Soziologie konfrontiert ist, beeinflusst hat. Viele der kulturellen Merkmale sind Ausdruck, aber auch konstitutiv für die zuvor skizzierte eher materielle Grundlage.

Neuseeland wurde während einer großen Expansionswelle imperialer Expansionen besiedelt (Ballantyne, 2012), und seine frühen Jahre waren von einer Mischung aus dem weit verbreiteten Laissez-faire-Ansatz und staatlichem und religiösem Paternalismus geprägt, der die raubtierhaften Triebe des Kapitalismus milderte. Lokale Erwägungen wurden auch von den Tropen der Faszination des Pazifiks beeinflusst.

In den letzten Jahrzehnten des 19. Jahrhunderts blühte weltweit eine Welle des sozialen Progressivismus auf, die überall ähnliche Formen und Inhalte hatte. Der neuseeländische Historiker Coleman (1987, S. 4 – siehe auch Rodgers, 2000) geht davon aus, dass es eine „weltweite Reformbewegung gab, die sich in ihrer Problembeschreibung, der Diagnose der zugrunde liegenden Ursachen und der Formulierung von Lösungen bemerkenswert ähnelte" und die durch Korrespondenz und Treffen, Konferenzen und Veröffentlichungen sowie durch Lektüre unter den führenden Köpfen vereinheitlicht wurde. Zu den politischen Ideen, auf die sie zurückgriffen, gehörten „ … der christliche und fabianische Sozialismus Großbritanniens, der Syndikalismus Frankreichs, der Etatismus Deutschlands oder der Anarchismus Russlands". Und ihr Blick auf die Umwelt war weit gefächert: „Sie schauten nach Irland, um Ideen für eine Landreform zu erhalten, nach Großbritannien, um eine Anleitung für die Stadtplanung zu erhalten, nach Dänemark und den Niederlanden, um Modelle für ländliche Kredite zu erhalten, nach Deutschland, um Sozialversicherungsprogramme zu entwickeln, und in die Schweiz, um Wege zur Demokratisierung des politischen Lebens zu finden". Im modernen Sprachgebrauch könnte man von „Politiktransfer" sprechen, wobei dieser durch intellektuelle Besucher (Akademiker und Journalisten) und nicht durch Politikberater und Forscher, die in den letzten Jahrzehnten stärker involviert waren, durchgeführt wurde. Die Antipoden waren von Interesse, da sie mit den USA Gemeinsamkeiten in Bezug auf die Neuheit und die Doktrinen über ihr Schicksal hatten, mit denen versucht wurde, die Wiedereinführung der sozialen Übel der Alten Welt in Schach zu halten. Man ging daher davon aus, dass die Übertragung der Politik leichter sein könnte und dass deshalb eine erhöhte Aufmerksamkeit angebracht war. In der Tat war das Interesse so groß, dass die „Neuseeländisierung" (d. h. die Nachahmung der neuseeländischen Sozialpolitik) in fortschrittlichen Kreisen in Nordamerika breit diskutiert wurde. Die Neuseelandreisen bedeutender britischer Sozialforscher, wie der Webbs im Jahr 1907 (Hamer, 1974), inspirierten nicht zu sozialwissenschaftlichen Forschungsaktivitäten vor Ort, obwohl ihre Reiseberichte einen gewissen Nutzen haben.

Ein weiterer späterer bedeutender Besucher aus dieser Zeit war André Siegfried (1914; siehe auch David-Ives, 2015). Als sich der neuseeländische Wohlfahrtsstaat weiter entwickelte, wurde er von ähnlichen Ideen angetrieben, die bis in das „goldene Zeitalter" der wirtschaftlichen Expansion nach dem Zweiten Weltkrieg reichten.

Eines der Hauptanliegen der neuseeländischen Literatur, zumindest seit den 1930er-Jahren, war die Frage nach dem Wesen Neuseelands, die in der frühen sozialwissenschaftlichen Literatur, insbesondere von Historikern, weiter vertieft wurde. In dieser lokalen Tradition wurde die Aufmerksamkeit auf die oben erwähnten Merkmale und ihre sozialen Auswirkungen gelenkt.

Eine weitere wichtige Phase war die komplizierte Verstrickung Neuseelands in den von Reagan und Thatcher vorangetriebenen Neoliberalismus. Das neuseeländische Finanzministerium entsandte Beamte, um ihre Doktrin von der Chicagoer Schule zu lernen, und mehrere wichtige Politiker waren ebenfalls daran beteiligt. In dieser Zeit wurden Forschungen über die Anpassung neoliberaler Ideen an den neuseeländischen Kontext oder über ihre sozialen Folgen tendenziell unterdrückt, da man der Ansicht war, dass die neoliberalen Modelle ausreichend selbstbestätigend seien und Beweise nicht nötig seien. Die Versuche, die neoliberalen Doktrinen zu verstehen und Wege zu finden, sie zu unterlaufen, haben seitdem immer wieder Nachhall gefunden.

1.5 Neuseeländische Universitäten

Nicht lange nach der Ansiedlung der Pākehā wurde ein Universitätssystem eingerichtet. Die University of Otago wurde 1871 gegründet, und um die Jahrhundertwende verfügten die vier wichtigsten Zentren jeweils über eine Hochschule, die einer föderalen University of NZ unterstellt war. In den 1870er-Jahren (Lincoln University) und in den 1920er-Jahren (Massey University) kamen landwirtschaftliche Colleges hinzu. In den 1970er-Jahren kam eine weitere Greenfield-Universität (eine vollständig neu gegründete Universität) (Waikato) hinzu, und um die Jahrtausendwende wurde ein Polytechnikum in eine Universität umgewandelt (Auckland University of Technology). Ergänzend gibt es eine Reihe von technischen Instituten, deren Schwerpunkt auf der Ausbildung vor dem Studium liegt, wobei einige auch Abschlüsse anbieten. Drei Māori-Universitäten (Wananga) und eine umfangreiche Liste privater Anbieter runden das Bild der tertiären Bildung ab. Aus Tab. 1.2

Tab. 1.2 Studentenzahlen nach Art der tertiären Bildungseinrichtung

Jahr	Universität	Polytech	Pädagogische Hochschule	Wananga	Privates Ausbildungsunternehmen
1880	211				
1885	442				
1890	596				
1895	742				
1900	805				
1905	1153		211		
1910	1862		380		
1915	2039		390		
1920	3822		680		
1925	4442		1271		
1930	4801		1155		
1935	5101		429		
1940	5528		1457		
1945	8425		1431		
1950	11.515		2684		
1955	10.851		2847		
1960	15.809	7663	3828		
1965	22.145	29.074	4790		
1970	31.908	43.204	7587		
1975	35.499	56.098	8004		
1980	43.933	73.067	5919		
1985	59.123	76.054	2703		
1990	78.919	56.771	5766		
1995	104.380	95.664	10.156	726	
2000	139.100	127.685	14.394	4251	54.741
2005	168.333	211.797	–	62.165	83.557
2010	178.985	185.410	–	42.270	75.975
2015	172.045	129.870	–	37.270	57.020

Quelle: NZ Official Yearbook und Aktualisierungen

geht hervor, dass die Zahl der Studierenden bis etwa 1960 stetig zunahm und dann stark anstieg, um dann ab Ende der 2000er-Jahre wieder zu sinken. Der Rückgang ist zum Teil darauf zurückzuführen, dass dieser für das Jahr 2010 aufgrund der globalen Finanzkrise ein höheres Niveau aufwies. In schwierigen Zeiten bleiben einige Menschen ein Jahr länger an ihrer Hochschuleinrichtung, um eine bessere Qualifikation zu erwerben oder um wieder zu studieren, um höhere Qualifikationen zu erwerben. Wenn sich die Wirtschaft erholt, nehmen einige einen Job an, anstatt zu studieren.

In ihrer Anfangsphase waren die neuseeländischen Universitäten winzig und dienten der Ausbildung einiger Berufstätiger in einem reinen Teilzeitbetrieb mit einem minimalen Forschungsethos. Jede war auf eine Reihe von „provinziellen" geografischen Grenzen beschränkt und blieb lange an das Vereinigte Königreich gebunden, wohin die Prüfungen bis in die 1940er-Jahre zur Benotung geschickt wurden. Die Massey University wurde mit der Aufgabe betraut, Fernunterricht anzubieten. Als das Universitätssystem wuchs, gab es einen Wettbewerb um den Erhalt spezieller Schulen, wobei die University of Canterbury und die University of Auckland zum Beispiel Ingenieurschulen erhielten, während die OU (und viel später die University of Auckland) medizinische Schulen erhielten.

Im Jahr 1961 wurde die University of NZ in einzelne Universitäten aufgeteilt (siehe Tab. 1.3), wobei jedoch zwischengeschaltete Strukturen zur Koordinierung der Finanzierung und Planung beibehalten wurden. Das University Grants Committee wurde im Zuge der Hochschulreformen um 1989 als Puffer zwischen dem Staat und den Universitäten abgeschafft,

Tab. 1.3 Das neuseeländische Hochschulsystem

Abkürzung	Organisation	Hauptzentrum	Jahr der Niederlassung	Studenten (EFTS)	Personal (FTE)
AU	University of von Auckland	Auckland	1883	33.489	5075
AUT	AUT-University	Auckland	1895/2000	19.798	2349
WU	University of Waikato	Hamilton	1964	10.018	1510
MU	Massey University	Palmerston North, Auckland, Wellington	1926/1964	18.688	3115
VUW	Victoria University of Wellington	Wellington	1897	16.978	2073
CU	University of von Canterbury	Christchurch	1873	11.931	1866
LU	University of Lincoln	Christchurch	1878/1990	2934	682
OU	University of Otago	Dunedin	1871	18.412	3803
Insgesamt				132.248	20.473

Quelle für FTE/EFTS: Website der neuseeländischen Universitäten 2017. VZÄ, akademisches Personal in Vollzeitäquivalenten; EFTS, äquivalente Vollzeitstudenten und stattdessen wurde eine Tertiary Education Commission (TEC) als staatliche Behörde eingerichtet, die den gesamten Sektor abdeckt. Die Qualitätsprüfung bleibt getrennt. Nach 1990 wurden die Universitäten, die einer der letzten Sektoren waren, die dem Neoliberalismus unterworfen wurden, immer mehr eingeschränkt. Der Umfang der staatlichen finanziellen Unterstützung ist massiv zurückgegangen, so dass die Finanzierungslücke von den Studenten und dem Kapitalismus aufgefangen werden muss. Eine Welle weiterer Veränderungen hat das System durchdrungen. Die organisatorischen Veränderungen, bei denen die Fachbereiche in Studiengänge innerhalb der Schulen umstrukturiert wurden, waren allgemeingültig, und ein großer Teil der staatlichen Forschungsmittel wurde in das Zentrum gezogen und dann nach Maßgabe der gemessenen Forschungsleistung umverteilt. In jüngster Zeit folgte eine Entlassungswelle auf eine demografische Abwärtsspirale, die die Finanzen der Studenten und damit die Zahl der Studierenden belastete. Dennoch genießt das neuseeländische Hochschulsystem international einen guten Ruf und ist in seinen Grundzügen nach wie vor solide.

Neuseeland hat das britische System der Universitätsränge übernommen. Lange Zeit, bis etwa 1980, verbanden Junior Lecturers die Hälfte ihrer Lehrverpflichtungen mit der Hälfte ihrer Promotionen in einer 3-4-jährigen Anstellung. Senior Lecturers waren der „Karrieregrad", der nur durch eine schwer zu überwindende Hürde erreicht wurde. Höhere Ränge waren außerordentliche Professoren (manchmal Readers) und Professoren. Beförderungen wurden in der Regel von Fakultätsausschüssen vorgenommen, oft mit wenig Dokumentation. Forschung konnte (zumindest in den niedrigeren Rängen) durch Lehre und Dienstleistung ersetzt werden, obwohl von Professoren, die auf eine Professur berufen wurden, Dienstleistung und Führung in ihrem Fachgebiet erwartet wurden. In jüngster Zeit sind die geforderten Unterlagen umfangreicher geworden, und die Besonderheiten der Generationen haben viele Soziologen in den Rang eines außerordentlichen Professors katapultiert, der eine neue „Karriere-Stufe" zu sein scheint.

1.6 Das neuseeländische Sozialforschungssystem

Die Unterstützungsstrukturen für die sozialwissenschaftliche Forschung und Lehre sind nach wie vor dünn und haben erst seit den 1990er-Jahren ein gewisses Gewicht. Die Gründung des New Zealand Council for Educational Research (NZCER) im Jahr 1934 mit Unterstützung von Andrew

Carnegie ermöglichte die Förderung einer Reihe von Forschungsarbeiten, und das Institute of Pacific Relations (IPR) war eine 1925 gegründete internationale Gruppierung, die ebenfalls unterstützend wirkte (Thomas, 1974). Die Finanzierung und ein gewisses Maß an Lenkung entwickelten sich ab den 1950er-Jahren allmählich durch den Nationalen Forschungsbeirat (der einen sozialwissenschaftlichen Ausschuss hatte), den Ausschuss für die Finanzierung der sozialwissenschaftlichen Forschung, die Stiftung/ Ministerium für Forschung, Wissenschaft und Technologie und, in jüngster Zeit, die Gruppierung Wissenschaft und Innovation im Ministerium für Wirtschaft, Innovation und Beschäftigung (MBIE). Dies ist die größte Quelle für die Finanzierung der Wissenschaft, die auf die Ziele der Regierung ausgerichtet ist und bei der es eine Unterstützung der Interessengruppen gibt, um die Übernahme der Ergebnisse zu gewährleisten. Erhebliche Mittel werden Universitäten und anderen Forschungseinrichtungen über das PBRF-System zugewiesen, das die virtuelle Forschungskomponente früherer Massenfinanzierungen auf Leistungsbasis neu zuweist. Es gibt auch gezieltere Fonds, die kleinere Beträge zuweisen. Einige Finanzierungsverfahren sind an die Royal Society of NZ (RSNZ) ausgelagert: Der anfechtbare Marsden Fund wurde von der Regierung eingerichtet, um „exzellente Grundlagenforschung" zu finanzieren, obwohl seine gute Wirkung durch die geringe Wahrscheinlichkeit, dass ein Vorschlag eine Finanzierung erhält, untergraben wird. Es gibt einen separaten Health (früher Medical) Research Council.

Es gibt zahlreiche Studien über die Leistung des Systems zur Bewertung von Forschungsleistungen und seine Auswirkungen auf das Hochschulpersonal (z. B. Curtis, 2007, 2017). Die Hauptauslegung war, dass das System, wie auch andere Systeme zur Bewertung von Forschungsleistungen, dazu tendiert, akademisches Personal als Forschungsartikel produzierende Maschinen zu konstruieren, die nur auf ihren internationalen Ruf bedacht sind. Dies wird als Entmutigung für kritische, langfristige und auf Neuseeland ausgerichtete Forschungsarbeit gesehen, ganz zu schweigen von gesellschaftlichem Engagement, Dienstleistungsaktivitäten und exzellenter Lehre.

Während die verschiedenen Disziplinen (und einige Studienbereiche) seit langem repräsentative Vereinigungen haben, gab es nur eine begrenzte übergreifende Vereinigung. Die Royal Society vertrat seit den Anfängen der Kolonie zwar die Wissenschaften, nicht aber die Sozialwissenschaften, geschweige denn die Geisteswissenschaften. Dieser Ausschluss wurde zunehmend frustrierend, und unter der Leitung des damaligen SAANZ-

Präsidenten Spoonley wurde die Federation of NZ Social Science Organisations (FoNZSSO) gegründet. Die meisten sozialwissenschaftlichen Organisationen schlossen sich der FoNZSSO an, die sich bei der RSNZ dafür einsetzte, dass die Sozialwissenschaften einbezogen wurden, was ab 1994 auch geschah, da sie in einem sozialwissenschaftlichen Ausschuss zusammengefasst wurden. Damit wurde der Versuch einer gewissen Koordinierung unternommen, und ab 2007 gab die Organisation eine multidisziplinäre sozialwissenschaftliche Zeitschrift (*Kotuitui*) heraus. Seitdem wurden mehrere Sozialwissenschaftler – auch aus der Soziologie – zu Stipendiaten ernannt, und es wurden Projekte entwickelt, an denen Sozialwissenschaftler beteiligt waren, wie z. B. eine Überprüfung der Auswirkungen der Volkszählung 2013 (RSNZ, 2014).

Verschiedene Regierungsbehörden haben seit den 1960er-Jahren Sozialforschung gefördert oder Sozialforschungsabteilungen eingerichtet, aber keine war besonders soziologisch. Zu den Ministerien mit Forschungsabteilungen gehörten Landwirtschaft, Bildung, Gesundheit, Wohnungswesen, Inneres (Gemeinde und Freizeit), Justiz, Polizei, Wissenschaft, Sozialfürsorge und Statistik. (Sogar das Finanzministerium beschäftigte einen Soziologen.) Diese Abteilungen variierten je nach den „Kulturen" der Abteilungen, und die meisten blieben klein, während nur wenige von Bedeutung waren. Zu ihren Tätigkeiten gehörten statistische Routinearbeiten und Literaturauswertungen, aber manchmal wurden auch Umfragen in Auftrag gegeben. Im Laufe der Zeit entwickelten sich ihre Ressourcen und ihr Personal mit einigen Abstrichen und Einschränkungen. Mit dem Einzug neoliberaler Doktrinen in den öffentlichen Dienst erhielten wirtschaftswissenschaftliche Ansätze tendenziell mehr Gewicht. Einige ressortübergreifende Agenturen waren wichtig. Die Public Health Commission lieferte soziologische Kommentare zu Gesundheitsfragen, während die (vor kurzem aufgelöste) Families Commission – mit einem breiten Forschungsauftrag im Bereich der Wohlfahrt – besonders relevant war. Insbesondere der *Social Report* des Ministeriums für soziale Entwicklung (2002–2016) entwickelte eine Reihe von Sozialindikatoren zur Messung des sozialen Fortschritts in Neuseeland. Das statistische Amt Neuseelands hat sich viel stärker auf die Erhebung von Daten zu subjektiven Einstellungen und Zufriedenheit verlegt, nachdem es früher davor zurückgeschreckt war, und führt nun ein *General Social Survey* zu den sozialen Bedingungen in Neuseeland durch. Eine breite Palette von Sozialdaten ist nun verfügbar, und es wurden verknüpfte Datensysteme entwickelt, die die Zusammenstellung von Verwaltungsdaten ermöglichen.

Diese unstete, aber allmähliche Ausweitung der Sozialforschungskapazitäten wurde durch die weit verbreiteten Doktrinen einer zunehmenden Professionalität im öffentlichen Dienst vorangetrieben, die den Schwerpunkt auf eine evidenzbasierte Effektivität und eine sympathischere Ausrichtung auf Wohlfahrts- und andere Kunden legten. Persönliche Intuitionen und Erfahrungen der politischen Entscheidungsträger mussten durch fundiertes Wissen ersetzt werden, und die Dienststellen bauten ihre Wissensbasis aus, um eine bessere Politikberatung zu gewährleisten.

In früheren Jahrzehnten wurden „radikale" (und insbesondere marxistische) Ansichten direkt oder indirekt vom Staat verfolgt, was sich möglicherweise dämpfend auf die Sozialforschung ausgewirkt hat. Die Soziologie wurde zweifellos von vielen als ein seltsames und unwillkommenes Wesen angesehen, das leicht mit dem Sozialismus verwechselt werden konnte, obwohl auch hier unklar ist, ob die Auswirkungen einschränkend waren, abgesehen von den Schwierigkeiten, die es zu umschiffen galt.

Ein notorisch unethisches medizinisches Experiment mit Frauen, die an Gebärmutterhalskrebs erkrankt waren, führte dazu, dass man sich auf Fragen der Forschungsethik konzentrierte und universitäre Ethikausschüsse einrichtete (Tolich & Smith, 2015). Damit wurde zwar eine Ebene der Kontrolle eingeführt, aber auch die Ausübung von Verantwortung gegenüber potenziellen Gemeinschaften von Forschungssubjekten ermöglicht. Auch hier ist unklar, worin die einschränkende Wirkung bestanden haben könnte.

Die neuseeländische Marktforschungsindustrie ist seit den 1950er-Jahren stetig gewachsen und stellt einen Großteil der Arbeitskräfte für die Durchführung von Erhebungen im Feld sowie einen Teil der soziologisch ausgebildeten Analytiker. Sie erstellt auch einige Studien von soziologischer Relevanz, deren Ergebnisse öffentlich zugänglich sind oder eingebracht werden können.

Es gibt ein breites Spektrum an sozialwissenschaftlichen Zeitschriften mit Sitz in Neuseeland, die die wichtigsten Disziplinen abdecken, und einige – oft auf australasiatischer Basis –, die sich mit engeren Fachgebieten befassen. Viele dieser Zeitschriften werden von den verschiedenen sozialwissenschaftlichen Verbänden herausgegeben. Einige andere sind von Fachbereichen herausgegeben.

Eine gewinnbringende Buchproduktion ist schwierig, wenn der Markt so dünn ist. Sicherlich gab es Raum für Lehrbücher, die sowohl von gewinnorientierten (z. B. Allen und Unwin, Cengage) als auch von Universitätsverlagen veröffentlicht wurden. Darüber hinaus waren jedoch nur sehr wenige Forschungsmonografien oder spezialisiertere Soziologie-Texte möglich, obwohl es auf die eine oder andere Weise einen beträchtlichen Strom von sozialwissenschaftlichen NZ-Büchern gegeben hat. Die verschiedenen Universitätsverlage sind das Rückgrat dieser Veröffentlichungen, und ihre Vorliebe gilt eher der Poesie und der Geschichte, aber vielleicht wurden ihnen nicht so viele soziologische Manuskripte angeboten. Andererseits gibt es eine Reihe von Publikationsformaten, die Veröffentlichungen unterstützen. Früher haben die Fachbereiche einiges Material selbst veröffentlicht, oft in Form von Arbeitspapieren. Spoonley verhandelte mit der lokalen Niederlassung von Oxford University Press über eine kurze Buchreihe und war aktiv an der Entwicklung von Möglichkeiten zur Veröffentlichung von Lehrbüchern beteiligt. Auch verschiedene Nischenverlage sind auf den Plan getreten, darunter ein Low-Budget-Verlag, ein auf die Māori ausgerichteter Verlag und seit kurzem auch ein E-Book-Verlag. Die Māori und die pazifischen Gemeinschaften haben Perspektiven für die Sozialforschung entwickelt und Kooperationsrahmen für die Durchführung von Forschungsarbeiten mit ihren jeweiligen Subjektgemeinschaften vorangetrieben, z. B. wurden mehrere Leitfäden zur kulturellen Angemessenheit in der lokalen Forschung entwickelt.

Akademische Unternehmen werden von den ihnen zur Verfügung stehenden institutionellen Rahmenbedingungen und Ressourcen angetrieben und beeinflusst. Im Laufe der Zeit haben sich diese Rahmenbedingungen und Ressourcen verdichtet, und während die meisten Entwicklungen förderlich waren, haben sich andere als einschränkend erwiesen.

Nachdem ich den sich entwickelnden Rahmen skizziert habe, in dem sich die Soziologie bewegen musste, wende ich mich nun dem Inhalt zu.

LITERATUR

Austrin, T., & Farnsworth, J. (2007). Assembling sociologies: Following disciplinary formations in and across the social sciences. *New Zealand Sociology, 22*(1), 45–68.
Ballantyne, T. (2012). *Webs of empire: Locating New Zealand's colonial past.* Bridget Williams Books.
Burdon, R. (1966). New Zealand society: Its characteristics. *Encylopedia of New Zealand.* https://teara.govt.nz/en/1966/new-zealand-society-its-characteristics. Zugegriffen am 20.01.2017.
Coleman, P. (1987). *Progressivism and the world of reform.* University Press of Kansas.

Connell, R. (2007). *Southern theory: The global dynamics of knowledge in social science.* Allen & Unwin.
Crothers, C. (2005a). History of New Zealand sociology. In J. Gemov et al. (Hrsg.), *History of Australian sociology* (S. 67–80). Melbourne University Press.
Crothers, C. (2005b). Mapping the social sciences by exploring Performance-Based Research Fund data: Characteristics of New Zealand academic social sciences research outputs. In L. Bakker, J. Boston, L. Campbell, & R. Smyth (Hrsg.), *Evaluating the Performance-Based Research Fund: Framing the debate 2006* (S. 185–209). Institute of Policy Studies: Victoria University of Wellington.
Crothers, C. (2006). *Mapping the social sciences: Characteristics of academic research outputs.* Building Research Capacity in the Social Sciences: Occasional Paper 3, 22pp.
Crothers, C. (2008a). New Zealand sociology textbooks. *Current Sociology, 56*(2), 221–234.
Crothers, C. (2008b). The state of New Zealand sociology: An updated profile. *New Zealand Sociology, 23*(1), 3–29.
Crothers, C. (2010a). New Zealand sociology in a neo-liberal era: Strands of political economy in New Zealand social science. In M. Burawoy, M. K. Chang, & M. F. Hsieh (Hrsg.), *Facing an unequal world: Challenges for a global sociology* (Bd. II, S. 228–243). Institute of Sociology at Academia Sinica, Council of National Associations of the ISA, and Academia Sinica.
Crothers, C. (2010b). Reproducing the center at the periphery: Antipodean traditions of sociology. In S. Patel (Hrsg.), *The ISA handbook of diverse sociological traditions* (S. 346–357). Sage Publications.
Crothers, C. (2011). Editorial: Status of New Zealand sociology. *New Zealand Sociology, 26*(2), 4–9.
Crothers, C. (2012). Most influential sociological materials on New Zealand: An editorial reporting bibliometric voting. *New Zealand Sociology, 27*(1), 4–12.
Crothers, C. (2013a). Editorial: International Year of Statistics 2013. *New Zealand Sociology, 28*(2), 3–20.
Crothers, C. (2013b). Appendix: The New Zealand literature on social class/inequality. *New Zealand Sociology, 28*(Special Issue on Class/Inequality), 320–354.
Crothers, C. (2014). History of New Zealand sociology: An introductory editorial. *New Zealand Sociology, 29*(4), 2–25.
Crothers, C. (2016). The development of sociology in New Zealand within the contemporary political economy: Where to now? *New Zealand Sociology, 31*(7), 250–259.
Crothers, C. (2017). New Zealand graduates with sociology degrees. *New Zealand Sociology, 32*(1), 97–103.
Crothers, C., & Gribben, C. (1986). The state of New Zealand sociology: Some preliminary observations. *New Zealand Sociology, 1*(1), 1–17.

Crothers, C., & Pavlich, G. (Hrsg.). (1995). Directions in sociology for New Zealand/Aotearoa. *New Zealand Sociology, 10*(1), 63–66.

Crothers, C., & Robb, J. (1985). New Zealand. In *UNESCO sociology and social anthropology in Asia and the Pacific* (S. 460–508). Wiley.

Crothers, C., Tait, D., Waghorne, M., & Dwyer, T. (1981, November). *Applied sociology: The future of the discipline*. Paper presented to Sociological Association of Australia and New Zealand, Christchurch, 9pp.

Curtis, B. (2007). Academic life: Commodification, continuity, collegiality, confusion and the Performance-Based Research Fund. *New Zealand Journal of Employment Relations, 32*(2), 1–16.

Curtis, B. (2017). The rise and rise of the Performance-Based Research Fund? In C. Shore & S. Wright (Hrsg.), *Death of the public university?: Uncertain futures for higher education in the knowledge economy* (Chap. 9). Berghahn Books.

David-Ives, C. (2015). André Siegfried in New Zealand: A racialist vision of social progress. *Journal of New Zealand & Pacific Studies, 3*(1), 25–37.

Fleck, C. (2015). The study of the history of sociology and neighboring fields. *Contemporary Sociology: A Journal of Reviews, 44*(3), 305–314.

Gidlow, B., & Spoonley, P. (1993). Symposium: The funding of social science research in New Zealand. *New Zealand Sociology, 8*(2), 190–237.

Hamer, D. (Hrsg.). (1974). *The Webbs in New Zealand, 1898: Beatrice Webb's diary with entries by Sidney Webb* (2. Aufl.). Price Milburn for Victoria University Press.

Hancock, M., Robb, J., & Thompson, R. (1996). The establishment of sociology in New Zealand: A 'founders' retrospect. *New Zealand Sociology, 11*(2), 317–333.

Hansen, D. (1965). Sociology and social research in New Zealand. *Sociology and Social Research, 50*(1), 36–46.

Martin, J. E. (2010). *Honouring the contract*. Victoria University Press.

McManus, R. (2006). Shifting practices in New Zealand sociology. *New Zealand Sociology, 21*(2), 270–288.

Merton, R. K., & Wolfe, A. (1995). The cultural and social incorporation of sociological knowledge. *American Sociologist, 26*(3), 15–39.

Mol, H. (1968). Sociology in Australia and New Zealand. *American Sociologist, 3*(2), 146–147.

Rodgers, D. T. (2000). *Atlantic crossings: Social politics in a progressive age*. Harvard University Press.

Royal Society of New Zealand. (2014). *Our futures. Te Pae Tawhiti*. RSNZ.

Scott, W. H. (1978). *Australia and NZ sociology, 1971–78: An introduction*. Department of Anthropology and Sociology, Monash University and SAANZ.

Shuker, R. (2001). Site-ing New Zealand cultural studies: The evolution of SITES. *New Zealand Sociology, 16*(2), 77–90.

Siegfried, A. (1914). *Democracy in New Zealand*. Bell.

Spoonley, P. (Hrsg.). (2003). Special issue: Graeme Fraser and New Zealand sociology. *New Zealand Sociology, 18*(1), 1–54.
Spoonley, P. (2016). Has Gramsci left the building? *New Zealand Sociology, 31*(7), 246–249.
Thomas, J. N. (1974). *The Institute of Pacific relations: Asian scholars and American politics*. University of Washington Press.
Thompson, R. (1972). The development of sociology in New Zealand. *The Australian and New Zealand Journal of Sociology, 8*(3), 188–193.
Thompson, R. H. T. (1967). Sociology in New Zealand. *Sociology and Social Research, 5*(4), 503–508.
Thorns, D. C. (2003). The challenge of doing sociology in a global world: The case of Aotearoa/New Zealand. *Current Sociology, 51*(6), 689–708.
Tolich, M., & Smith, B. (Hrsg.). (2015). *The politicisation of ethics review in New Zealand*. Dunmore.
Witten, K. (2006). *Building Research Capability in the Social Sciences (BRCSS): National survey of social scientists 2006*. BRCSS Network.

KAPITEL 2

Eine lange Vorgeschichte: Bis 1960

Zusammenfassung Die Streuung der frühen soziologiebezogenen Projekte wird aufgezeichnet und mit dem allgemeinen Zustand des intellektuellen Klimas in Neuseeland zu verschiedenen Zeiten in Beziehung gesetzt. Die frühesten Studien waren entweder auf hohem Niveau oder vollständig empirisch und statistisch, aber nach und nach erschienen theoretisch entwickelte Projekte mit empirischer Unterstützung, einschließlich Feldforschung, als sich die Forschungsinfrastruktur entwickelte und umfangreichere Möglichkeiten bot. Mehrere Projekte aus der Zeit vor der Soziologie waren wegweisend für die spätere Entwicklung der Soziologie.

Es gibt vereinzelte, wenn auch zunehmende und immer ernsthaftere Bezüge zur Soziologie in Neuseeland bis zur formellen Etablierung der Disziplin in den späten 1950er-Jahren (Clayworth, 2014). Hinter diesen Interessen standen zwei ganz unterschiedliche Triebkräfte; vieles war intellektuell, aber ein anderer Impuls war viel praktischer und politikorientierter.

Natürlich gab es in der Kultur der Māori (und anderer Polynesier) viel soziales Wissen, aber es war in breitere kulturelle Formen eingebettet. Das Wissen der Māori ist tendenziell ganzheitlich, mit einer Mischung aus Spiritualität, Umwelt- und Sozialwissen. Pool (2016) hat argumentiert, dass Whakapapa (Genealogien) Individuen nicht nur auf Vorfahren zurückführen, sondern auch auf andere soziale Einheiten (z. B. iwi: Stämme) sowie auf die natürliche und spirituelle Umwelt. Wie aus der umfangreichen Literatur hervorgeht, war die Wissensstruktur hochentwickelt, und es gab Fachleute (Tohunga) und Institutionen (Wānanga), die sich mit ihrer Pflege und Reproduktion befassten. Es gab jedoch keine explizite Soziologie, die abstraktere operative Grundsätze vermittelte.

Wie aus der Literatur hervorgeht, versuchten die europäischen Entdecker, die sozialen Strukturen der Māori vor allem im Hinblick auf die Förderung künftiger wirtschaftlicher Aktivitäten zu verstehen, während die Missionare (die mit ihren eigenen sozialen Lehren kamen) sich die schwierige Aufgabe der Bekehrung zum Christentum stellten, die ein gutes Verständnis der Funktionsprinzipien der Māori-Gesellschaft erforderte.

Nicht wenige der frühen Migrantenwellen waren gut ausgebildet und lasen britische Sozialtheoretiker (z. B. Spencer). Der Regimentschirurg Thompson berechnete in den 1850er-Jahren die Sterblichkeitsrate der in Neuseeland stationierten Soldaten. In den 1860er-Jahren nahmen viele Kolonisten an Sitzungen der mechanischen Institute teil, wo sie u. a. über politische Ökonomie und politische Wissenschaft diskutierten. Auch die verschiedenen Provinzverbände der Royal Society hörten gelegentlich Vorträge zu ähnlichen Themen. Bereits 1869 wurde in den *Transactions and Proceedings* der heutigen Royal Society of NZ in einem Vortrag von Rev. Charles Fraser, einem presbyterianischen Geistlichen und aktiven öffentlichen Intellektuellen in Christchurch, der Begriff „Soziologie" erwähnt. In seiner knackigen Rede über die Fachgebiete, die eine koloniale Universität übernehmen könnte, schlägt er vor, dass zu den erforderlichen Disziplinen Sprachen, Naturgeschichte, Chemie und Mathematik gehören sollten, danach kämen Geistes- und Moralwissenschaften und schließlich die Sozialwissenschaft mit ihren beiden großen Abteilungen Geschichte und politische Ökonomie. In einer kleinen Erweiterung führt er aus: Soziologie in ihrer historischen und dogmatischen Form, d. h. als moderne Geschichte und politische Ökonomie, und Rechtswissenschaft „(Hallam, Mill, Austin)". Und als die OU 1871 mit nur drei Professoren eröffnet wurde, war einer von ihnen für Geistes- und Moralphilosophie und politische Ökonomie zuständig. Andere Universitäten sollten ähnliche Fachgebiete anbieten.

Die Australian and New Zealand Association for the Advancement of Science (ANZAAS), die 1888 gegründet wurde, war eine breit angelegte wissenschaftliche Organisation, die bedeutende Konferenzen veranstaltete

(MacLeod, 1987). Obwohl erst 1972 eine formelle Sektion für Soziologie eingerichtet wurde, gab es bereits bei den ersten Tagungen entsprechende Sektionen. Das bürgerliche Lehrbuch *The State (Der Staat)* des einheimischen Schulinspektors Pope (1887): *Rudiments of New Zealand Sociology (Grundlagen der neuseeländischen Soziologie)* befasste sich mit verschiedenen Fragen der Staatsführung. Arbeit und Kapital, Löhne und Mieten, Verbrechen und Bestrafung fanden ebenso Beachtung wie die rechtlichen Aspekte ehelicher Beziehungen und die soziale Versorgung mit Krankenhäusern und Irrenanstalten. Pope schlug sogar vor, dass Wissenschaftler, die sich mit solchen Fragen beschäftigten, „Soziologie studierten". Interessanterweise wurde 1890 von dem Architekten der liberalen Reformen (William Pember Reeves) unter dem Pseudonym Pharos eine Zusammenstellung des europäischen politischen Wirtschaftsdenkens veröffentlicht (siehe Sinclair, 1965 über Reeves). Die weitgereisten Werke des britischen Soziologen Benjamin Kidd zierten die Regale vieler (öffentlicher und privater) Bibliotheken.

Später, unter der liberalen Regierung der Jahrhundertwende, gab es einige Sozialforschungsprojekte von Regierungsbeamten (z. B. die 1893 vom Arbeitsministerium veröffentlichten Profile der Familienarmut). *Das Offizielle Jahrbuch*, das von der Abteilung für Statistik herausgegeben wurde, lieferte viele Daten und einige kommentierende Aufsätze, z. B. einen Sonderartikel von 1903 über „Māori-Soziologie" (Best). Die sozialen Experimente der liberalen Periode veranlassten namhafte britische Sozialforscher (z. B. die Webbs: Hamer, 1974) zu Reisen nach Neuseeland, regten aber keine sozialwissenschaftlichen Forschungsaktivitäten vor Ort an. Das Interesse am neuseeländischen Wohlfahrtsstaat hielt viele Jahrzehnte lang an: siehe z. B. Stewart (2015) über die Art und Weise, wie Beveridge (der Architekt des britischen Wohlfahrtsstaates) sich auf das neuseeländische Modell bezog.

Aber es gab auch frühe Einblicke in die Feldarbeit. Robert Schachner war ein junger deutscher Industriesoziologe und Wirtschaftswissenschaftler, der 1906–1907 eine Weltreise unternahm. Er blieb fast zwei Jahre in Australasien, unternahm eine „Südsee"-Schiffsreise von Auckland aus und führte in mehreren australischen Bundesstaaten jeweils einige Wochen lang Feldbeobachtungen in verschiedenen Branchen durch. Anschließend wurde er an die Universität Jena berufen und verfasste mehrere Berichte über die Antipoden, bevor er in jungen Jahren starb.

Die Workers Education Association (WEA) bot in der Zwischenkriegszeit Kurse und Sommerschulen an. Während der Depression und in den

Kriegsjahren hielten die Mitarbeiter der WEA Vorträge (neben vielen anderen Themen) über die Krise des Kapitalismus, und ihre Kurse über Wirtschaft und zeitgenössische soziale Fragen waren sehr beliebt. Im Jahr 1938 belegten 824 Studenten Kurse, die unter der Rubrik „Soziologie" zusammengefasst wurden (Shuker, 1984, S. 10). Die Dozenten der WEA standen im Spannungsfeld zwischen dem Versuch, die Welt „objektiv" kennenzulernen, und der Förderung einer kritischen Haltung, wobei ihnen oft eine linke Voreingenommenheit vorgeworfen wurde.

In den Jahren der Depression stand ein „Brain Trust" akademischer Wirtschaftswissenschaftler beratend zur Seite. Außerdem führte der Staat (über die Kommunalverwaltungen) Ende der 1930er-Jahre mehrere groß angelegte Erhebungen über die Wohnverhältnisse durch, die von der seit langem bestehenden Besorgnis über die Slums und die weiter bestehende Unterschicht geprägt waren, sowie Studien über die Wohnverhältnisse der Māori.

Clements (1988) berichtet, dass 1935 von der Vereinigung eine Umfrage unter Universitätsstudenten über deren Einstellung zum Krieg durchgeführt wurde. Barrowman (1999, S. 78) enthüllte, dass das nationale Komitee der linken Buchclubs Ende der 1930er-Jahre, als Ausdruck der damals populären „dokumentarisch-realistischen" Bewegung in Literatur und Kunst, „DM Martin zum Forschungsbeauftragten ernannte und eine versuchsweise öffentliche Meinungsumfrage in Wellington zur Frage der Wehrpflicht durchführte, deren Ergebnisse in *Tomorrow* veröffentlicht wurden". Pläne für eine weitere landesweite Umfrage zur Wehrpflicht kamen jedoch nicht zustande. Zu dieser Zeit hatte die britische Massenbeobachtungsbewegung auch in Neuseeland eine stotternde, kurze Existenz. Im Jahr 1939 wurde die Group Observation Fellowship gegründet und führte eine Umfrage zu Hitlers Reichstagsrede von 1939 durch. Doch dann wurde es ehrgeiziger mit:

> (1) eine Erhebung über persönliche Kontakte – eine Untersuchung über die Interessen von NZ –, (2) die soziologischen Mechanismen des Meinungsaustauschs und (3) der Anzac-Tag. Für die erste Erhebung wurden 37 Personen befragt, für die zweite Operation wurden 332 „Gespräche" geführt und 222 Personen „beobachtet", doch wurden keine Ergebnisse veröffentlicht. (Barrowman, 1999, S. 78–79)

Akademische Wirtschaftshistoriker begannen, die offiziellen Wirtschaftsstatistiken aufzuarbeiten. Die frühe US-amerikanische Soziologiezeitschrift *Social Forces* rezensierte in den 1920er- und 1930er-Jahren mehrere NZ-Materialien. „Die von Rockefeller in den USA unterstützte Denkfabrik Institute of Pacific Relations" förderte Forschungen zu dem, was man als Wirtschaftssoziologie bezeichnen könnte (Thomas, 1974). Carnegie-Gelder halfen bei der Gründung des neuseeländischen Rates für Bildungsforschung (NZCER) und finanzierten Besuche der amerikanischen Landwirtschaftssoziologen Kolb und de Brunner in den späten 1930er-Jahren (de Brunner, 1938). Einige der Arbeiten des NZCER waren eindeutig soziologisch ausgerichtet und boten eine hilfreiche Infrastruktur für ein breites Spektrum an Sozialforschungsarbeiten.

Das Erscheinen einer bedeutenden Gemeindestudie über Oxford (kodiert als „Littledene") von Somerset (1938) steht am Anfang der systematischen Sozialforschung in Neuseeland. Die Frühzeitigkeit dieser Studie führte zu einer gewissen Fragilität in ihrer Rezeption (wie Beeby in seiner Einleitung zu einer Neuauflage des Buches feststellt: Somerset, 1974, S. xv, xvi). Somersets Studie stand in einer Reihe mit anderen, ebenfalls vom jungen NZCER geförderten Studien über Experimente im Bereich der „ländlichen Bildung". Sie orientierte sich an der US-amerikanischen Middletown-Studie und wurde durch die Reisen der Somersets nach Übersee, die sie im Rahmen ihrer Reiseberichte unternahmen, um sich ein Bild von anderen Gemeinden zu machen, befruchtet. Da Somerset ein örtlicher Lehrer war, ist das Thema der teilnehmenden Beobachtung stark ausgeprägt. Zu den Themen (wie in den Kapiteltiteln angegeben) gehören folgende:

- Die geografischen, historischen und wirtschaftlichen Muster,
- Haushalte und Hausfrauen,
- Arbeit und Freizeit,
- Soziale Organisation,
- Sich die Zeit vertreiben,
- Die große Gesellschaft und die kleine,
- Kinder und Schulen, und
- Erwachsenenbildung.

Beeby merkt in gewisser Weise etwas abschätzig an:

> Der Gelegenheitsleser von Littledene, der die hundert Seiten in einer Sitzung zu Ende liest, könnte es für charmant, aber unbedeutend halten, für eine kurze Verbindung von sorgfältig zusammengestellten Statistiken und einfacher Prosa mit einem flüchtigen Hauch von Poesie. Er könnte sich fra-

gen, warum ein Werk, das 1938 so viel Beifall fand, nicht in ganz Neuseeland von Studenten der Sozialwissenschaften, die nach einem Thema suchten, unzählige Male wiederholt wurde. (in Somerset, 1974, S. xi)

Er porträtiert Somerset (xviii) als „… einfach einen gebildeten Mann und Pädagogen", während er gleichzeitig feststellt (xx), dass „in Littledene das Gleichgewicht zwischen den Abschnitten über landwirtschaftliche Methoden und denen über das soziale Leben und die Organisation innerhalb der Gemeinschaft in etwa so ist, wie man es von einem Soziologen erwarten würde …", und er fährt fort, die sehr hohe Konzentration von pädagogischen Details in dem Buch festzustellen. *Littledene* wurde später zu *Littledene Revisited* überarbeitet. Auch hier wurde das Studien-Duo von Middletown weitgehend als Vorbild genommen. Diese Aktualisierung wurde durchgeführt, während Somerset an der Victoria University of Wellington lehrte, und ist vom Ansatz her etwas abstrakter und weitreichender. Bei der Neuauflage in den 1970er-Jahren wurden weitere Aktualisierungen vorgenommen, sowohl in einem Epilog als auch durch aktualisierte Fußnoten.

Ende der 1930er-Jahre richtete die neue Labour-Regierung innerhalb des Department of Scientific and Industrial Research (DSIR) ein Büro für sozialwissenschaftliche Forschung ein. Es wurden drei Feldstudien begonnen: Die erste untersuchte den Lebensstandard von Milchbauern und ihren Familien (Doig, 1940), während die zweite und dritte die Arbeits- und Ausgabengewohnheiten von Schuharbeitern und Straßenbahnangestellten untersuchte. Die Erhebung über die Milchbauern wurde abgeschlossen und veröffentlicht, zum Unbehagen einer Regierung, die nicht zugeben wollte, dass ihre Politik nicht alle Probleme der Landwirte angegangen war (Robb, 1987). Die städtischen Studien kamen jedoch nicht über das Entwurfsstadium hinaus. Andere Projekte wurden nicht einmal begonnen. Dazu gehörten eine Studie über die Bevölkerungsentwicklung, eine weitere über das Wohlergehen der Māori und eine Untersuchung über den „Verfall der organisierten Religion und die Aufgabe herkömmlicher moralischer Standards". Mit Beginn des Zweiten Weltkriegs ließ die Regierung zu, dass sich das Büro still und leise auflöste – teils aus Gleichgültigkeit, teils aus Feindseligkeit. Doigs Studie (1940) beginnt mit einem Vorwort, in dem davon ausgegangen wird, dass der Lebensstandard im Zusammenhang mit anderen Studien über landwirtschaftliche Betriebsführung und landwirtschaftliche Kapazität verstanden werden kann. Es handelte sich um ein umfangreiches Unterfangen – 526 landwirtschaftliche Betriebe wurden von Außendienstmitarbeitern befragt, und die meisten Familien legten ein Haushaltsbudget vor. Statistische Analysen wurden durchgeführt, um den Zusammenhang zwischen Besitzverhältnissen, Butterfettproduktion, Schulbildung, Erfahrung usw. und Schlüsselvariablen in Bezug auf den Haushalt und die Arbeit der weiblichen Familienmitglieder auf dem Hof zu untersuchen. Der Zugang der Familie zur Außenwelt war manchmal besser als ihr häuslicher Komfort: Während 78 % ein Auto besaßen, verfügten nur 16 % über eine Klärgrube, während 63 % ein Telefon besaßen, hatten nur 46 % fließendes Wasser für ein Waschbecken, eine Badewanne und eine an ein Abwassersystem angeschlossene Wanne (Doig, 1940, S. 47).

Mit einem radikaleren Ansatz erstellte Doig (1942) später auf der Grundlage amtlicher Statistiken eine Darstellung von Vermögen und Einkommen in Neuseeland. Ein anderer Zweig des DSIR setzte die Forschung fort: In den 1940er-Jahren untersuchte der Fachbereich für Arbeitspsychologie den Arbeitskräftemangel und das Fortbestehen der so genannten Klassenunterschiede. Um den Truppen Bildungsmöglichkeiten zu bieten, wurde 1943 der Army Education and Welfare Service (AEWS) als gemeinsames Unternehmen des Bildungsministeriums und der neuseeländischen Armee gegründet, dessen Material auch Debatten über aktuelle Themen und zeitgenössische soziale Fragen umfasste, darunter Themen wie politische Ökonomie, Gemeinschaft, Arbeit und Wohnstandards. Brickell (2007) argumentierte, dass im Gegensatz zur polemischen Forschungsarbeit die zeitgenössischen Autoren der Architektur und der AEWS Formen der intellektuellen Auseinandersetzung mit der sozialen Ordnung anboten, die perfekt in die Agenda der Regierung passten, da sie sich nicht mit der harten Realität des zeitgenössischen sozialen Lebens auseinandersetzten, sondern in eine Zukunft mit gutartigen, staatlich gelenkten sozialen Reformen blickten. In Neuseeland gab es jedoch weder nach dem Zweiten Weltkrieg noch nach dem Wiederaufbau einen Impuls, der die Sozialforschung förderte, wie in Australien.

Es gab auch akademische Entwicklungen. Die Soziologie trat zum ersten Mal 1921 in Erscheinung, als die University of NZ „Grundzüge der Soziologie" als einstufiges Fach für ein Diplom in Sozialwissenschaften aufführte. Seltsamerweise wurde das Fach nie gelehrt, obwohl es 1934 in den BA-Abschluss aufgenommen wurde und dort bis 1941 blieb. Einige wenige Studenten legten jedes Jahr die Prüfung ab, obwohl es keinen formalen Unterricht gab, obwohl einige informelle Hilfe von Lehrern anderer Disziplinen annahmen, darunter Ernest Beaglehole in Psychologie an der Victoria University.

An der OU und später an der LU entwickelte sich eine reiche Geschichte der soziologieähnlichen Forschung und Lehre (Brickell et al., 2014; Tipples et al., 2016). Es ist weniger klar, welche soziologischen Arbeiten anderswo durchgeführt wurden, aber andere Hochschulen verfügten nicht über einige der entscheidenden Spezialgebiete, die an diesen beiden Hochschulen zu finden waren.

Seit den 1920er-Jahren gab es an der OU zu verschiedenen Zeiten soziologische Lehr- und Forschungstätigkeiten in den Bereichen Hauswirtschaft, Präventivmedizin, Pädagogik, Leibeserziehung, Anthropologie und in mehreren anderen Disziplinen. Die School of Home Science (gegründet 1911) befasste sich vor allem mit Ernährung, aber auch soziale Fragen kamen häufig zur Sprache. Ann Strong, Gründungsprofessorin für „Haushaltskunst" ab 1921, interessierte sich beispielsweise für die Verhinderung von „Jugendkriminalität" durch verbesserte Ernährung. Um 1930 spezialisierten sich einige Studenten der Haushaltswissenschaften auf „Wirtschaft und Sozialwissenschaften", und in den 1940er-Jahren umfassten soziologisch relevante Themen für Studentenaufsätze solche über geplante Gemeinschaften, soziale Einrichtungen in Städten, Gemeinschaftszentren und organisierte Freizeit, das „Bevölkerungsproblem" sowie Wohnen und die NZ-Familie. In den späten 1940er-Jahren bildete die Schule Frauen aus, die „Soziologen für den ländlichen Raum" wurden und häufig eine Anstellung im Landwirtschaftsministerium der Regierung fanden. Eine der Aufgaben dieser Landwirtschaftssoziologen bestand darin, für das *New Zealand Journal of Agriculture* zu schreiben und sich an Hausfrauen auf dem Lande zu Themen wie Ernährung, Entwicklung der Kindheit, wissenschaftliche Hausarbeit und kluge Verbraucherpraktiken zu wenden (Carter, 1986, 1988). Ein intensives Programm zur Erweiterung der Hauswirtschaftslehre sah Dozenten vor, die ihre Ausbildung in die Städte und Dörfer von Otago und Southland brachten und Fernunterricht für diejenigen anboten, die weiter entfernt lebten. In den 1950er- und 1960er-Jahren wurde auch die Soziologie einbezogen. So veröffentlichte Judith King 1959 ein Arbeitspapier mit dem Titel „A sociological survey of the homemaker in a New Zealand community" (mit ziemlicher Sicherheit Oamaru), nachdem sie 100 Haushalte besucht hatte, um Frauen über ihren Zugang zu Haushaltstechnologien, ihr Interesse an „wissenschaftlicher Hausarbeit" und ihre Einstellung zur Erwachsenenbildung zu befragen. Und in dem winzigen Weiler Ophir in Central Otago fand 1967 der erste Soziologiekurs in Otago statt. Acht Frauen und zwei Männer aus dem Ort hatten sich für den acht Vorlesungen umfassenden Kurs „Einführung in die Soziologie" angemeldet.

Henry Devenish („H. D.") Skinner war von 1919 bis 1952 Assistenzkurator und Dozent für Ethnologie sowohl am Otago Museum als auch an der OU. Er spezialisierte sich auf die materielle Kultur der Māori und der pazifischen Völker, aber sein einziger Kurs (im Rahmen des neunstufigen BA-Studiengangs) beinhaltete ein „soziologisches" Element: „Die vergleichende Untersuchung sozialer Phänomene mit besonderem Bezug auf soziale Organisation, Regierung und Recht". Skinners Nachfolger war ein Archäologe mit einem Interesse an marxistischer Theorie, der gelegentlich auch Soziologie unterrichtete. Als der Fachbereich für Anthropologie in den frühen 1960er-Jahren wuchs, waren mehrere Mitarbeiter stark vom soziologischen Denken beeinflusst. Ein wichtiger Schwerpunkt war die „Anthropologie zu Hause", und es wurde behauptet, dass im dritten Studienjahr mehr Soziologie als Anthropologie gelehrt wurde.

Bis Mitte der 1960er-Jahre war die OU die einzige medizinische Fakultät Neuseelands. Zwischen 1926 und 1977 schlossen die Studenten der Präventivmedizin zahlreiche Dissertationen ab und führten (oft zu zweit) die meisten ihrer Forschungsarbeiten während der Sommerpause am Ende ihres vierten Studienjahres unter der Leitung des Professors für öffentliche Gesundheit durch. So führten beispielsweise zwei Studenten 1928 eine Industrieuntersuchung in der Schokoladenfabrik Hudson's in Dunedin durch und untersuchten Aspekte des Produktionsprozesses, des Gesundheits- und Sicherheitsmanagements und der geschlechtsspezifischen Arbeitsteilung in der Fabrik. In den 1930er- und 1940er-Jahren waren gesundheitsrelevante Erhebungen über Städte und Wohnungen sowie über die Industrie sehr beliebt. Andere Studenten führten „soziale Erhebungen" in Studentenwohnungen und Wohnheimen durch. „Jugendkriminalität" durch Herumlungern in den aufkommenden „Milchbars" wurde während und nach dem Zweiten Weltkrieg zu einem Problem. In den 1960er- und 1970er-Jahren, als die Jugendkriminalität nicht mehr so sehr im Vordergrund stand, richteten die Studentenforscher ihre Aufmerksamkeit auf andere neue Themen: „Unverheiratete Mütter", „Drogenmissbrauch", Schlankheitsklubs, Eheberatung und Tätowierungen. Ein Hinweis auf eine formellere Verbindung zur Soziologie war, dass der Begriff ab 1958 in den Titeln mehrerer Dissertationen über Präventivmedizin auftauchte. In einer weiteren interessanten Analyse untersuchte

Brickell (2013, 2017) die Koproduktion von Adoleszenz zwischen einer aufkommenden Teenagerkultur und sozialwissenschaftlichen Kommentaren dazu. Der Marzengarb-Bericht aus den späten 1950er-Jahren untersuchte die vermeintliche moralische Verderbtheit der aufkommenden Jugendkultur. Brickell (2017, S. 250) weist darauf hin, dass die Zeitung „*Auckland Star*" Gallup beauftragte, die Jugend zu untersuchen, um der Kommission Beweise dafür zu liefern. Weitere kleinere Untersuchungen über „Gangs" wurden in verschiedenen Bereichen durchgeführt, z. B. von Jugendsozialarbeitern.

Die soziologischen Einflüsse in LU lassen sich bis in die 1930er-Jahre zurückverfolgen. Die früheste Forschungsarbeit war die 1933 durchgeführte *„A Farm Economic Survey of Springs County, Canterbury, New Zealand"*, die wiederum die Arbeit eines amerikanischen Fulbright-Stipendiaten des Oregon State College aus dem Jahr 1952 und die einer weiteren Fulbright-Stipendiatin, Jane Collier, beeinflusste, die 1954 eine Gemeindestudie über „Darville" (Springston), einer weiteren ländlichen Gemeinde in Canterbury, durchführte.

Soziale Themen wurden an verschiedenen Orten behandelt. 1944 wurde McCaskill in Lincoln mit der Leitung einer Initiative zur ländlichen Bildung betraut, die später in das Rural Development and Extension Centre (1977) umgewandelt wurde. Es wurden sozial orientierte Fächer wie Kommunikation und Beratungspraxis gelehrt. In den späten 1940er-Jahren hielt der Psychologe Harry Scott vor Landwirtschaftsstudenten Vorlesungen über ländliche Bildung, darunter auch eine kurze Reihe von Vorlesungen über ländliche Soziologie, und er schrieb für das hochschuleigene *Rural Education Bulletin*, darunter 1947 einen zweiteiligen Aufsatz mit dem Titel „The Intelligence of Rural People in New Zealand". Der Fachbereich für Gartenbau, Landschaftsgestaltung und Parks entwickelte den sozial orientierten Unterricht weiter. Die Lehrkräfte für Gartenbau usw. unterschieden sich von den Lehrkräften für landwirtschaftliche Verwaltung dadurch, dass sie sich auf gartenbauliche Themen und die gartenbaulichen Arbeitskräfte konzentrierten.

In den Jahren des Zweiten Weltkriegs (1937–1946) lehrte Karl Popper an der CU, und seine Interessen weiteten sich auf soziale Fragen aus – er schrieb in Christchurch als „Kriegsanstrengung" seine Werke *Open Society and Its Enemies* und *The Poverty of Historicism*. Obwohl er in Christchurch einige nützliche Kontakte knüpfte und die lokale intellektuelle Szene belebte, kam er mit seinem Chef Sutherland nicht zurecht und wollte nach Kriegsende unbedingt wieder in die Großstadt zurückkehren. Sutherland war maßgeblich an der Erarbeitung von Schriften zu Māori-Themen beteiligt.

An der VUW untersuchte der Schulpsychologe Athol Congalton ab 1946 und in den folgenden Jahren das „soziale Klassenbewusstsein" männlicher Sekundarschüler und untersuchte die Bedeutung, die Jungen Variablen wie Beruf, Immobilienbesitz, Sprachgewohnheiten, Familiengröße und Unterhaltungsvorlieben beimaßen. Congalton kam in seiner Analyse zu dem Schluss, dass die Neuseeländer tatsächlich Klassenunterschiede wahrnehmen und zum Ausdruck bringen, aber seine Untersuchung war nicht unumstritten und wurde in den Medien als Schnüffelei kritisiert. Seine Messungen des beruflichen Prestiges (z. B. Congalton, 1953) wurden später in internationale Analysen aufgenommen.

In den unmittelbaren Nachkriegsjahren entstand eine Fülle von sozialwissenschaftlichem Material, darunter Diskussionen in der Zeitschrift der Royal Society über die Auswirkungen von Filmen auf die Gesellschaft (von Mirams, dem damaligen Direktor des Fachbereichs für psychische Gesundheit) und über die ländliche Soziologie in Neuseeland (vom Demografen und Soziologen Jacoby). In den unmittelbaren Nachkriegsjahren hatte die ethnopsychologische „Schule" von Ernest Beaglehole an der VUW einen erheblichen Einfluss und führte mehrere Gemeinschaftsstudien durch. John Watson (1952), der spätere Direktor des NZCER, analysierte die Daten der Volkszählung von 1945 über die Fahrzeit zur Arbeit und veröffentlichte sie in *Social Forces*. Die Soziologen Leonard Broom und Jack Gibbs von der University of Texas in Austin führten in den 1960er-Jahren sozialstatistische Arbeiten über Neuseeland durch; siehe ihre Veröffentlichung von 1964 über soziale Differenzierung und Statusbeziehungen sowie Porterfield und Gibbs (1960) über Suizid und soziale Mobilität. Um 1960 beteiligte sich Neuseeland mit 126 Autobiografien und Fragebögen an einer von der UNESCO geförderten vergleichenden Studie über die Zukunftsaussichten von Jugendlichen (*Youth's Outlook on the Future*) (Gillespie & Allport, 1955). Brown (1959) wiederholte in Neuseeland eine Studie über einen „Day at Home" und untersuchte englische Migranten in Neuseeland (z. B. 1960). Donald und der renommierte US-Psychologe Havighurst (1959) untersuchten die „Meanings of Leisure". In der Zwischenzeit entwickelte Jacoby (im Bildungsministerium angesiedelt) die Sozialdemografie (Pool, 2004) und leistete gleichzeitig einen Beitrag zur Forschung über den berühmten deutschen Soziologen Toennies, dessen letzter Schüler er war. Demografen bezogen ab den 1950er-Jahren häufig NZ-Daten in vergleichende Analysen ein.

Die Soziologie wurde im Rahmen der breiteren Kulturszene behandelt. Als *Landfall,* die neue und später berühmte Literaturzeitschrift, eingeführt wurde, sollte sie „… Soziologie, Politik und Philosophie ebenso wie Literatur und Kunst" (*Landfall* 1947, S. 3) abdecken, und in den folgenden Jahrzehnten wurde von Zeit zu Zeit ein soziologischer Rahmen für die Untersuchung verschiedener Themen eingesetzt. Der Besuch des US-amerikanischen Bildungspsychologen David Ausubel in Neuseeland in den späten 1950er-Jahren (Ausubel, 1960) diente der Forschung, brachte aber auch scharfe Sozialkritik und soziologische Erkenntnisse hervor, die allerdings stark von seiner amerikanischen Perspektive geprägt waren. Ein früherer Besucher, der Commonwealth-Historiker Robin Winks (1954), hinterließ einen leichteren Kommentar, und auch andere akademische Besucher verfassten soziale Kommentare, insbesondere der Politikwissenschaftler Austin Mitchell (z. B. 1972).

Zusammenfassend lässt sich sagen, dass sich die proto-soziologischen Arbeiten im Laufe der Jahrzehnte, die zur formellen Etablierung der Soziologie führten, immer mehr verdichteten. Theoretische oder kommentierende Arbeiten und empirische Arbeiten blieben in der Regel getrennt, wurden aber manchmal zusammengeführt. Soziale Themen wie „Jugendkriminalität" oder Ernährung standen im Vordergrund, während andere Forscher sich mit kulturellen Standards beschäftigten (Brickell, 2007, S. 14). Es gab ein gewisses staatliches Interesse an hartnäckigen sozialen Problemen, aber weniger Einsatz, die Ergebnisse der Sozialforschung in die Politik einzubringen. Ein Großteil des Interesses entstand aus Neugierde vor dem Hintergrund der Debatte über alternative Visionen für die Organisation oder Reorganisation der Gesellschaft. Das Interesse war auf viele Bereiche verteilt, und es gab nur wenig Ausbildung oder Finanzierung für Forschung und Lehre. Dennoch begann man zu forschen, und NZ wurde in internationalen Publikationen vorgestellt. Fortschritte auf breiter Front waren ohne Institutionalisierung – mit Organisationen, Ausbildung und einer formelleren Anwendung von disziplinären Erklärungsrahmen – nicht möglich. Eine gewisse Institutionalisierung begann in den 1930er-Jahren, was zu einer ernsthaften Feldforschung führte, die vor dem Zweiten Weltkrieg begonnen und danach fortgesetzt wurde. Das Interesse und die Finanzierung aus dem Ausland blickten über die Schulter einiger lokaler Bemühungen, und die Intervention aus Übersee war gelegentlich entscheidend. Es wird vermutet, dass ein Großteil der Energie für Untersuchungen und Verbesserungsversuche von jungen Männern ausging, die von den Ideen des „Social Gospel" durchdrungen waren. Darüber hinaus sorgte ein kleines Netzwerk öffentlicher Intellektueller (z. B. James Shelly, C. E. Beeby) – einige in leitenden Positionen in der Regierung, andere in der Wissenschaft und verbunden mit dem kleinen intellektuellen Establishment jener Zeit – für eine gewisse Führung und Unterstützung über mehrere Generationen hinweg.

Literatur

Ausubel, D. (1960 [1977]). *The fern and the tiki*. Angus & Robertson.
Barrowman, R. (1999). *Victoria University of Wellington, 1899–1999: A history*. Victoria University Press.
Brickell, C. (2007). Those "other sociologists": Social analysis before sociology. *New Zealand Sociology, 22*(2), 195–218.
Brickell, C. (2013). The teenager and the social scientist. *New Zealand Sociology, 28*(1), 36–61.
Brickell, C. (2017). *Teenagers: The rise of youth culture in New Zealand*. AUP.
Brickell, C., Martin, T., & Scarth, B. (2014). Sociology before sociology at Otago University. *New Zealand Sociology, 29*(4), 26–42.
Brown, L. B. (1959). The day at home in Wellington, New Zealand. *Journal of Social Psychology; Political, Racial and Differential Psychology, 50*, 189–206.
Brown, L. B. (1960). English migrants to New Zealand: The decision to move. *Human Relations, 13*(2), 67–74.
de Brunner, E. (1938). *Rural Australia and New Zealand*. Institute of Pacific Relations American Council.
Carter, I. (1986). Most important industry: How the New Zealand state got interested in rural women, 1940–1944. *New Zealand Journal of History, 20*, 27–43.
Carter, I. (1988). A failed graft: Rural sociology in New Zealand. *Journal of Rural Studies, 4*, 215–222.
Clayworth, P. (2014). Social sciences – Forerunners of the social sciences. *Te Ara – The encyclopedia of New Zealand*. https://teara.govt.nz/en/social-sciences. Zugegriffen am 30.01.2017.
Clements, K. (1988). *Back from the brink*. Allen & Unwin.
Congalton, A. A. (1953). Social grading of occupations in New Zealand. *British Journal of Sociology, 4*(1), 45–59.
Doig, W. T. (1940). *A survey of standards of life of New Zealand dairy-farmers*. Govt. Printer.
Doig, W. T. (1942). *Rich and poor in New Zealand*. Christchurch Co-operative Book Society.
Donald, M. N., & Havighurst, R. J. (1959). The meanings of leisure. *Social Forces, 37*(4), 355–360.

Gillespie, J. M., & Allport, G. W. (1955). *Youth's outlook on the future*. Doubleday & Co.
Hamer, D. (Hrsg.). (1974). *The Webbs in New Zealand, 1898: Beatrice Webb's diary with entries by Sidney Webb* (2. Aufl.). Price Milburn for Victoria University Press.
MacLeod, R. (Hrsg.). (1987). *The commonwealth of science*. Oxford University Press.
Mitchell, A. (1972). *The half-gallon quarter-acre pavlova paradise*. Whitcombe and Tombs.
Pool, I. (2004). E G Jacoby: A brief historiography of New Zealand demography. *New Zealand Population Review, 30*(1 & 2), 1–3.
Pool, I. (2016). The seminal relationship between demography and sociology. *New Zealand Sociology, 31*(3), 144–165.
Pope, J. H. (1887). *The state: The rudiments of New Zealand sociology for the use of beginners*. G. Didsbury, Govt. Printer.
Robb, J. H. (1987). *The life and death of official social research in New Zealand*. Sociology Working Paper 7, VUW.
Shuker, R. (1984). *Educating the workers? A history of the workers' Education Association in New Zealand*. Dunmore.
Sinclair, K. (1965). *William Pember Reeves: New Zealand Fabian*. Clarendon Press.
Somerset, H. C. D. (1938 [1974]). *Littledene: A New Zealand rural community*. New Zealand Council for Educational Research.
Stewart, J. (2015). William Beveridge in New Zealand: Social security and world security. *Canadian Journal of History, 50*(2), 262–289.
Thomas, J. N. (1974). *The Institute of Pacific relations: Asian scholars and American politics*. University of Washington Press.
Tipples, R., Mackay, M., & Perkins, H. C. (2016). Tracing the development of a sociological orientation at Lincoln University. *New Zealand Sociology, 31*(3), 19–38.
Watson, J. E. (1952). Travelling time to work: Some notes from the New Zealand census of 1945. *Social Forces, 30*(3), 283–292.
Winks, R. W. (1954). *These New Zealanders*. Whitcombe and Tombs.

KAPITEL 3

Fachbereiche: Die operationellen Einheiten der Universitätssoziologie

Zusammenfassung Die Gründung und die wichtigsten Merkmale der späteren Geschichte der wichtigsten Soziologiefachbereiche Neuseelands werden nachgezeichnet. Die erste Gründungswelle in den 1960er-Jahren wurde von benachbarten Disziplinen vorangetrieben, aber wohl von den Beamten der „Oxbridge"-Hochschulverwaltung abgewehrt. Zwei weitere Fachbereiche wurden in den 1990er-Jahren gegründet, und es kam zu einer gewissen geografischen Streuung über die Universitätsstandorte sowie zu einer Umstrukturierung in halbautonome „Programme", die in viel größere Schulen eingebettet waren. Im Laufe der letzten fünf Jahrzehnte sind die Fachbereiche aufgestiegen und gefallen und haben in unterschiedlichem Maße miteinander kooperiert.

Die wichtigsten Arbeitseinheiten der Mainstream-Soziologie in Neuseeland sind die Mainstream-Fachbereiche. Nach einigen orientierenden statistischen Angaben werden die wichtigsten Punkte der historischen Entwicklung der einzelnen Fachbereiche aufgeführt. Die Berichte sind uneinheitlich, weil die Fachbereiche unterschiedlich detailliert erfasst werden. Was für einige Fachbereiche berichtet wird, kann sehr wohl Teil der Tätigkeit anderer sein. Es gibt jedoch mehr als genug Material, um ein Gesamtbild zu vermitteln.

3.1 Deskriptive Statistik über Fachbereiche

Um einen orientierenden Überblick zu geben, listet Tab. 3.1 einige der jüngsten Hauptmerkmale der Soziologieprogramme in Neuseeland auf, während Tab. 3.2 die Aufmerksamkeit auf die damit verbundenen Lehr- und Forschungsbereiche lenkt. Obwohl Soziologie an jeder Universität zu finden ist und entweder in eine sozialwissenschaftliche oder eine breitere geisteswissenschaftliche Fakultät eingebettet ist, sind die Bezeichnungen für diese Programme recht unterschiedlich. Wie aus Tab. 3.2 hervorgeht, gibt es neben der Soziologie eine Vielzahl weiterer verwandter Studiengänge an den verschiedenen Fakultäten.

Tab. 3.1 Neuseeländische Soziologie-Studiengänge im Hauptstudium

Universität	Programm	Ungefähres Jahr der Gründung	Schule	Fakultät	Assoziierte Forschungseinheit
Auckland	Soziologie	1971	Sozialwissenschaften	Kunst	KOMPASS
AUT	Sozialwissenschaften	2000	Sozialwissenschaften	Angewandte Geisteswissenschaften	IPP
Waikato	Soziologie	1971	Gesellschaften und Kulturen	Kunst und Sozialwissenschaften	Zentrum für Bevölkerungsstudien
Massey	Soziologie	1975	Schule für Menschen und Umwelt und Planung	Hochschule für Geistes- und Sozialwissenschaften	ISSER Integration von Zuwanderern
VUW	Soziologie	1960	Fakultät für Sozial- und Kulturwissenschaften	Geistes- und Sozialwissenschaften	Institut für Kriminologie
Canterbury	Soziologie	1962	Fakultät für Sozial- und Politikwissenschaften	Hochschule der Künste	SSRC
Lincoln		1995	Fakultät für Sozialwissenschaften, Parks	Umwelt, Gesellschaft und Design	AERU
Otago	Soziologie	2011	Soziologie, Gender und Soziale Arbeit	Fachbereich für Geisteswissenschaften	

Quelle: Webseiten der Universitäten

Tab. 3.2 Assoziierte Studienfächer

	AUT	AU	WU	MU	VUW	CU	LU	OU
Anthropologie	X		X	X	X	X		
Diplomatie und internationale Beziehungen						X		
Konfliktlösung	X							
Kriminologie	X	X	X			X		
Demografie		X						
Entwicklungsstudien					X		X	
Wirtschaft	X							
Umweltstudien					X		X	
Gender Studies/Frauenforschung			X	X		X		X
Geografie					X		X	
Gesundheitsstudien				X		X		
Menschliche Dienstleistungen						X		
Arbeitsbeziehungen/Personalmanagement			X					
Internationales Recht und Politik						X		
Arbeitswissenschaft				X			X	
Medien und Kommunikation						X		
Museumsstudien				X				
Journalismus						X		
Pazifikstudien			X					
Politikwissenschaft	X				X	X		
Psychologie	X							
Ressourcen- und Umweltplanung					X		X	
Sozialpolitik			X		X			
Sozialwissenschaftliche Forschung			X	X			X	
Sozialarbeit				X			X	X
Soziologie	X	X	X	X	X	X		X
Südasienwissenschaften								X

Quelle: Websites der Universitäten

Der Versuch, die Veränderungen im Lehrplan zu beschreiben und nachzuvollziehen, würde den Rahmen dieser Arbeit sprengen, obwohl Timms und Zubrzycki (1971) eine Beschreibung der frühen Lehrpläne liefern.

Ein nüchternes demografisches Porträt der Trends in der sich verändernden Disziplin in Neuseeland zeigt (Tab. 3.3 und 3.4):

Tab. 3.3 Anzahl und institutionelle Verteilung des Hochschulpersonals im Bereich Soziologie in Neuseeland im Laufe der Zeit

Universität (%)	1965	1975	1985	1995	2005	2013	2017
Auckland		17,5	21,7	20,4	26,2	27,9	37,0
AUT				2,0	4,8	7,4	1,9
Waikato		22,5	21,7	12,2	11,9	2,9	5,6
Massey		17,5	28,3	24,5	26,2	14,7	13,0
VUW	60,0	22,5	19,6	14,3	2,4	14,7	11,1
Canterbury	40,0	20,0	8,7	26,5	21,4	17,6	11,1
Lincoln						5,9	5,6
Otago						8,8	14,8
Gesamtzahl	5	40	46	49	42	68	54

Tab. 3.4 Merkmale des neuseeländischen Hochschulpersonals im Bereich Soziologie im Zeitverlauf

	1965	1975	1985	1995	2005	2013	2017
Rang des Personals (%)							
Professor		12,5	15,2	12,2	19,0	14,7	11,1
Außerordentlicher Professor	20,0	2,5	63,0	8,2	9,5	11,8	20,4
Senior-Dozent	20,0	15,0	21,7	51,0	71,4	70,6	42,6
Dozent	60,0	52,5	15,2	26,5		2,9	25,9
Andere		17,5		2,0			
Geschlecht (%)							
Weiblich	40,0	10,0	19,6	28,6	33,3	50,0	48
Männlich	60,0	90,0	80,4	71,4	66,7	50,0	50
Geschlechtervielfalt							2
Mischung der Abschlüsse (%)							
Nur NZ	60,0	50,0	54,3	46,9	59,5	52,9	55,6
NZ + O/S		5,0	2,2	6,1	4,8	5,9	9,3
O/S + NZ	20,0	5,0	4,3	12,2	7,1	5,9	1,9
Nur O/S	20,0	40,0	39,1	34,7	28,6	35,3	33,3

Anmerkung: O/S=Übersee

Quelle: Vorlesungsverzeichnisse, Websites und Jahrbuch der Commonwealth-Universitäten

- Von Mitte der 1970er-Jahre bis Mitte der 2000er-Jahre war ein stetiges Wachstum zu verzeichnen, auf das in jüngster Zeit ein erheblicher Anstieg und dann ein Rückgang folgte;
- Eine zunehmende Feminisierung (für eine empirische Studie über Akademikerinnen siehe Baker, 2009);

- Die zunehmende zahlenmäßige Dominanz des Fachbereichs Auckland – mit CU, MU und VUW auf der nächstniedrigeren Ebene in der Größenhierarchie;
- Der Anteil der Professoren bleibt konstant, während er auf der Ebene der höheren Lehrstühle (die die „Laufbahnstufe" darstellten) stetig zunimmt;
- Ein starker Trend zum allgemeinen Besitz eines Doktortitels;
- Eine recht konstante (wenn auch von geringfügigen Schwankungen begleitete) Verteilung zwischen (scheinbaren) Neuseeländern und Personen aus Übersee.

Die Studierenden sind in hohem Maße die treibende Kraft hinter den Personalzahlen, obwohl es schwierig wäre, eine langfristige Zeitreihe zu erstellen. (Weniger zuverlässige frühere Daten sind auch über die Absolventenumfragen des NZ Vice-Chancellors' Committee verfügbar). Es ist wichtig, auf welcher Ebene die Soziologie betrachtet wird, und wenn man sich auf verschiedene Aspekte der Studentenschaft konzentriert, ergeben sich ganz unterschiedliche Bilder. Neuere Daten sind jedoch leichter zu erhalten (Tab. 3.5), und sie zeigen, dass Soziologie auf Undergraduate-Ebene besonders erfolgreich ist und eine beträchtliche Pre-Degree-Komponente aufweist. Außerdem ist ein massiver Anstieg der Studentenzahlen in der Kriminologie zu verzeichnen. Auf der Postgraduiertenebene ist die Soziologie jedoch weniger wettbewerbsfähig. In jüngster Zeit hat sie ein solides Wachstum verzeichnet.

Eine weitere Möglichkeit, die Produkte einer soziologischen Ausbildung zu betrachten, ist die Anzahl der Absolventen in der Bevölkerung. Bei den letzten Volkszählungen in Neuseeland wurde nach dem Studienfach der höchsten Qualifikation der Befragten gefragt. Bei der Volkszählung 2013 gaben etwa 4260 Befragte an, dass sie Soziologie als höchste Qualifikation studiert haben, und von diesen sind etwa 3200 erwerbstätig. Zu den Merkmalen von Soziologieabsolventen gehören die folgenden (in Anlehnung an Crothers, 2017):

- Mehr Frauen (71 %) als Männer;
- Ähnliche Anteile für jede der 5-Jahres-Altersgruppen im Alter von 25 bis 64 Jahren, mit 8 % bis 11 % der Gesamtzahl der Soziologieabsolventen in jeder Gruppe;
- Das Durchschnittsalter beträgt 47 Jahre;

Tab. 3.5 Schüler in sozialwissenschaftlichen Fächern

Detaillierte Themen	Vordiplom	Grad	Postgraduiertenstudium	Veränderung in Prozent	Prozentsatz Bachelor im Inland
	2013	2013	2013	2007–2013	2013
Politikwissenschaft	200	6040	710	1,85	91,56
Politische Studien	60	990	690	57,14	93,94
Soziologie	1370	9560	670	44,41	92,26
Anthropologie	180	5000	260	15,47	93,40
Geschichte	3230	6810	670	-8,96	92,80
Humangeografie	80	2400	200	17,65	92,50
Tikanga- Māori-Brauch	17.930	3180	330	36,48	86,79
Frauenstudien	10	870	80	-32,56	94,25
Studien zur menschlicher Gesellschaft	1190	2360	360	85,83	91,10
Sozialarbeit	2400	2940	400	33,03	97,28
Wohlfahrtsstaatliche Studien	100	330	20	-34,00	93,94
Studien zum menschlichen Wohlergehens	640	730	150	180,77	97,26
Psychologie	1050	15.420	2480	14,56	94,94
Verhaltenswissenschaft	10	570	50	235,29	96,49
Wirtschaft	2290	12.050	1410	-24,40	81,00
Ökonometrie	90	2460	130	10,31	82,93
Gemeinschaft, Whanau, Familien	2160	10	60	-50,00	100,00
Kulturwissenschaften	4090	4130	310	1,72	90,07
Kriminologie	0	1180	90	151,06	97,46
Sicherheitsdienste	800	0	0		
Gesellschaft und Kultur	810	1260	270	10,53	88,10

Quelle: *Education Counts* – Berechnungen des Autors zu den Veränderungsraten

- Ähnlich geringe Anteile in jeder Altersgruppe bis zum Alter von 69 Jahren (0,15 % bis 0,19 % jeder Alterskohorte);
- Starke Konzentration in städtischen Gebieten (92 %);
- Fast zwei Drittel davon sind Bachelorabsolventen, 11 %, 15 % bzw. 6 % aller Absolventen sind Absolventen mit Auszeichnung, Masterabsolventen und Doktoranden;
- Der Anteil der in Neuseeland Geborenen (62 %) ist geringer als erwartet, und die Māori (5 %) und die pazifischen Völker (4 %) sind

eher schwach vertreten, obwohl der Anteil der asiatischen Völker (15 %) höher als erwartet ist;
- Die meisten sind vollzeit- (56 %) oder teilzeitbeschäftigt (19 %), der Rest ist nicht erwerbstätig (21 %);
- Größtenteils Arbeitnehmer (82 %) oder Selbstständige (12 %);
- Hauptsächlich Fach- (41 %) oder Führungskräfte (20 %) mit kleineren Gruppen im Büro-/Verwaltungsbereich (17 %), im Bereich der kommunalen und persönlichen Dienstleistungen (9 %) und im Verkauf (7 %), und nur wenige Arbeiter (3 %);
- Der Schwerpunkt liegt dabei auf den Branchen Bildung und Ausbildung (20 %) sowie Gesundheits- und Sozialwesen (11 %);
- Eine große Bandbreite an Einkommen, aber nur 9 % verdienen mehr als 100.000 Dollar pro Jahr, der Durchschnitt liegt bei 58.000 Dollar;
- Weitverbreitetes Engagement in ehrenamtlichen Tätigkeiten (Hausarbeit 94 %, Kinderbetreuung im eigenen Haushalt 32 % oder in einem anderen Haushalt 17 % und sonstige Hilfsarbeiten/Freiwilligentätigkeiten 25 %);
- Die Mehrheit ist konfessionslos (47 %), mit mäßigen Anteilen von Katholiken und Anglikanern (jeweils 12 %) und einer geringen Zahl anderer Konfessionen und nichtchristlicher Religionen.

Die Gesamtzahlen scheinen niedrig zu sein, wenn man bedenkt, wie viele Absolventen in den letzten etwa 50 Jahren Soziologie als Hauptfach studiert haben. Natürlich sind die „Hauptfächer" nur die Spitze eines Eisbergs unbekannter Größe, der die Studenten umfasst, die unter anderem Soziologie studiert haben – und vielleicht gehen viele von ihnen ins Ausland. Andererseits könnte der einheimische Bestand durch Absolventen aus dem Ausland erheblich aufgefrischt worden sein – aus den Daten geht nicht hervor, ob diese Absolventen ihr Soziologiestudium in Neuseeland oder in Übersee absolviert haben.

Die Feminisierung und Pākehā-isierung des Fachs sind allgemein bekannt, aber die Beliebtheit der Soziologie bei Asiaten ist überraschend. Die Daten zur Erwerbsbeteiligung deuten darauf hin, dass Soziologieabsolventen tendenziell gut auf dem Arbeitsmarkt platziert sind. Eine wichtige Statistik ist, dass es in Neuseeland über 250 promovierte Soziologen gibt. Etwa 1100 Soziologen mit Diplom- und Magisterabschluss stellen ebenfalls eine beachtliche Anzahl dar.

Dissertationen sind das Bindeglied zwischen Studenten und den Forschungsergebnissen der Wissenschaftler. Die erste MA-Abschlussarbeit

Tab. 3.6 Soziologische Abschlussarbeiten

Dekade	Frequenz	Prozentsatz
1950s	1	0,1
1960s	11	1,4
1970s	85	10,8
1980s	85	10,8
1990s	127	16,1
2000s	172	21,9
2010–2017	297	37,7
Vermisst: kein Datum angegeben	9	1,1
Insgesamt	787	100,0

Quellen: NZ National Library; NZ bibliografisches System

in Soziologie, „Alkohol und Soziologie" von David Simpson, wurde 1969 abgeschlossen, und die erste Doktorarbeit in Soziologie, „Die Kirchen und die Sozialpolitik: Eine Studie über das Verhältnis von Ideologie und Handeln", wurde 1970 von Kevin Clements abgeschlossen. Während des gesamten Zeitraums hat die Zahl der Dissertationen stark zugenommen (Tab. 3.6).

Schließlich gibt es noch einige Statistiken über die Platzierung der neuseeländischen Fachbereiche in der Weltrangliste. Die neuseeländischen Soziologie-Fachbereiche haben in der QS-Weltrangliste der Fachbereiche gut abgeschnitten, mit vier Plätzen in den Top 200 – OU und AU liegen im Bereich 100–150, VUW und CU im Bereich 151–200. Obwohl Canterbury mit seinen Zitierungen gut abschneidet, schneiden die University of Auckland und die VUW in Bezug auf die akademische Reputation gut ab (insbesondere die VUW).

3.2 Victoria University of Wellington (basierend auf Kirkman, 2014)

1944 schlugen das Victoria University College und das Auckland University College der University of NZ vor, sowohl Soziologie als auch Anthropologie in ihre Studiengänge aufzunehmen. Im Antrag der VUC wurde behauptet, dass Soziologie und Anthropologie „sowohl für Studenten als auch für Beamte" von Vorteil wären, „die sich für die Arbeit unter den Eingeborenen entweder in Neuseeland oder auf anderen Inseln des Pazifiks spezialisieren wollen" (Barrowman, 1999, S. 64). Wellington wurde als Standort des Dominion-Museums, der Bibliotheken und des Regierungssitzes mit außergewöhnlichen Ressourcen für diesen Unterricht bedacht. Darüber hinaus gab es bereits eine universitäre Spezialisierung auf Wirtschaft und öffentliche Verwaltung, der Soziologie und Anthropologie zu einer sozialwissenschaftlichen Stärke verhelfen würden. Professor Thomas Hunter, Rektor der VUC, schlug einen Kompromiss vor: „Auckland kann Anthropologie haben, Wellington kann Soziologie nehmen" – was auch geschah.

Ein Ausschuss des VUC-Berufsausschusses entwarf daraufhin einen Plan für eine Schule für Sozialstudien, die Soziologie auf allen Ebenen unterrichten, eine praktische Ausbildung für die im Sozialwesen tätigen Personen anbieten und Forschung betreiben sollte. Die Schule konzentrierte sich jedoch zunächst auf die Ausbildung von Sozialarbeitern; die Soziologie wurde erst 1957 eingeführt. Die School of Social Science (anstelle der School of Social Studies) wurde 1949 mit einem Sonderzuschuss der Regierung gegründet, um ein zweijähriges Postgraduierten-Diplom für die Ausbildung professioneller Sozialarbeiter anbieten zu können.

Sowohl Jim Robb als auch John McCreary (der 1953 als Dozent an der Fakultät für Sozialwissenschaften ernannt wurde und später Professor für Sozialarbeit wurde) waren Studenten von Ernest Beaglehole, die ihren Master in Psychologie gemacht hatten. Nachdem Jim Robb mit einem Postgraduierten-Stipendium der London School of Economics (LSE) in Psychologie promoviert hatte, wurde er 1954 zum Professor ernannt. Seine Dissertation von 1951 an der University of London wurde später von Tavistock unter dem Titel „Working-class anti-Semite: A psychological study in a London borough" veröffentlicht. Während seines Aufenthalts in London arbeitete Robb im Family Discussion Bureau des Tavistock-Instituts an einem Projekt zur Eheberatung, das sich später als solide Grundlage erwies, als er an der Gründung der neuseeländischen Organisation Marriage Guidance sowie an der Ausbildung von Studenten der Sozialarbeit beteiligt war.

Der Studiengang Soziologie 1 begann 1957 an der Victoria University und entwickelte sich zunächst aus dem von Robb geleiteten Kurs für zeitgenössische soziale Probleme im Rahmen der Diplomprüfung. Im Jahr 1957 schrieben sich 63 Studenten ein, und die Zahl stieg stetig an, so dass 1966, als Robb zum ersten Professor für Soziologie an der Universität und in Neuseeland ernannt wurde, 240 Studenten im ersten Studienjahr eingeschrieben waren. Bis 1970 hatte der Studiengang im ersten Jahr 350 Studenten erreicht. Im Anschluss an den Kurs der Stufe 1 wurden ab 1964 und 1965 die Soziologiekurse der Stufen 2 und 3 angeboten, während 1967 das Studium mit Auszeichnung und 1968 der MA-Abschluss mit Diplomarbeit begann. 1967 wurde ein Übergangszertifikat angeboten, um Studenten, die in ihrem Grundstudium keine Soziologie belegt hatten, die Möglichkeit zu geben, in einem Jahr ein Hauptfach zu belegen und so ein Aufbaustudium in Soziologie zu absolvieren.

Die langsame Entwicklung eines umfassenden Programms für Soziologie resultierte aus der Schwierigkeit, qualifiziertes Personal zu finden, das bereit war, nach Neuseeland zu kommen. Einen Ansturm von Bewerbern gab es nur während der Schweinebuchtkrise, als sich von der amerikanischen Ostküste aus Soziologen bewarben, die nach eigenen Angaben schon lange nach Neuseeland kommen wollten. Als sich die Krise jedoch legte, verschwanden auch die lang gehegten Ambitionen der Bewerber!

Es wurde eine ganze Reihe von Erhebungen mit der Gruppe der Studenten der Sozialarbeit durchgeführt, teilweise im Auftrag der Ministerien für Gesundheit und soziale Sicherheit oder lokaler Interessengruppen (z. B. Congalton, 1954).

Im Jahr 1972 umfasste das Programm der Stufe 2 vier Kurse – zwischenmenschliche Beziehungen, vergleichende Soziologie, Gemeinschaftskunde und Industriesoziologie – und die vier Kurse der Stufe 3 waren Theorie und Methodologie (obligatorisch für Studenten mit Hauptfach), Soziologie der Devianz, Beziehungen zwischen Minderheitengruppen und soziale Organisation. Das erste BA-Honorarprogramm umfasste Kurse zu soziologischer Theorie, Religionssoziologie, Medizinsoziologie und Stadtsoziologie. Einige Jahre später wurde das Angebot auf acht Kurse mit weiteren Optionen erweitert, darunter das Studium einer wichtigen sozialen Institution (Religion oder Familie), Demografie, Medizinsoziologie, Stadtsoziologie, Kriminologie, soziale Schichtung und formale Organisation.

In dieser Wachstumsphase von Ende der 1960er- bis in die 1970er-Jahre hinein wurden Dozenten aus dem Vereinigten Königreich und den USA angeworben. In den 1970er-Jahren arbeiteten drei Dozenten aus Nordamerika in dem Fachbereich, und in dieser Zeit wurden auch Junior-Dozenten eingestellt. Nach dem Weggang der Sozialdemografin Miriam (Gilson) Vosburg wurde ein anderer Demograf gesucht, und Arvind Zodgekar wurde eingestellt (Morrison, 2009). David Pearson, der 1974 aus England kam, brachte einen starken Forschungs- und Lehrschwerpunkt im Bereich der sozialen Schichtung und Ungleichheit mit. Davids erste

Forschungsarbeit war eine Gemeindestudie über einen Vorort von Wellington, Johnsonville, (veröffentlicht als *Johnsonville: Continuity and Change in a NZ Township* 1980), auf die *Eclipse of Equality: Social Stratification in New Zealand* (1983, mit David Thorns) und dann *A Dream Deferred: The Origins of Ethnic Conflict in New Zealand* (1990) und weitere Bücher folgten.

Aufgrund der hohen Studentenzahlen konnte 1975 ein zweiter Professor, Michael (Mike) Hill (2007 in den Ruhestand getreten), ernannt werden (von der LSE); er war ein beliebter Dozent für Studienanfänger und ein Spezialist für Religionssoziologie und Soziologie der Devianz. Im Jahr 1983 gab Hill zusammen mit anderen die Publikation *Shades of Deviance* heraus, eine Sammlung von Beiträgen von Mitarbeitern und Studenten des Fachbereichs zur Soziologie der Devianz.

Der Fachbereich Soziologie zog vom äußersten Norden in den äußersten Süden des Campus und wieder zurück in die Mitte und wurde nach der Gründung der School of Social Science 1969 zum Fachbereich Sozialverwaltung und Soziologie, ab 1972 zum Fachbereich Soziologie und Sozialarbeit, bis er 1992 in Soziologie und Sozialpolitik sowie Sozialarbeit und Angewandte Sozialstudien aufgeteilt wurde. Der Fachbereich Sozialarbeit wurde 1998 aufgelöst, und die Angewandten Sozialstudien, die einen angewandten Master in sozialwissenschaftlicher Forschung unterrichteten, wurde 2009 aufgelöst, als ein angewandter Master in Sport und Freizeit wieder in den Fachbereich Soziologie und Sozialpolitik eingegliedert wurde. Im Jahr 2001, als eine universitätsweite Schulstruktur eingeführt wurde, entstand die Fakultät für Sozial- und Kulturwissenschaften, die die Fächer Anthropologie, Kriminologie, Soziologie, Sozialpolitik und sozialwissenschaftliche Forschung umfasst. Im Jahr 2014 schließlich wurde das Fach Sozialpolitik von einem Hauptfach in ein Nebenfach umgewandelt und stärker in das Soziologieprogramm integriert.

Zusammenfassend führt Kirkman (2014, S. 72) aus:

> Vergleicht man das Programmangebot im Jahr 2014 mit dem der 1970er-Jahre, lassen sich sowohl Kontinuitäten als auch Veränderungen feststellen. Die Sozialtheorie ist zwar nicht mehr obligatorisch, aber nach wie vor eine Stärke des Studiengangs. Der Schwerpunkt auf Gesundheit und Medizin wurde ebenfalls beibehalten, wenn auch jetzt als Soziologie von Gesundheit und Krankheit. Die Aufmerksamkeit für Forschungsmethoden, die in den 2000er-Jahren abgenommen hatte, wird nun wieder stärker in den Vorder-

grund gerückt. Die Soziologie der Geschlechter wurde 1990 zum ersten Mal eingeführt, und das Programm bietet heute eine Reihe von Kursen an, die sich mit dem Thema Geschlecht befassen. Auch die Untersuchung sozialer Ungleichheit und sozialer Schichtung ist seit langem ein Schwerpunkt des Studiengangs. Die Soziologie der Devianz und die Religionssoziologie werden nicht mehr gelehrt, aber Bereiche wie die Soziologie des Alltagslebens sind gewachsen und haben sich im Studiengang fest etabliert. Und 2014 wurde auch die Soziologie der Emotionen in das Angebot aufgenommen … Die Verbindung der Soziologie mit der Lebens- und Arbeitswelt der Studierenden war über die Jahre ein Dauerthema, mit dem sich der Studiengang [derzeit] weiter auseinandersetzt. Ein Beispiel dafür ist die Einführung eines Schulpraktikums auf Honours-Ebene im Jahr 2013.

3.3 University of Canterbury (basierend auf Du Plessis, 2014)

Soziologie wird (zumindest im ersten Studienjahr) seit 1958 an der CU gelehrt, nachdem der damalige Professor für Psychologie bei einem Nachmittagstee im Jahr zuvor vorgeschlagen hatte, dass jemand „… vielleicht mit der Lehre der Soziologie beginnen möchte". Richard Thompson, der in den frühen 1940er-Jahren an der philosophischen Fakultät der CU unter Ivan Sutherland (einem Anthropologen) und Karl Popper Sozialpsychologie studiert hatte und seit 1947 in Canterbury Psychologie unterrichtete, sagte zu. Richard war ein entschiedener Gegner von Neuseelands Kontakten im Bereich des Sports mit dem Apartheid-Südafrika in den 1960er-Jahren und kanalisierte sein antirassistisches Engagement in der seit langem bestehenden Citizens Association for Racial Equality (CARE), die er 1964 mitbegründete. Thompson berichtet, dass er der Meinung war, dass er später wegen seines Protestengagements nicht als Professor an der CU in Betracht gezogen wurde.

In den 1960er-Jahren kamen mehrere professionell ausgebildete Soziologen hinzu, wenn auch nur für kurze Zeit, darunter zwei Niederländer – Hans Mol (1961–1963), ein Spezialist für Religionssoziologie und presbyterianischer Pfarrer, und Cora Vellekoop (später Baldock: 1964–1969), die von der Universität Leiden berufen wurde und europäische Gesellschaftstheorie und soziale Ungleichheiten lehrte. Cora Vellekoop schloss die erste Promotion in Soziologie an der CU ab und veröffentlichte eine umfangreiche Monografie, die auf ihrer Doktorarbeit über berufliche Mobilität basierte, bei der sie Daten von 3773 14-jährigen Jungen an insgesamt 34 High Schools (die sie jeweils besuchte) in der zentralen Region Neuseelands sammelte, zusammen mit Daten von 648 Eltern per Postfragebogen. Sie leistete auch Pionierarbeit bei der Einbeziehung von Studenten in die praktische Sozialforschung – Feldarbeit, Befragung und Datenanalyse. Soziologiestudenten der Stufe 3 reisten jedes Jahr in mehrere kleine Städte der Südinsel, um diese Studien durchzuführen.

Der Amerikaner Bill Catton wurde 1971 Professor für Soziologie, und sechs Einheimische nahmen in dieser Zeit Lehraufträge an. Bill Willmott löste Catton 1973 ab, und 1975 wurde die Soziologie zu einem eigenen Fachbereich. Catton wurde als Umweltsoziologe bekannt. Willmott war ein Kanadier mit einem LSE-Doktorat in Sozialanthropologie, der in Chengdu, China, aufgewachsen war, wo seine Eltern als Bildungsmissionare der United Church of Canada tätig waren (siehe Du Plessis & Fougere, 1998). Er hatte anthropologische Feldforschung in Inuit-Gemeinschaften in Nord-Quebec und unter Chinesen in Kambodscha betrieben und setzte sich für eine eigenständige NZ-Soziologie ein, die sich kritisch mit zeitgenössischen Themen und staatlicher Politik auseinandersetzt. Jane Kronick (1974–1975), die 1954 als Fulbright-Stipendiatin am Lincoln Agricultural College gewesen war, initiierte den ersten Kurs über Frauen in der Gesellschaft. In den späten 1970er-Jahren wurden drei Ausländer ernannt, die in Neuseeland heimisch wurden. Zu den Themen, die gelehrt oder erforscht wurden gehörten Familie, Sozialpolitik im Zusammenhang mit dem Altern, Arbeitssoziologie, Umweltsoziologie, Wohnungswesen, bebaute Umwelt und städtischer und technologischer Wandel, soziale Folgenabschätzung, Identitäten und Gemeinschaften sowie Politik für den ländlichen Raum. Die Masterarbeiten von 1971 waren Sozialtheorie, Forschungsmethoden und Kurse über Gemeinschaften und sozialen Wandel. Ein autonomer, aber verwandter Fachbereich für Sozialarbeit wurde 1984 eingerichtet.

Spätestens ab Mitte der 1970er-Jahre festigte der CU-Fachbereich seine fächerübergreifende Ausrichtung, sein Engagement in der zeitgenössischen politischen Debatte und seine Verbindungen zu Gemeinschaftsorganisationen. Der Fachbereich konzentrierte sich auf die Lehre der Soziologie im ersten Studienjahr mit dem Ziel, die Studierenden für kritische Analysen sowohl anderer Kulturen als auch lokaler politischer, kultureller und wirtschaftlicher Praktiken zu sensibilisieren. Alle Mitarbeiter hielten Vorlesungen, nahmen an Tutorien für Studienanfänger teil, besuchten gegenseitig ihre Vorlesungen und trugen zu informellen Diskussionen bei den zahlreichen Planungstreffen bei. Aktivisten aus der

Gemeinde wurden zu den Vorlesungen eingeladen, um Verbindungen zwischen den Vorlesungsthemen und den Bemühungen um sozialen Wandel in der Gemeinde herzustellen. Das Buch *Human Societies* von Lenski und Lenski wurde schließlich zum Kerntext, obwohl es später durch Biltons *Introductory Sociology* und dann durch Giddens' 1991 erschienenen Text *Introduction to Sociology* ersetzt wurde, ergänzt durch die verschiedenen Ausgaben von *New Zealand Sociological Perspectives* (z. B. Spoonley et al., 1982). In einigen Jahren wurden stattdessen zusammengestellte Lektürepakete verwendet. Die Zahl der Studenten stieg auf über 700, wobei jede Klasse zwei- oder dreimal an verschiedenen Orten wiederholt wurde. Dies steht im Gegensatz zu neueren Zahlen, die in den Soziologiekursen des ersten Jahres derzeit zwischen 160 und 260 pro Kurs liegen, mit fast 500 in allen Kursen des ersten Jahres.

Verschiedene Leiter leiteten den Fachbereich über mittlere Zeiträume, wobei das „Kollektiv" allmählich verblasste. Es wurden formellere Ausschüsse eingerichtet, aber die Organisationsstruktur blieb viele Jahre lang relativ flach und hatte – ungewöhnlich für neuseeländische Universitäten zu dieser Zeit – einen gewählten Leiter. Die Zahl der fortbestehenden akademischen Positionen in der Soziologie stieg 1998 auf 15. Einige wenige wurden auch in höheren Ebenen der Universitätsverwaltung tätig. Zu den durchgeführten Studien gehörten Studien über Gemeinschaftsbildung in einem ländlichen Gebiet zwischen 1890 und 1982, kollektives Verhalten, intentionale Gemeinschaften, Einwanderung und Globalisierung, Katastrophensoziologie, Politische Soziologie, Religionssoziologie, internationale Organisationen, Gesundheit und Gesundheitssysteme, Demografie, Sport- und Freizeitsoziologie, Landwirtschafts- und Ernährungssoziologie, Wissenschafts- und Technologiestudien, Ethnizität, Indigenität, Politik und Staat sowie zeitgenössische Māori-Protestpolitik und der Siedlungsprozess nach dem Vertrag von Waitangi.

In den 1970er- und 1980er-Jahren gab es Kurse zu den Themen Umweltsoziologie, Familie, Sozialpolitik, Gender, Naturgefahren, kollektives Verhalten, Friedensforschung, Gesundheit, Bevölkerung, Politik, internationale Organisationen, Recht und Gesellschaft, Ethnizität, Entwicklung, soziale Folgenabschätzung, Devianz, Soziologie der Kunst, Arbeit sowie Sport und Freizeit. Die Studierenden wurden häufig ermutigt, ihre eigenen Aufsatzthemen zu definieren oder Projekte zu entwickeln. Einige Dozenten förderten die Gruppenarbeit, und in den 1970er-Jahren wurde der Unterricht in Forschungsmethoden so gestaltet, dass die Studierenden kleinere Forschungsarbeiten durchführten oder

Datensätze bearbeiteten, anstatt verschiedene Forschungstechniken und kleinere Forschungsaufgaben zu besprechen. In den 1980er-Jahren wurden an der CU interdisziplinäre Studiengänge in den Bereichen Friedensforschung, Sozialismus und Feminismus entwickelt sowie ein Fachbereich für Medienwissenschaften, zu dem auch das Postgraduiertenprogramm für Journalismus gehörte. Bis 2010 wurde die Geschlechterforschung in den Studiengang Soziologie integriert, der nun über Fachwissen in den Bereichen psychosoziale Studien, feministische Theorie, Postkolonialismus und Entwicklung sowie Geschlecht, Sexualität und Medien verfügt.

Bei der Einführung der Semester in den 1990er-Jahren gab es zwei verschiedene Kurse: eine Einführung in das Fach Soziologie und einen Kurs mit einem aktuelleren Schwerpunkt. Zu den Themen des ersten Semesters gehören derzeit Geschlecht, Sexualität, Sport, Ernährung, Familien, Tiere, Gesundheit, Tod, moralische Panik, Konsumverhalten und moderne Technologien. In einigen Jahren befasste sich der Kurs im zweiten Semester mit Themen, die die neuseeländische Gesellschaft betrafen, in jüngerer Zeit jedoch mit der Globalisierung und den Überschneidungen zwischen Aotearoa/NZ und dem internationalen sozialen, kulturellen und wirtschaftlichen Wandel. Während diese Kurse noch im Team unterrichtet wurden, wurden Workshops, Tutorien und die Benotung (zumindest für die Arbeiten des ersten Studienjahres) in die Verantwortung der Tutoren und derjenigen mit Kurzzeitverträgen gelegt. Die Einbeziehung von Doktoranden als Tutoren für die Kurse des ersten Jahres (und einiger großer Klassen des zweiten Jahres) führte in den 1990er- und frühen 2000er-Jahren zu dynamischen Kohorten von Doktoranden, die ihre Ideen in einer sich selbst organisierenden Gruppe von Dissertationsautoren austauschten, wobei einige von ihnen eine Zusammenarbeit mit ihren Dissertationsbetreuern und untereinander begannen, nachdem sie akademische Stellen in soziologischen Fachbereichen oder in anderen Berufsfeldern angenommen hatten.

In den späten 1990er- und frühen 2000er-Jahren leitete Professor David Thorns den Aufbau eines sozialwissenschaftlichen Forschungszentrums (SSRC), das multidisziplinär angelegt war und angewandte Sozialforscher aus Regierung und Privatwirtschaft umfasste. Es beherbergte verschiedene extern finanzierte Forschungsprojekte und Gastwissenschaftler.

Im Jahr 2008 kam es jedoch zu einer erheblichen Umstrukturierung, bei der die Soziologie zu einem der Studiengänge innerhalb einer großen Fakultät für Sozial- und Politikwissenschaften mit einem ernannten Schulleiter wurde. Die Abläufe haben sich geändert. In jüngster Zeit wurde das College of Arts erneut umstrukturiert und der Fachbereich Soziologie und Anthropologie neu zusammengelegt. Christchurch wurde im Jahr 2011 von schweren Erdbeben heimgesucht (die auch zahlreiche Menschenleben forderten), was zu Störungen führte, aber auch neue Forschungsmöglichkeiten eröffnete. Eine Folge davon war der Verlust von Mitarbeitern (einschließlich mehrerer Pensionierungen), der noch nicht wieder aufgefangen werden konnte.

Der produktive und zuweilen problematische „Habitus", der in den 1970er- und frühen 1980er-Jahren durch das Engagement für Kollektivität, gemeinschaftliche Verbundenheit und aktivistische Politik geprägt war, steht seit einiger Zeit in Spannung zu dem Druck, die Unterscheidbarkeit der Soziologie als Disziplin und das Profil der Soziologie-Absolventen zu spezifizieren, zu den Anreizen, die mit dem Performance-Based Research Fund verbunden sind ... und zu einem Jahrzehnt der Umstrukturierung und des stoischen und kreativen Überlebens in einer Universität und Stadt nach dem Erdbeben. (Du Plessis, 2014, S. 123)

3.4 Auckland (Diese Darstellung stützt sich insbesondere auf Crothers et al., 2014)

Der Fachbereich Soziologie der University of Auckland hinkte den anderen Fachbereichen in der kurzen Gründungszeit etwas hinterher und bot zunächst nur Postgraduiertenstudiengänge an. Nichtsdestotrotz war sie Teil einer breiteren Innovationswelle der AU, die laut Professor Sinclair „... in den 1960er-Jahren eine größere Anzahl" von „neuen Entwicklungen" als in jedem anderen Jahrzehnt der Universität" (1983, S. 249) erlebte. Die Politikwissenschaft wurde 1964 eingeführt, und die Soziologie erhielt 1966 einen Lehrstuhl, der jedoch erst 1968 eingerichtet wurde. Professor Chapman für Politik (ein Experte für politische Ökologie) erntete einige Lorbeeren, da er den sozialen Kontext politischer Verhaltensweisen aufzeigen wollte. Sinclair stellt jedoch fest, dass „es immer noch ein anhaltendes Misstrauen gegenüber dem Thema gab, insbesondere unter den leitenden Akademikern, einschließlich des Vizekanzlers. Einige von ihnen vertraten die Ansicht – wie sie es auch bei der Anthropologie getan hatten – dass es ein Postgraduiertenfach sein sollte. Es wurde beschlossen, dass D. W. G. Timms als erster Professor einen Forschungslehrstuhl innehaben sollte, zumindest für einige Jahre. Bis in die 1970er-Jahre wurden jedoch keine Lehrveranstaltungen für Studenten abgehalten" (S. 249). Die Soziologie im Grundstudium wurde daher in den Fächern Anthropologie, Pädagogik, Recht und Māori-Studien unterrichtet. Timms war ein Sozialgeograf, der von der University of Queensland an die AU kam. Während seiner Zeit in Auckland schrieb er eine führende Darstellung der Analyse von Sozialräumen – *Urban Mosaic: Towards a Theory of Residential Differentiation*, veröffentlicht 1971.

Das Personal wurde 1971 um den farbenfrohen Dr. Henry Heald erweitert, der auf einer Jacht lebte und mit Dr. Ranginui Walker liiert war, der später zum führenden Māori-Wissenschaftler Neuseelands wurde (Spoonley, 2009). Ein riesiger Soziologiekurs mit Hunderten von Studenten im ersten Studienjahr – unausgebildet und unbeaufsichtigt – wurde in der ahnungslosen Innenstadt von Auckland ausgesetzt, um Feldforschungsprojekte durchzuführen: Die entsetzten Universitätsbehörden verhängten daraufhin ein striktes Verbot für Studenten, jemals Feldforschung zu betreiben. In der Zwischenzeit war der beleidigte Dozent wieder nach Norden gesegelt.

Als Timms ins Vereinigte Königreich zurückkehrte, wechselte eine Gruppe von Mitarbeitern der University of Waikato in den Norden (oder kehrte dorthin zurück), einige mit einem Waikato-DPhil. Professor David Pitt, der in Anthropologie und Wirtschaftswissenschaften ausgebildet war, kehrte von Oxford nach Neuseeland zurück, um den Fachbereich Waikato zu leiten, und wechselte nun an die Spitze des Fachbereichs Auckland (Macpherson, 2016), wo er äußerst erfolgreiche Undergraduate- und Postgraduate-Programme einrichtete und eine Reihe interessanter Mitarbeiter beschäftigte, von denen mehrere einen anthropologischen Hintergrund hatten. Zu den weiteren Ernennungen gehörten einige zurückkehrende Neuseeländer und Ernennungen aus Übersee. Diese relativ kleine Gruppe unterrichtete eine breite Palette von Kursen für eine große Anzahl von Studenten – in den Einführungskursen waren regelmäßig zwischen 600 und 700 Studenten eingeschrieben, und die relativ hohen Verbleibsquoten führten zu großen Klassen im zweiten und dritten Studienjahr und einer wachsenden Zahl von Absolventen und Postgraduierten, die sich einschreiben. Es gab viel Forschungsenergie mit Themen, die sowohl für Auckland als auch für Neuseeland relevant waren, darunter Ethnizität, Migration und Klasse. Ein relativ stabiler, mittelgroßer Fachbereich, der hauptsächlich mit Neuseeländern mit lokalen Forschungsinteressen besetzt war, erweiterte und veränderte sich allmählich, als mehr ausländisches Personal, das tendenziell forschungsorientierter war, eingestellt wurde. Da die Zahl der Mitarbeiter in dieser Zeit begrenzt war, wurden zusätzliche Teilzeitkräfte eingestellt, darunter ein in den USA ansässiger Planer und ein örtlicher Geistlicher. Mit Ausnahme von David Pitt, der zu den Vereinten Nationen nach Genf ging, und David Thorns, der nach Canterbury wechselte, blieb dieser frühe Mitarbeiterstamm bis zur Auflösung der Gruppe Mitte der 1990er-Jahre bestehen.

Ursprünglich war der Fachbereich in dem großen, eher schmuddeligen Rex Court in der Symonds Street untergebracht, zog aber in den neunten Stock des benachbarten Gebäudes für Humanwissenschaften, als dieses gebaut wurde, und ist seitdem dort geblieben. Das Stockwerk, das ursprünglich für einen wissenschaftlichen Fachbereich vorgesehen war, beherbergt heute hauptsächlich Büros und einige kleinere Unterrichtsräume und bietet eine der besten Aussichten der Stadt. Der Fachbereich beherbergte zunächst eine gut ausgestattete Dunkelkammer, wurde aber später in ein ebenso gut ausgestattetes Terminal-Cluster des Fachbereichs umgewandelt, das eine Zeit lang von einem eigenen Techniker unterstützt wurde. Ein Ofen für die Verbrennung von Tierversuchsobjekten der Psychologen wurde nur selten benutzt und schließlich entsorgt.

Die frühen Arbeiten hatten einen starken pazifischen Bezug. David Pitt hatte kurz vor seiner Ankunft eine klassische ethnografische Monografie mit dem Titel *Tradition and Economic Progress in Samoa* geschrieben und zusammen mit Macpherson die erste nationale Studie über eine pazifische Migrantenbevölkerung durchgeführt, die zu *Emerging Pluralism: The Samoan Community in New Zealand* (*Die samoanische Gemeinschaft in Neuseeland*) überarbeitet wurde, basierend auf Interviews mit 1000 Samoanern. Die Studie wurde durch einen Zuschuss der Nuffield Foundation finanziert. Danach wandte Pitt seine Aufmerksamkeit der neuseeländischen Gesellschaft im Allgemeinen zu und verfasste eine Reihe von nicht besonders tiefgründigen, aber nützlichen Texten, die die Bedeutung der Soziologie für die sozialen und politischen Debatten in Neuseeland untermauerten.

David Bedggood ist Neuseelands bekanntester marxistischer Sozialtheoretiker. Sein Hauptwerk, *Rich and Poor in New Zealand: A Critique of Class, Politics and Ideology* (1980) diente ihm als Grundlage für eine großartige, langjährige Erstsemesterarbeit, in der er konservative, liberale, sozialistische und marxistische Ansätze zu einer Reihe von soziologischen Themen gegenüberstellte. Es handelte sich um eine ausgezeichnete Arbeit, da sie die Studenten in der Anwendung geeigneter Analyseinstrumente unterwies. (Einige Jahre lang war sie für die Studenten der Immobilienwirtschaft obligatorisch, die nicht immer so viel Verständnis für die verschiedenen Standpunkte aufbrachten).

Cluny Macpherson forschte kontinuierlich über samoanische und verwandte Themen und veröffentlichte eine bahnbrechende Studie über das Fehlen einer einheimischen samoanischen medizinischen Tradition (1990) sowie über Fragen der sozialen und wirtschaftlichen Entwicklung im Pazifik. Seine Arbeit stützt sich auf seine intime Kenntnis der samoanischen Lebensweise, die zum Teil aus der Zusammenarbeit mit seiner Frau La'avasa in Forschung und Schrift hervorgegangen ist, sowie auf sein scharfsinniges Gespür für theoretische Entwicklungen. Cluny hat sich im gesamten pazifischen Raum einen Namen gemacht und mit vielen pazifischen Wissenschaftlern zusammengearbeitet, u. a. mit dem Centre for Pacific Studies der University of California in Santa Cruz, dem Centre for Pacific Island Studies der University of Hawaii und dem East-West Centre. Später wechselte er für den Rest seiner akademischen Laufbahn an die MU.

Der Fachbereich erhielt einen finanzierten Lehrstuhl für Sozialarbeit, als Professor Pitt 1977 einen Zuschuss von Mobil Oil NZ in Höhe von 15.000 Dollar erhielt, um einen Mitarbeiter einzustellen, der „die Lehre und Forschung von Hochschulabsolventen im Bereich Sozialfürsorge und Entwicklung unterstützen" sollte. Der Lehrbetrieb wurde aufgenommen, aber disziplinäre intellektuelle Spannungen zwischen Soziologen und Sozialarbeitern und der Entzug der Finanzierung führten dazu, dass die Sozialarbeit 1982 an das Auckland Secondary Teachers College (das später in die AU integriert wurde) verlegt wurde.

Nach und nach kamen weitere Mitarbeiter aus den unterschiedlichsten Fachbereichen und Nationalitäten hinzu. So wurde beispielsweise Professor Ian Carter unter anderem deshalb ernannt, um die Soziologie des ländlichen Raums in einem Land zu entwickeln, in dem dies als wichtig erachtet wurde. Abgesehen von einigen historischen Streifzügen durch die Geschichte der Mitarbeiter des Landwirtschaftsministeriums im Bereich der ländlichen Soziologie wandte er sich jedoch der Biografie, dem Universitätsroman und insbesondere der Eisenbahn zu und brachte in den zwei Jahrzehnten seiner Amtszeit eine beeindruckende Reihe von Büchern heraus. Weitere Arbeiten im Fachbereich befassten sich mit Māori-Beerdigungen, der Herausgabe des angesehenen *Journal of the Polynesian Society*, Entwicklungs- und Gemeinschaftsfragen, Religion, Rechtssoziologie, Sozialpolitik und neuseeländischen Unternehmen. Die Kritik war vehement: Es gab scharfe Kritik an der „pop-soziologischen" Arbeit an der so genannten Theorie K, mit der versucht wurde, auf der Grundlage einer Reihe von Fallstudien Managementempfehlungen für neuseeländische Unternehmen zu erstellen, sowie Kritik an dem Buch von Thorns und Pearson über die soziale Schichtung in Neuseeland. In den frühen 1980er-Jahren waren Macpherson und Crothers auf Geheiß von Superintendent Jim Morgan, der ein Soziologie-Studium absolviert hatte, daran beteiligt, Beweise zu liefern, die die Entwicklung von Konzepten für eine gemeinschaftliche Polizeiarbeit auf der Grundlage umfangreicher Erhebungen in Süd-Auckland unterstützen sollten. Die anschließende Diskussion im Polizeipräsidium mit allen mit Abzeichen versehenen Regionalkommandeuren und einem unterstützenden Polizeipräsidenten war für Soziologen eine ungewöhnliche Erfahrung.

Der Fachbereich neigte dazu, sich informell zwischen den sehr forschungsorientierten (oder zumindest schreiborientierten) Nicht-Neuseeländern und den etwas zurückhaltenden und weniger produktiven Neuseeländern aufzuspalten, wobei einige der Letzteren dazwischen fielen. Associate Professor Barry Smart wurde aus dem Vereinigten Königreich rekrutiert und drängte den Fachbereich in postmodernistische Richtungen, die damals populär wurden, obwohl Smart sich selbst nie ganz als Postmodernist bezeichnete. Sein gesamter umfangreicher Fundus an exegetischen Texten war sehr klar geschrieben. Nach einigen sehr produktiven Jahren in dem Fachbereich kehrte er jedoch (mit Hund Red) nach England zurück und ist seitdem in Portsmouth ansässig.

Die Soziologie geriet selten in die Schlagzeilen, aber ein negatives Ereignis, das in die Medien gelangte, war ein Bericht über die alle fünf Jahre stattfindende Überprüfung des Fachbereichs, der leider von zu vielen Händen verfasst worden war und es nicht vermochte, ein starkes und nachhaltiges Image des Fachbereichs zu fördern, der sich inzwischen als einer der angesehensten in Australasien sah. Der Überprüfungsausschuss verstärkte leider völlig unbegründete Unterstellungen von Rassismus, die, nachdem sie von den Medien aufgegriffen worden waren, eine unglückliche Verleumdung auslösten.

Um die Jahrhundertwende ging die Gruppe der Mitarbeiter, die den Fachbereich in den vorangegangenen rund 30 Jahren aufrechterhalten hatte, in den Ruhestand oder wanderte ab. Die Neubesetzung führte dazu, dass der Fachbereich größer wurde, die obligatorische Komponente (Theorie und Methoden) der Lehrplanstruktur gelockert wurde und bis 2008 die Kriminologie eingeführt wurde. Neue Mitarbeiter kamen aus Kanada, Südafrika und einige von der AU oder anderen neuseeländischen Universitäten. Claudia Bell kehrte nach einem etwas verschlungenen

Karriereweg über das Centre for Continuing Educationan den Fachbereich zurück, an dem sie ihren Abschluss gemacht hatte. Ihre Dissertation über das ländliche Neuseeland wurde zu einem sehr populären Buch, *Inventing New Zealand* (1996), und eine Fortsetzung über die öffentliche Symbolik der Kleinstädte Neuseelands wurde zu einer Fernsehsendung. Wendy Larner, eine feministische Sozialgeografin, war für die Sicherung eines großen Forschungsauftrags verantwortlich, der eine Reihe von Mitarbeitern in einem großen Projekt über Governance zusammenbrachte, das mit Menschen in der lokalen und nationalen Regierung in Verbindung stand. Dieses Projekt mündete in die Entwicklung einer Kritik des Neoliberalismus-Diskurses, die Larner (die nach einer Zeit an der University of Bristol derzeit Provost an der VUW ist) einen bedeutenden internationalen Ruf eingebracht hat. Professor Maureen Baker kam in den späten 1990er-Jahren aus Kanada an die Spitze des Fachbereichs und brachte ein vergleichendes Interesse an Kanada, Australien und Neuseeland mit. Sie erstellte sorgfältig eine Reihe kleiner empirischer Studien sowie Texte über Familie und Familienpolitik. Professor Peter Davis wurde 2004 an den Fachbereich berufen und brachte eine recht „fremde" quantitative Forschungstradition und ein Interesse an der Agency-Theorie mit, das aus seiner langjährigen Erfahrung im Gesundheitssektor und seinen früheren Positionen im öffentlichen Gesundheitswesen an der University of Otago, Christchurch, und zuvor an der University of Auckland Medical School resultierte. Als sich das Finanzierungsumfeld öffnete und eine Reihe großer Forschungszuschüsse eingeworben wurde, gründete er eine Reihe von Forschungsgruppen, die im Centre of Methods and Policy Application in the Social Sciences (COMPASS) gipfelten. Diese Zuschüsse wiederum ermöglichten die Einstellung von Personal, das nur für die Forschung zuständig war, und die Pflege von Daten.

Tracey McIntosh, eine weitere Absolventin der Soziologie in Auckland und heutige Mitarbeiterin, führte einige neue und sofort beliebte Kurse ein, darunter die Soziologie von Tod und Sterben. Tracey engagierte sich stark in der Universitätsverwaltung in Fragen der Gleichberechtigung und später in der Leitung von *Ngā Pae o te Māramatanga*, dem Māori Centre of Research Excellence, in dessen Rahmen sie Zeitschriften herausgab und Bücher über ethnische Identität veröffentlichte. Im Jahr 2012 war sie Ko-Vorsitzende der Expert Advisory Group on Solutions to Child Poverty (Expertenberatungsgruppe für Lösungen zur Bekämpfung der Kinderarmut) des Children's Commissioner und sitzt immer noch in einer Reihe von Leitungsgremien, insbesondere im Bereich der sozialen Schadensbegrenzung, darunter dem *Robson Hanan Trust: Rethinking Crime and Punishment* und *Te Waka Moemoea: Being the Change Trust*. Bruce Curtis kam etwa zur gleichen Zeit zum Fachbereich und unterrichtete Kurse in Industrie- und Landwirtschaftssoziologie und entwickelte Materialien zu gemischten Forschungsmethoden. Steve Matthewman war einer der ersten Absolventen des Fachbereichs Soziologie, der im Jahr 2000 in den Lehrkörper aufgenommen wurde, und leitete den Fachbereich (2014–2017). Sein Interesse galt der Wissenschafts- und Technologiesoziologie und wurde durch ein Marsden-Stipendium zur Untersuchung der Auswirkungen des Erdbebens in Christchurch erweitert.

Die Einstellung weiterer Mitarbeiter in den 2010er-Jahren wurde mit der Ernennung einer ganzen Reihe von Mitarbeitern sowohl aus Neuseeland als auch aus dem Ausland fortgesetzt. Ein kleiner Zustrom von Kanadiern in den 1990er- und 2000er-Jahren wurde dann durch einige weitere Neuzugänge von südlich der Grenze überlagert. Ein bemerkenswertes Merkmal des Fachbereichs in jüngster Zeit ist, dass er aus den mittleren Reihen geführt wird. Einige Professoren haben ihre Amtszeit nicht zu Ende geführt. Die Forschungsproduktivität des Fachbereichs erstreckte sich auf das Verfassen von Texten und die Produktion von Büchern für den internationalen Markt. Der Fachbereich hat ein weit verbreitetes internationales Lehrbuch (mit mehreren Beiträgen aus anderen Ländern) und vor kurzem ein auf Neuseeland ausgerichtetes Einführungslehrbuch veröffentlicht. Die Forschungsproduktivität des Fachbereichs lässt sich an seinen Leistungen im PBRF ablesen. Der Fachbereich Soziologie war in der ersten PBRF-Runde der zweitbeste Fachbereich der Philosophischen Fakultät und in der PBRF-Zählung 2011 der zweitbeste Fachbereich der gesamten Universität. Während die University of Auckland in den internationalen Rankings weiter abrutscht (wie in den Rankings der *Times Higher*), steigen die Sozialwissenschaften weiter auf. Es handelt sich um den größten Studiengang an der Fakultät.

In den späten 1990er-Jahren gab es Verbindungen zur Arbeitswissenschaft, zur englischen Literatur- und Medienwissenschaft, zum neu gegründeten Centre for Pacific Studies, zur juristischen Fakultät, zur School of Education (einschließlich der Lehre in Sozialer Arbeit) und zum öffentlichen Gesundheitswesen, wobei mehrere Postgraduierte Stellen in den mit der medizinischen Fakultät verbundenen Einheiten antraten. Seit langem gab es ein begrenztes Angebot an Dienstleistungslehre (Ingenieure, Planer, Immobilienstudenten). Die Kontakte außerhalb der Universität waren eher begrenzt, obwohl McIntosh Kontakte zu Māori-Insassen in Gefängnissen pflegte.

Eine wichtige Entwicklung war die Einführung eines eigenen Studiengangs Kriminologie im Jahr 2008. Im Jahr 2014 hatte der Fachbereich über 400 Vollzeitstudenten (EFTS) und unterstützte mehr Mitarbeiter. Der Fachbereich verlor jedoch seinen unabhängigen Status und wurde 2014 in eine umfassendere Fakultät für Sozialwissenschaften eingegliedert: Te Pokapū Pūtaiao Pāpori, zu der auch Anthropologie, Entwicklungsstudien, Medien-, Film- und Fernsehstudien sowie politische Studien gehören.

Zwei Einrichtungen des Fachbereichs, die sich seit langem bewährt haben, sind ein wöchentliches Seminar (das in der Regel am späten Mittwochvormittag stattfindet) und eine Reihe von Arbeitspapieren, die bis in die 1990er-Jahre hinein Bestand hatten. In den Anfängen des Fachbereichs gab es eine jährliche Orientierungswoche für die neuen Studenten, aber da die Zahl der Studenten schneller stieg als die Erwartungen und das Budget, wurden diese Veranstaltungen eingestellt. Außerdem wurden Gruppen von Postgraduierten in Kleinbussen zu SAANZ-Konferenzen auf der Nordinsel geschickt, während die Mitarbeiter eher mit dem Flugzeug reisten. Später wurden Soziologie-,Camps' veranstaltet. In jüngster Zeit hat der Fachbereich auch Schreibfreizeiten veranstaltet.

Von Zeit zu Zeit stellte die Abteilung SAANZ-Präsidenten oder Vorstandsmitglieder (Crothers, Perry, Curtis und Matthewman). Robert Webb war aktiv an der Leitung der Māori Association of Social Scientists (MASS) und der Beschaffung von Forschungsgeldern beteiligt. Viele Studenten haben gute Karrieren in der Soziologie gemacht und Professuren in Australien und dem Vereinigten Königreich erlangt.

3.5 University of Waikato (Campbell, 2014)

Die WU ist eine in den 1960er-Jahren gegründete Greenfield-Universität in Hamilton, einer Stadt eineinhalb Stunden südlich von Auckland. Sie wurde 1964 an ihrem heutigen Standort Hillcrest offiziell eröffnet, nachdem sie die vier Jahre zuvor als Zweigstelle der AU in einer provisorischen Unterkunft untergebracht war. Die ersten Studienfächer waren Geistes- und Sozialwissenschaften. Nach dem „Sussex-Muster" gab es keine Fachbereiche, sondern eher Fächer. Die frühe Semesterstruktur war einzigartig – vier Semester in Stufe I, drei in Stufe II und nur zwei Semester in Stufe III – und wurde schließlich unter dem Druck der anderen Universitäten (oder zumindest der Studenten, von denen viele zwischen den Universitäten wechseln wollten) aufgegeben, um dem Standardmuster zu entsprechen. Soziologie wurde ab 1966 gelehrt, aber es gab nur einen Dozenten (später zwei), und die ersten beiden blieben jeweils nur ein Jahr. Die Kommentare von David Swain zeigen das Klima der damaligen Zeit (zitiert in Campbell, 2014):

> Ich kam ganz frisch von der London School of Economics, mit einem speziellen Honours Degree in Soziologie, mit einem Nebenfach in politischem Protest und Feldarbeit bei den Sommerunruhen in Detroit. Ich hatte also ein gewisses Maß an soziologischer Erfahrung, allerdings nicht im universitären Kontext.

Die Einschreibungen in den Sozialwissenschaften wurden durch Änderungen in der Lehrerausbildung angekurbelt, als Waikato der erste Campus wurde, der einen Universitätsabschluss für das Lehramt anbot, der auch sozialwissenschaftliche Kurse umfasste. Die Studentenzahlen stiegen steil an, wobei Psychologie und Soziologie die am schnellsten wachsenden Sozialwissenschaften waren. In den 1970er-Jahren gab es mehrere Neueinstellungen. Die Sozialwissenschaften waren bis zum Bau des mehrstöckigen K-Blocks, in dem sie auch heute noch untergebracht sind, in einem vorgefertigten „Interim Teaching Building" untergebracht.

Der Gründungsprofessor war David Pitt (Macpherson, 2016). Im Jahr 1972 wurde Professor David Bettison aus Kanada angeworben (MacArthur & Harington, 2014). Unter Bettisons Leitung und mit acht fest angestellten Mitarbeitern und zwei Honorardozenten florierte die Soziologie. Fünfunddreißig Kurse wurden angeboten, und zu den geänderten Praktiken gehörten die Beteiligung der Studierenden an der Planung der Lehrpläne, die Semestereinteilung einiger Kurse und die interne Bewertung. Zu den angebotenen Kursen gehörten Demografie und Soziologie der Frau, wobei letztere zu Kursen in Frauenstudien erweitert wurde. Später in den 1970er-Jahren boomten die Einschreibungen an der School of Management, während die Einschreibungen in den Geistes- und einigen Sozialwissenschaften zurückgingen. Als Reaktion darauf bot die Soziologie Kurse zu Themen wie der Soziologie der Arbeit und der Natur komplexer Organisationen an. Diese Kurse zogen jedoch nicht die erwarteten Anmeldungen an, und die Zahl der Kurse nahm ab. Mit der Ernennung von Professor Ian Pool im Jahr 1978 wurde die seit langem erhobene Forderung nach der Einrichtung eines eigenen Zentrums für

Bevölkerungsstudien verwirklicht. Zur gleichen Zeit war der Psychologieprofessor Jim Ritchie ein bedeutender Analytiker der Māori-Themen (Swain, 2009).

Das Verwaltungspersonal im Allgemeinen und eine Vollzeitstelle für Soziologie wurden gekürzt, nachdem die Regierung 1981 und in den darauffolgenden Jahren den Bildungshaushalt gekürzt hatte, was zusammen mit Änderungen bei den Stipendien und höheren Studiengebühren die Nachfrage der Studenten drückte. Mitte der 1970er-Jahre waren zwar Fachbereiche eingerichtet worden, aber die Soziologie wurde nur selten zu einem eigenständigen Fachbereich. Vielmehr kam es im Laufe der Jahre zu einer Reihe von Zusammenschlüssen, die durch verschiedene Persönlichkeiten oder Umstrukturierungen ausgelöst wurden, z. B. Soziologie und Sozialpolitik um die Jahrtausendwende, dann Gesellschaften und Kulturen. Die Soziologie erkannte andere Disziplinen in Waikato an und bezog sie aktiv ein, insbesondere die Anthropologie. Dies wird durch eine frühe Performance-Based Research Fund (PBRF)-Studie veranschaulicht, bei der 22 Soziologen auf dem Campus gefunden wurden, von denen nur zweieinhalb tatsächlich im Soziologieprogramm tätig waren, während die anderen über die Fakultäten für Management und Bildung und andere Teile der Universität verstreut waren. Kurse in Forschungsmethoden, Frauenstudien, Arbeitsstudien und Demografie konnten zu jedem Soziologiestudium hinzugefügt werden.

Die frühen Listen der Pflichtlektüre spiegeln in der Regel einen starken britischen Einfluss wider (z. B. Bottomore, Radcliffe-Brown und Worsley), obwohl auch Raymond Aron, Merton und Berger vertreten waren, und bereits 1974 gab es gelegentliche Ausflüge in australische Texte. Es verging jedoch noch einige Zeit, bis man in den Leselisten etwas erkennen konnte, das einer eindeutig neuseeländischen Soziologie nahekam.

Ein wichtiger Teil des Ansatzes des Gründungsvizekanzlers Llewellyn war seine Überzeugung, dass die Universität ein integraler Bestandteil der Gemeinschaft von Waikato und Hamilton sein sollte. Zu den Verbindungen mit der lokalen Gemeinschaft gehörten öffentliche Vortragsreihen und das Engagement der Mitarbeiter in Gemeindegruppen sowie eher akademische Unternehmungen wie die interdisziplinäre Monitoring-Studie der Fakultät für Sozialwissenschaften in den 1970er-Jahren über die sozialen und wirtschaftlichen Auswirkungen des Baus des Wärmekraftwerks Huntly, die vom Ministerium für Bau und Entwicklung finanziert wurde.

Die relative Stabilität der Personalfluktuation in der Soziologie Mitte bis Ende der 1970er-Jahre wurde durch die düstere wirtschaftliche Lage in den 1980er-Jahren und darüber hinaus gefährdet. In den späten 1980er- und frühen 1990er-Jahren verließen sechs Mitarbeiter den Fachbereich, während zwei neue Mitarbeiter hinzukamen. Die Soziologie hatte zur Jahrtausendwende vier Mitarbeiter in einem Fachbereich, der sich aus Soziologie, Sozialpolitik, Arbeitswissenschaft, Frauen- und Geschlechterforschung, sozialwissenschaftlicher Forschung, Demografie und Gesundheitsentwicklung zusammensetzte. Zum Zeitpunkt der Abfassung dieses Berichts war ein Abbau des akademischen Personals im Gange.

3.6 Massey University (in Anlehnung an Spoonley et al., 2016)

Die MU (gegründet 1927) hat ihren Schwerpunkt in der Landwirtschaft, mit einer Basis in einer Stadt (Palmerston North), die ein paar Stunden nördlich von Wellington liegt. Neben dem Unterricht auf dem Campus in Palmerston North wurde auch ein Fernstudium angeboten. Das Kursmaterial wurde per Post an die Studenten verschickt, und in den Schulferien im Mai und August fanden zusätzlich obligatorische Blockkurse für die Studenten an der Universität statt.

Zusammen mit anderen groß angelegten Erweiterungen der neuseeländischen Universitäten in den 1970er-Jahren wurde auch die Soziologie eingerichtet. Im März 1967 wurde Graeme Fraser, ein Neuseeländer, der an der University of Missouri promoviert hatte, als Dozent für Soziologie der Erziehung in dem Fachbereich für Erziehungswissenschaften eingestellt. Graeme wurde beurlaubt, um eine Stelle in den USA anzutreten, wo er soziologische Materialien für weiterführende Schulen ausarbeitete. Ende 1970 kehrte er nach Neuseeland zurück, um sich erfolgreich um die Stelle des Stiftungsprofessors für Soziologie zu bewerben.

Der Lehrbetrieb für Soziologie wurde 1971 mit einer Klasse von 149 Studenten aufgenommen, und unmittelbar danach wurde ein außeruniversitärer Lehrbetrieb eingerichtet. Der Fachbereich Soziologie wurde 1973 unabhängig und befand sich auf Ebene 5 im neu errichteten Turm für Sozialwissenschaften. Dies bedeutete, dass er mit anderen sozialwissenschaftlichen Fachbereichen zusammen untergebracht war, was Möglichkeiten zur Zusammenarbeit eröffnete. Das Kernprogramm umfasste zwei Einführungskurse, einen über Soziologie und einen über die neuseeländische Gesellschaft, sowie Kurse über Methoden und Theorie im zweiten und dritten Jahr. Zu den Forschungsarbeiten über lokale Gemeinschaften gehörten die Manawatu Family Group Study (die die Erfahrungen von Frauen während ihrer gebärfähigen Jahre untersuchte und von der Ärztekammer finanziert wurde) und Forschungen über eine ländliche/landwirtschaftliche Gemeinschaft, das Mangamahu Valley in der Nähe von Whanganui. Der Fachbereich dehnte ihren Tätigkeitsbereich auf die Sozialarbeit aus, behielt dabei aber stets eine gewisse Unabhängigkeit. Einige in den USA ausgebildete Soziologen wurden zusammen mit einem lokalen Geografen eingestellt. Der angesehene Merv Hancock war Präsident der neuseeländischen Vereinigung der Sozialarbeiter (1964–1965) und setzte sich während seiner Zeit an der MU aktiv für die Etablierung der Soziologie an den Universitäten als einer Disziplin ein, die als entscheidend für die Sozialarbeit und als eigenständige Disziplin angesehen wurde. Dreißig Jahre nach seiner Zeit als Präsident der NZASW wurde er 1995 Präsident der Sociological Association of Aotearoa.

In den späten 1970er-Jahren entstand durch die zunehmenden internen Klassengrößen und den Fernunterricht ein Bedarf an neuen Mitarbeitern. Einige der neuen Mitarbeiter waren Neuseeländer, die ihre Ausbildung im Ausland absolviert hatten, andere waren Einheimische ohne Doktortitel sowie mehrere Amerikaner und ein Soziologe aus dem Vereinigten Königreich. Peter Beatson (mit zwei Doktortiteln aus Aix en Provence und Cambridge) war blind, und seine Ernennung führte dazu, dass eine bescheidene Anzahl blinder und sehbehinderter Studenten aufgenommen wurde. Peters Blindenhund musste zum Ehrenmitglied des Lehrstuhls ernannt werden, damit er bei Bedarf an Vorlesungen und Sitzungen teilnehmen konnte! In einer zweiten Expansionswelle in den späten 1970er- und frühen 1980er-Jahren wurden Neuseeländer eingestellt, was zur Folge hatte, dass man sich viel bewusster auf die Entwicklung von konzeptionellem und empirischem Material über Aotearoa konzentrierte. Die Erstellung von außeruniversitären Studienleitfäden half bei der Entwicklung von Material und der Suche nach bereits veröffentlichtem Material. Dies geschah aus dem Bedürfnis heraus, sowohl auf neuseeländische Befindlichkeiten und Erfahrungen einzugehen als auch Material zu vermitteln, das neuseeländische Studenten anspricht. Auch die Forschung vor Ort blühte auf: So erhielt Christine Cheyne 1988 von der Kommission für Gerechtigkeit, Frieden und Entwicklung 30.000 Dollar, um den Sexismus in der katholischen Kirche zu untersuchen. Die Untersuchungskommission zur Pornografie wurde öffentlich kommentiert. Mehrere Mitarbeiter veröffentlichten ein größeres Projekt über und mit Pierre Bourdieu: den ersten in englischer Sprache veröffentlichten Kommentar zu seinem Werk (*An Introduction to the Work of Pierre Bourdieu: The Practice of Theory*, herausgegeben von Richard Harker, Cheleen Mahar und Chris Wilkes: 1990).

Im Jahr 1989 hatte der Fachbereich Soziologie 13 akademische Mitarbeiter und unterrichtete 21 Grundstudiengänge. In den beiden Einführungskursen – *Introductory Sociology* und *New Zealand Society* – waren 800 bzw. 500 Studenten eingeschrieben. Auch die Zahl der Doktoranden war gestiegen (12 im Jahr 1989). Als größter Fachbereich in Neuseeland hatte die MU einen bedeutenden Einfluss auf die Autoren von Massey, die bei der Erstellung von Texten, der Entwicklung von empirischem Material und konzeptionellem Verständnis, der lokalen soziologischen Vereinigung und zwei Zeitschriften eine wichtige Rolle spielten. Die anhaltende politische Volatilität auf nationaler Ebene veranlasste die Soziologen von Massey, zusammen mit Kollegen aus der Anthropologie und dem Bildungswesen die Cultural Studies Working Group und die Zeitschrift *Sites* zu gründen, um eine nuanciertere und kritischere Soziologie von Aotearoa zu entwickeln. Es wurde überzeugendes Material zu den Themen ethnische und „rassische" Beziehungen, Familie, Ehe und Geschlecht, Staats- und Kulturwissenschaften sowie Kunst- und Literatursoziologie bereitgestellt, wobei auch das Interesse an sozialpolitischen Debatten und die Beteiligung an der Politikentwicklung im Vordergrund standen. Zu den Forschungsarbeiten gehörten ein neomarxistischer Ansatz zur Analyse der Klasse (auf der Grundlage des Schemas von Erik Olin Wright und unterstützt durch mühsame Feldforschung), Überlegungen zum zeitgenössischen Wohlfahrtsstaat, Untersuchungen zu AIDS und Sex für die neuseeländische AIDS-Stiftung, die Politik des Kunstschaffens, Rugby und Rugby-Kultur in Taranaki, Protest in feministischen Romanen und die neuseeländische Hilfe für Tonga. Spoonley (zusammen mit David Pearson und Cluny Macpherson) erhielt eines der ersten Stipendien der Foundation for Research, Science and Technology für die Arbeit mit Taiwhenua o Heretanga zur sozialen und wirtschaftlichen Entwicklung der Māori in Hawke's Bay.

In den 1980er-Jahren nutzten die Mitarbeiter des Fachbereichs den Blockunterricht, um Kurse über die wichtigsten Merkmale der neuseeländischen Gesellschaft für den Senior Inspectors Qualifying Course an der Polizeihochschule in Porirua anzubieten. Diese Entwicklungen der 1980er-Jahre fanden unter der kontinuierlichen Leitung von Graeme Fraser statt, der Ende der 1980er-Jahre seine Rolle als Leiter der Soziologie mit der des stellvertretenden Vizekanzlers verband und im Laufe der Zeit viele weitere Positionen in der Verwaltung und in beratenden Forschungsgremien übernahm.

Sein Nachfolger wurde Professor Gregor McLellan (1991–1998), der ein Programm für populäre Medienwissenschaft entwickelte und die Lehre der soziologischen Theorie aufwertete. Greg verlagerte den Schwerpunkt des Fachbereichs auf einen kritischen und theoretischen Ansatz und setzte seine eigenen theoretischen Beiträge zu den britischen – und globalen – Debatten über eine zeitgemäße und relevante Soziologie fort.

1993 wurde eine Außenstelle in Albany an der North Shore von Auckland eingerichtet. Bis zum Ende des Jahrzehnts unterrichteten 2,5 Mitarbeiter ein recht umfassendes Spektrum an Studiengängen mit einigen bemerkenswerten Studenten (z. B. die ranghohe nationale Abgeordnete und derzeitige stellvertretende Parteivorsitzende Paula Bennett). Das Wellington Polytechnic wurde 1999 übernommen. Ein Soziologe wurde eingestellt, und in den folgenden zehn Jahren wurde Soziologie sowohl im Rahmen des BA-Studiengangs als auch in der Krankenpflege unterrichtet. Beides wurde jedoch später wieder eingestellt.

Bis 2005 war der Fachbereich immer noch genauso groß wie der in Auckland, aber sein Einfluss als Leiter begann zu schwinden, und seine Größe schrumpfte. Mitte 2007 wurde die Soziologie in einer größeren Organisationseinheit (Menschen, Umwelt und Planung) zusammengefasst und ist nun Teil der GASP-Disziplinen (Geografie, Anthropologie, Soziologie, Politik). Durch die Aufteilung auf drei, dann zwei Standorte und die Rationalisierung des Personals bei sinkenden Studentenzahlen wurde das Programm dezimiert. Außerhalb des regulären Lehrprogramms arbeiten Soziologen weiterhin in leitenden Verwaltungspositionen oder im Rahmen von Forschungsprojekten. Derzeit sind im Rahmen von CaDDANZ (Capturing the Diversity Dividend of Aotearoa/NZ), einem vom MBIE finanzierten Programm zum Thema Vielfalt (2014–2020, 5,5 Mio. USD), mehrere soziologische Forscher beschäftigt. Die Soziologie der MU verwaltet oder verlegt nicht mehr wichtige Publikationen wie die *New Zealand Sociology*, aber Soziologen der Massey sind weiterhin aktiv an wichtigen Forschungsprojekten und Organisationen wie der Royal Society of NZ beteiligt.

Der Chronist der MU-Geschichte der Soziologie Spoonley (2016, S. 60) argumentiert, dass

Wenn es eine goldene Periode in der Geschichte des Fachbereichs an der Massey University gab, dann war es wahrscheinlich die Zeit von Mitte der 1980er- bis Mitte der 1990er-Jahre, als der Fachbereich entweder der größte oder der gleichgroße Fachbereich in Neuseeland war und die Aktivitäten der Mitglieder des Fachbereichs einen großen Einfluss auf die Soziologie in Neuseeland hatten – Veröffentlichungen, öffentliches Profil, Organisationsstruktur und disziplinäre Vertretung. Die Stärken von Massey in Lehre und Forschung waren am deutlichsten in Bereichen wie Geschlecht und Sexualität, Klasse und Kritik des Neoliberalismus, Rassismus und Ethnizität sowie öffentliche Politik. .... In den letzten zwei Jahrzehnten hat die Disziplin in Massey etwas von ihrem Fokus und ihrer öffentlichen Stimme verloren. Das liegt zum Teil daran, dass es keine vereinheitlichenden Forschungsprogramme oder öffentlichen Projekte wie die *New Zeeland Sociology* gegeben hat. Die Mitarbeiter der Soziologie sind jetzt Teil einer großen Fakultät (Menschen, Umwelt und Planung), die sich auf die Standorte Auckland und Manawatu verteilt. (S. 62)

3.7 UNIVERSITY OF LINCOLN (TIPPLES ET AL., 2016)

Lincoln erlangte 1990 den Status einer autonomen Universität. Obwohl die Universität nie über einen Fachbereich Soziologie verfügte, sind soziologische Einflüsse mindestens seit den 1930er-Jahren spürbar (siehe vorheriges Kapitel). Die Agricultural Economics Research Unit (AERU) fügte die Soziologie mit der Ernennung des Forschungssoziologen John Fairweather im Jahr 1984 hinzu, der drei Jahrzehnte lang die Auswirkungen der politischen Veränderungen erforschte, die die neuseeländische Landwirtschaft nach der Streichung der Agrarsubventionen Mitte der 1980er-Jahre erfahren hatte. Diese Forschung (und die einiger anderer Mitarbeiter) stützte sich auf eine Vielzahl externer Forschungsmittel (sowohl akademischer als auch staatlicher Art) und untersuchte eine breite Palette von Themen. In dieser Zeit führten die Auswirkungen der damaligen Strukturreformen jedoch zu einem deutlichen Rückgang der Grundfinanzierung des AERU, zur Einstellung der Finanzierung einer langjährigen Reihe von Erhebungen über Landwirte und zu einer drastischen Verringerung der Mitarbeiterzahl. Die damit zusammenhängenden Arbeiten zu den Beschäftigungsverhältnissen im ländlichen Raum wurden fortgesetzt, darunter ab dem Jahr 2000 ein weiteres Projekt des Landwirtschaftsministeriums über den Mangel an landwirtschaftlichen Arbeitskräften und damit zusammenhängende Themen wie Beschäftigungsbedarf und Stress in der Landwirtschaft.

Anfang der 1990er-Jahre diskutierte eine Gruppe von Akademikern darüber, wie das sozialwissenschaftliche Lehrprogramm gestärkt werden könnte. Daraus entstand die Idee eines Bachelor of Social Science (B.Soc. Sci.), der 1995 eingeführt wurde und bestehende Kurse mit einem Portfolio neuer Arbeiten kombiniert. Kurz darauf wurde der Masterstudiengang entwickelt. Im Jahr 2013 wurde der B.Soc.Sci. durch den Bachelor of Environment and Society (Land and Society) ersetzt. Es wurde ein breites Spektrum an soziologiebezogener Forschung durchgeführt, die durch beträchtliche Erfolge bei der Einwerbung von Forschungsmitteln unterstützt wurde. Es gab viele bahnbrechende Forschungsarbeiten zu Freizeitaktivitäten im ländlichen Raum.

Seit etwa 2010 hat es eine „Wachablösung" gegeben, da vier der ursprünglichen Gründer des Fachbereichs in den Ruhestand getreten sind.

In einer Zusammenfassung von Tipples et al. (2016, S. 33) heißt es: „Obwohl nur sehr wenige „Soziologen" an der University of Lincoln tätig waren, war der Einfluss der Soziologie in Verbindung mit verwandten sozialwissenschaftlichen Disziplinen sehr stark. Ihre Ursprünge in der Erforschung der Landwirtschaft und des ländlichen Lebens haben sich im Laufe der Jahre auf eine Vielzahl von Themenbereichen ausgeweitet."

3.8 University of Otago (Abschnitt auf der Grundlage von Brickell et al., 2014)

Mehrere Jahrzehnte lang wurden soziologiebezogene Lehr- und Forschungsarbeiten in verschiedenen Fachbereichen der OU durchgeführt (siehe vorheriges Kapitel), und in den 1980er-Jahren setzten sich einige interessierte Mitarbeiter für die Einrichtung eines Soziologieprogramms ein. Die Verwirklichung ihres Ziels erwies sich jedoch als schwierig, auch wenn sie schließlich Erfolg hatten. Mit Verspätung wurde 2003 ein Nebenfach Soziologie und 2005 ein Hauptfach eingeführt, und 2011 wurde der Fachbereich Soziologie, Gender und Soziale Arbeit gegründet. Die Kursstruktur von 2005 umfasste zwei Vorlesungen für das erste Studienjahr (Einführung in die Soziologie und Mikrosoziologie), zwei Vorlesungen für das zweite Studienjahr (klassische Theorie und Forschungsmethoden) und Vorlesungen für das dritte Studienjahr (fortgeschrittene Forschungsmethoden und Postmodernismus). Die Studentenzahlen stiegen rasch an.

3.8.0.1 Für diesen Erfolg gibt es mehrere Erklärungen

- Viele der leitenden Angestellten von Otago waren Absolventen der Universitäten Oxford und Cambridge, wo die Soziologie einen ähnlichen Kampf um die Akzeptanz als legitime und lohnenswerte Disziplin führte, und brachten ihre Ansichten mit;
- Die Soziologie wurde als „zu radikal" angesehen; ein Vizekanzler von Otago soll gesagt haben: „Wir haben keine Studentenunruhen, weil wir keine Soziologie haben";
- Einige waren der Meinung, dass aufgrund der Verteilung der sozialwissenschaftlichen Perspektiven auf die gesamte Universität kein Bedarf an einem eigenständigen Soziologieprogramm bestehe;
- Die etablierten Fachbereiche befürchteten, dass die Soziologie ihren eigenen Fächern Studenten und damit Einnahmen wegnehmen würde.
- Vor allem wichtige Mitarbeiter der medizinischen Fakultät standen der Entwicklung der Soziologie ablehnend gegenüber;
- Eine wichtige Erklärung dafür war eine informelle Vereinbarung zwischen den Universitäten Canterbury und Otago, wonach Canterbury Soziologie und Otago Anthropologie lehren sollte.

Brickell et al. (2014, S. 41) argumentieren, dass „bis 2002 der Widerstand gegen das Establishment der Soziologie abgeklungen war. Das Gespenst der „radikalen" Jahre der Soziologie und der sozialen Unruhen war längst verblasst, viele der älteren Mitarbeiter aus Oxford und Cambridge waren in den Ruhestand gegangen, und Canterbury begann in den späten 1990er-Jahren (gegen den Widerstand von Otago) mit der Lehre der Anthropologie." Darüber hinaus war im Zuge einer Umstrukturierung der Universität eine neue School of Social Science (mit einem der Soziologie wohlgesonnenen Dekan) geschaffen worden, die zwischen den Fachbereichsstrukturen und dem größeren geisteswissenschaftlichen Fachbereich angesiedelt war, so dass die Aufnahme der Soziologie in eine solche School ein naheliegender Schritt zu sein schien. Die Mitarbeiter anderer Fachbereiche, die Bedenken gegen ein Soziologieprogramm hatten, haben sich nicht aktiv dagegen gewehrt. Mit der Hinzufügung eines kriminologischen Teilprogramms ist das Soziologieprogramm der OU schnell gewachsen und hat sich in die Reihen anderer etablierter Fachbereiche in Neuseeland eingereiht.

3.9 Auckland University of Technology (basierend auf Crothers et al., 2014)

AUT war schon immer so etwas wie ein angewandter (und multidisziplinärer) Außenposten des AU-Departments. Ab Mitte der 1990er-Jahre wurden an der AUT (damals AIT) Sozialwissenschaften gelehrt. AU-Absolventen übernahmen Schlüsselrollen an der AUT: Alle hatten an der AU studiert (oder promoviert), und oft wurden Tutoren von der AU eingestellt, während einige AUT-Absolventen für ein Postgraduiertenstudium an die AU gingen. Robert Webb kam um die Jahrtausendwende und kehrte 2015 zur AU zurück. Charles Crothers wurde 2001 im Rahmen eines „Brain Gain"-Rekrutierungsprogramms eingestellt, als die Fachhochschule in eine Universität umgewandelt wurde, und später stieß Evan Poata-Smith zum Personal (bevor er eine Stelle als außerordentlicher Professor für indigene Studien an der University of Woollongong antrat). Im handwerklich geprägten BA-Studiengang (Sozialwissenschaften) (Crothers, 2004) wurde die Soziologie als eines der vier Fundamente betrachtet, auf dem in den folgenden Jahren sorgfältig aufgebaut wurde und das in der Abschlussarbeit über angewandte Sozialtheorie eine führende Rolle spielte. Die Soziologie war auch an der Entwicklung der Kriminologie als neues Studienfach im Jahr 2007 beteiligt, das sich zu einem wichtigeren Fach entwickelt hat als das sozialwissenschaftliche Hauptfach. Von den verschiedenen Forschungsprojekten, die durchgeführt wurden, umfasste eines eine Reihe von Studien zur öffentlichen Wahrnehmung der Sicherheit in Auckland.

3.10 Andere Fachbereiche

Die Entwicklung der Soziologie außerhalb der Universitäten war sehr begrenzt. Die Open Polytechnic war die wichtigste Ausnahme. Und der Soziologieunterricht an Sekundarschulen ist begrenzt, auch wenn er von einer aktiven Gruppe von Lehrern durchgeführt wird (vgl. Dixon, 2011, 2015).

3.11 Schlussfolgerung

Die Dynamik der Fachbereiche hat sich im Laufe der Zeit verändert, z. B. wurde die Regel „ein Professor pro Fachbereich" in beide Richtungen durchbrochen, wobei einige Soziologie-Studiengänge über längere

Zeiträume „lehrstuhllos" blieben (z. B. WU, MU in Palmerston North), während andere mehrere Lehrstühle hervorgebracht haben (University of Auckland kürzlich mit drei!). Die Soziologiefachbereiche sind in der Regel nur informell miteinander verbunden, obwohl es ein sehr lockeres System der Verknüpfung der jährlichen externen Gutachter der Fachbereiche gibt, das das System etwas zusammenhält. In früheren Zeiten trafen sich die Obersten Direktoren (am Rande von Konferenzen), um fachbereichsübergreifende Angelegenheiten zu besprechen, aber das ist nicht mehr der Fall. Die Entwicklung der NZ-Fachbereiche für Soziologie war komplex, mit sich ständig ändernden Formen, Inhalten und externen Beziehungen, wobei sich die Veränderungen im Laufe der Zeit oft auf eine Art und Weise vollzogen, die sich nur schwer genau bestimmen lässt. Allerdings gab es auch viel Kontinuität, da im Wesentlichen dieselben Fachbereiche, die in den späten 1950er- und 1960er-Jahren gegründet wurden, bis heute bestehen. Die Bedeutung verschiedener Einheiten hat zu- und abgenommen, während andere während ihres gesamten Bestehens nur eine bescheidene Rolle gespielt haben. Das Muster von Aufstieg und Niedergang wurde weitgehend von den Studentenzahlen bestimmt.

Literatur

Baker, M. (2009). Gender, academia and the Managerial University. *New Zealand Sociology, 24*(1), 25–48.
Barrowman, R. (1999). *Victoria University of Wellington, 1899–1999: A history*. Victoria University Press.
Bedggood, D. (1980). *Rich and poor in New Zealand*. Unwin.
Bell, C. (1996). *Inventing New Zealand: Everyday myths of Pakeha identity*. Penguin Books.
Brickell, C., Tolich, M., & Scarth, B. (2014). Sociology before sociology at Otago University. *New Zealand Sociology, 29*(4), 26–42.
Campbell, M. (2014). Reminiscing: Waikato takes root. *New Zealand Sociology, 29*(4), 44–59.
Congalton, A. A. (Hrsg.). (1954). *Hawera, a social survey: A report of a community venture*. Hawera and District Progressive Association; Hawera Star Publishing.
Crothers, C. (2004). A multidisciplinary applied bachelor's degree in the social sciences: The AUT experience. In B. Yourn & S. Little (Hrsg.), *Walking to different beats: Good practice and innovation in higher education* (S. 57–76). Dunmore Press.
Crothers, C. (2017). New Zealand graduates with sociology degrees. *New Zealand Sociology, 32*(1), 97–103.

Crothers, C., Macpherson, C., & Matthewman, S. (2014). History of Auckland sociology department (together with AUT). *New Zealand Sociology, 29*(4), 74–98.
Dixon, L. (2011). Sociology in New Zealand secondary schools and the development of standards based assessment. Where to if the sociology unit standards are retired? *New Zealand Sociology, 26*(2), 141–144.
Dixon, L. (2015). Recent developments in sociology in New Zealand secondary schools. *New Zealand Sociology, 30*(1), 178–182.
Du Plessis, R. (2014). Sociology at the University of Canterbury: A very partial history. *New Zealand Sociology, 29*(4), 99–123.
Du Plessis, R., & Fougere, G. (Hrsg.). (1998). *Politics, policy and practice/He Pounamu Kōrero: Essays in honour of Bill Willmott.* Working Paper No. 17, Sociology Department, University of Canterbury.
Kirkman, A. M. (2014). Sociology at Victoria University of Wellington. *New Zealand Sociology, 29*(4), 61–75.
MacArthur, B., & Harington, P. (2014). Obituary: David Bettison. *New Zealand Sociology, 29*(1), 180–184.
Macpherson, C. (2016). David Charles Pitt. *New Zealand Sociology, 31*(1), 224–227.
Macpherson, C., & Macpherson, L. (1990). *Samoan medical belief and practice.* Auckland University Press.
Morrison Philip, S. (2009). A demographer's demographer: Arvind Zodgekar. *New Zealand Population Review, 35,* 1–22.
Pearson, D. G. (1980). *Johnsonville: Continuity and change in a New Zealand township* (Studies in Society (Sydney, NSW) 6). Allen & Unwin.
Pearson, D. G. (1990). *A dream deferred: The origins of ethnic conflict in New Zealand.* Allen & Unwin: Port Nicholson Press.
Sinclair, K., & McNaughton, T. (1983). *A history of the University of Auckland, 1883–1983.* Auckland University Press and Oxford University Press.
Spoonley, P. (2009). *Mata Toa: The life and times of Ranginui Walker.* Penguin.
Spoonley, P. (2016). Has Gramsci left the building? *New Zealand Sociology, 31*(7), 246–249.
Spoonley, P., Pearson, D., & Shirley, I. (Hrsg.). (1982). *New Zealand, sociological perspectives.* Dunmore Press.
Spoonley, P., Fraser, G., & Maharey, S. (2016). A New Zealand sociological imagination: The Massey story. *New Zealand Sociology, 31*(3), 39–61.
Swain, D. (2009). Emeritus Professor James Ernest Ritchie O.N.Z.M. 12 December 1929–24 September 2009. *New Zealand Sociology, 24*(2), 113–114.
Timms, D. W. G., & Zubrzycki, J. (1971). A rationale for sociology teaching in Australasia. *The Australian and New Zealand Journal of Sociology, 7*(1), 3–20.
Tipples, R., Mackay, M., & Perkins, H. (2016). Tracing the development of a sociological orientation at Lincoln University. *New Zealand Sociology, 20*(3), 19–38.

KAPITEL 4

Interessengebiete der Soziologie und angrenzende Disziplinen

Zusammenfassung Die wichtigsten Errungenschaften der verschiedenen Spezialgebiete und die Überschneidungen mit benachbarten Disziplinen in Neuseeland im Laufe der Zeit werden nachgezeichnet und ihre Beziehungen innerhalb der „Mainstream-Soziologie" und zu ihr skizziert. Die meisten sind nach wie vor wenig offenkundige Fachgebiete, in denen an separaten Standorten gelehrt wird, während einige wenige aktive Netzwerke für Wissenschaft und Forschung entwickelt haben.

Nachdem ich die Entfaltung der Fachbereiche im Laufe der Zeit dargestellt habe, wende ich mich nun den Fachgebieten zu, durch die ein Großteil der Lehre und Forschung und vielleicht auch der Dienstleistungen geprägt wird. Da die beiden Darstellungen einen Großteil des gleichen Materials aus verschiedenen Blickwinkeln abdecken, wird in gewissem Maße das gleiche Terrain abgedeckt. Ein Unterschied besteht darin, dass hier die relevante Soziologie außerhalb der regulären Fachbereiche behandelt wird, zusammen mit den Überschneidungen zwischen der Soziologie und anderen Disziplinen. Das Kapitel befasst sich in erster Linie mit Spezialgebieten und in zweiter Linie mit Schwesterdisziplinen.

Baldock und Lally (1974) stellten fest, dass die neuseeländische (und australische) Soziologie von Studien in den folgenden Bereichen dominiert wurde (und Baldock wiederholt diese Auflistung in ihrer Abhandlung von 1994):

- Demografie und familienbezogene Studien
- Studien über ethnische Minderheiten
- Gebiets- und Gemeinschaftsstudien
- Soziale Schichtung
- Soziologie der Bildung
- Untersuchung des politischen Verhaltens.

Um eine weitere Übersicht über die Stärken der neuseeländischen Soziologie zu erstellen, schlug Crothers (2008) vor, dass in den folgenden Bereichen eine vertiefte soziologische Forschung stattgefunden hat: Frauen-/ Geschlechterstudien, Polynesische/Māori-/Einwandererstudien, Kulturstudien, Soziale Wirkungsanalyse (und Programmevaluierung), Studien zu Erholung/Freizeit/Sportunterricht, Sozialpolitik, Sozialberichterstattung/Monitoring, Gesundheitsforschung, Demografie, Armutsstudien, Politische Ökonomie, Politische Soziologie und Bildungssoziologie.

Nur wenige soziologische Fachrichtungen sind in Neuseeland stark vertreten. Dazu gehören mehrere Spezialgebiete, die (größtenteils) in anderen Bereichen der Universitäten angesiedelt sind: die Soziologie des Bildungswesens, der Gesundheit/Medizin, der Kulturwissenschaften und des Sports im Besonderen. In Neuseeland sind diese Spezialgebiete nur selten mit der Mainstream-Soziologie verbunden worden. Weitere Bereiche sind Māori und ethnische Studien, Wirtschaftssoziologie, Landwirtschaft/Landwirtschaftssoziologie, Organisations-, Stadt-, Religions- und Umweltsoziologie, Gender/Sexualität, Kultur-/Medienstudien und andere. Einige ehemals wichtige Bereiche werden heute trotz ihrer offensichtlichen soziologischen Bedeutung kaum noch beachtet: Stadt-, Organisations- und Klassensoziologie. Vielleicht ist es etwas seltsam, dass sowohl Sterben/Tod als auch Schlaf in Neuseeland mehr Aufmerksamkeit erregt haben, als man vielleicht erwartet hätte. Zu Ersterem wurden Konferenzen abgehalten, und die CU-Soziologin Ruth McManus hat ein Buch über *Death in a Global Age* (*Tod in einem globalen Zeitalter*) (2012) verfasst.

4.1 Interessengebiete

4.1.1 Angewandte Soziologie

Es gibt eine Reihe von Ansätzen der angewandten Sozialforschung mit jeweils eigenen Texten, Vokabularen und Organisationsformen. Zwei der bekanntesten sind die Sozialverträglichkeitsprüfung (SIA) und die Programmevaluierung (PE) (die derzeitige Terminologie der neuseeländischen Regierung lautet „Politikforschung und -evaluierung (PRE)", was letztere hervorhebt und gleichzeitig darauf hinweist, dass ein breiteres Spektrum betroffen sein kann). Andere umfassen soziale Indikatoren, Bedarfsermittlung, Umwelt-Scanning und so weiter. Außerhalb dieser multidisziplinären Ansätze gibt es keine spezielle „angewandte Soziologie", aber Soziologen haben bei einigen eine herausragende Rolle gespielt. Soziologen interessieren sich für diese Bereiche zum Teil deshalb, weil die Beschäftigung mit angewandter Soziologie die Anwendung soziologischer Theorien und Methoden ermöglicht, aber auch, weil sie Beschäftigungsmöglichkeiten für einige mit fortgeschrittenen Abschlüssen bietet, die wenig Chancen haben, in der akademischen Welt aufgenommen zu werden. Die Situation in Neuseeland entspricht im Großen und Ganzen der anderer ähnlicher Länder, wobei besonders hervorzuheben ist, dass neuseeländische Soziologen in einigen Bereichen der angewandten Soziologie, insbesondere in der SIA, international führend waren.

Neuseeländische Soziologen haben wichtige Beiträge zur Nachhaltigkeitsprüfung geleistet (siehe Taylor und Mackay (2016), auf die sich die folgende Diskussion stützt), ebenso wie andere „Siedlergebiete", in denen es noch immer eine beträchtliche Erschließung natürlicher Ressourcen und Aktivitäten zum Bau von Infrastrukturen gibt, die eine Nachhaltigkeitsprüfung erfordern. Die Nachhaltigkeitsprüfung ist ein Bestandteil der Umweltverträglichkeitsprüfung (UVP) und umfasst eine Kombination aus Sozialforschung, sozialer Überwachung und sozialen Entwicklungsmaßnahmen. Die lokale Grundlage für die Nachhaltigkeitsprüfung entstand in der Ära der „Think Big"-Industrieentwicklung der 1970er-Jahre, und dieser Impuls setzte sich in der neoliberalen Ära der Projektplanung durch private Entwickler im Rahmen des Ressourcenmanagementgesetzes von 1991 fort. Dieses Gesetz schreibt die SIA für Anhörungen im Zusammenhang mit großen Entwicklungsprojekten vor. Die an der Nachhaltigkeitsprüfung Beteiligten weiteten diese „Brot-und-Butter"-Arbeit auf breitere gesellschaftliche Überlegungen zu Planung,

Nachhaltigkeit, Ressourcenmanagement und sozialem Wandel in Neuseeland aus. Die Nachhaltigkeitsprüfung wurde in Neuseeland von verschiedenen Stellen durchgeführt, u. a. von der Zentralregierung, von Universitäten, von regionalen und lokalen Behörden, von privaten Unternehmen und von freiberuflichen Forschern. Oft haben sich Kombinationen als fruchtbar erwiesen. Auch andere Sozialwissenschaftler, insbesondere Humangeografen und Anthropologen, waren im Bereich der Nachhaltigkeitsprüfung tätig.

Anfang der 1970er-Jahre begannen einige große Infrastrukturprojekte, die Teil der staatlichen Entwicklungsstrategie der Nachkriegszeit gewesen waren, auszulaufen. Die Arbeitskräfte im Baugewerbe und ihre vorübergehenden Ansiedlungen (Boomtowns mit nur einem Industriezweig) waren ebenfalls ein Thema für die Politik. In den späten 1970er-Jahren wurde ein umfangreiches Überwachungsprogramm für die Auswirkungen des Baus des Kraftwerks Huntly aufgelegt. Ebenfalls in den späten 1970er-Jahren begann die neuseeländische Regierung mit der Planung einer zweiten Runde groß angelegter Infrastrukturprogramme im Rahmen der Politik „Think Big", um „Arbeitsplätze zu schaffen und die Selbstversorgung mit Energieressourcen zu erhöhen". Für diese Programme wurden SIA-Projekte entwickelt, und es wurden auch Untersuchungen über mobile Arbeitskräfte durchgeführt.

In Canterbury begann eine Gruppe von frühen SIA-Praktikern, darunter Nick Taylor (Doktor der Umweltsoziologie an der CU) und Colin Goodrich von der CU, ihre Arbeit am Joint Centre for Environmental Studies (später Centre for Resource Management) in LU. Neben der Durchführung umfangreicher Feldforschungen war die Gruppe aus Lincoln besonders daran interessiert, die SIA in Neuseeland als ein theoretisch fundiertes Unternehmen zu etablieren, das von der Umweltsoziologie, den (ländlichen und kleinstädtischen) Gemeindestudien und der Entwicklungstheorie im Rahmen von Weltsystemen beeinflusst wurde. Es wurde auch in den Aufbau einer methodologischen Grundlage für die SIA-Praxis investiert, einschließlich der Systematisierung von Verfahren zur Datenerhebung und -analyse. Es wurden SIA-Kurse und -Lehrmittel entwickelt, und 1983 wurde mit der Lehre von SIA im Fachbereich Soziologie der CU begonnen, wobei auch berufsbegleitende Schulungen angeboten wurden. Schließlich wurde 1990 ein gemeinsam verfasstes Buch über Theorie, Methoden und Praxis der Sozialbewertung vom Centre for Resource Management veröffentlicht (neueste Ausgabe von Taylor et al., 2004). Auf nationaler Ebene wurde im Anschluss an eine Reihe von Workshops in Wellington im Jahr 1984 die NZ Social Impact Assessment Working Group gegründet, die 1990 zu einer formellen Berufsorganisation wurde: der NZ Association for Social Assessment (NZASA). Die wichtigste jährliche Veranstaltung ist die Konferenz, die sich meist auf ein einziges Thema konzentriert, z. B. Verkehr im Jahr 2013. Es wurden auch mehrere internationale Konferenzen veranstaltet. In jüngerer Zeit wurde die NZASA in NZ Association for Impact Assessment (NZAIA) umbenannt, um ein breiteres Mandat zu vermitteln.

Ein sozialpolitischer Fachbereich und die zugehörige Forschungsabteilung im Ministerium für Bau und Entwicklung (MWD) und im Innenministerium (Gemeindeentwicklung) waren wichtige Grundlagen für die Entwicklung politischer Maßnahmen und praktischer Interventionen bei der Bewertung der sozialen Auswirkungen von Großprojekten und verwandten Themen wie der veränderten Bereitstellung ländlicher Dienstleistungen. Im Zuge der neoliberalen Umstrukturierung wurden Reste der sozialpolitischen Abteilung des MWD in die State Services Commission (Kommission für staatliche Dienstleistungen) verlagert, die sich speziell mit den Auswirkungen der „Umstrukturierung" des Staatssektors (Abbau von Arbeitsplätzen) in Sektoren wie der Forstwirtschaft und dem Bergbau sowie mit dem Abbau von Bauvorhaben aus der Think Big-Ära befasste. Im Department of Scientific and Industrial Research (DSIR) wurde ein kleiner sozialwissenschaftlichre Fachbereich ausgebaut, der sich insbesondere mit Theorien zum technologischen Wandel befasste. Da sich die Finanzierungsprioritäten verschoben, litten die SIA-Forscher in diesem Bereich unter Mittelkürzungen, was einzelne Personen dazu zwang, sich anderweitig nach Beschäftigungsmöglichkeiten umzusehen oder eine eigene Praxis zu gründen. Die gesetzlichen Anforderungen des Resource Management Act sorgten für einen stetigen Strom an Arbeit für viele SIA-Praktiker aus dem Privatsektor, die ihr Fachwissen beispielsweise bei der Erarbeitung von Vorschlägen zu den sozialen Auswirkungen von Wasserkraftwerken und Bewässerungsanlagen, Abfallentsorgungseinrichtungen, Bergbauanträgen, Verkehrskorridoren, Einkaufszentren und Einzelhandelszonen, Gefängnissen, Stadien und Änderungen an Häfen und Flughäfen eingesetzt haben. Auch andere Gesetze haben SIAs gefordert oder veranlasst, insbesondere für Entwicklungen im Zusammenhang mit Kasinos, Fischerei, Tiefseebergbau, Meeresschutzgebieten und Nationalparks.

Der andere wichtige Zweig der angewandten Sozialforschung in Neuseeland ist die Programmevaluierung (für eine Reihe von Kommentaren siehe Lunt et al., 2003). Evaluierungsstudien reichen recht weit in die Geschichte des neuseeländischen Wohlfahrtsstaates zurück und sind immer systematischer organisiert worden. In den 1980er-Jahren begann die Organisation professioneller Programmevaluierung in Australien, und es entstanden neuseeländische Ableger der australasiatischen Vereinigung. Im Jahr 2006 wurde die Aotearoa NZ Evaluation Association (ANZEA) gegründet. Der Verband veranstaltet regelmäßig Konferenzen und gibt einen Newsletter heraus, und er bemüht sich insbesondere um die Entwicklung geeigneter lokaler (und einheimischer) Evaluierungsansätze. Staatliche Stellen sind inzwischen stark in die Evaluierungsforschung (und die dafür geltenden Standards) eingebunden, wobei die Regierung ab ca. 2010 eine eigene zentrale Evaluierungsstelle eingerichtet hat. Auch andere Stellen (einschließlich Nichtregierungsorganisationen) sind in diesem Bereich tätig. Im Allgemeinen waren Soziologen an der Programmevaluation weniger beteiligt als an der SIA.

4.1.2 Regionalstudien

Soziologen sind nicht besonders für ihre Arbeit im Bereich der Regionalstudien bekannt, abgesehen vielleicht von den „NZ-Studien", obwohl diese eher einen historischen als einen aktuellen Schwerpunkt haben. Einige neuseeländische Soziologen haben sich jedoch aufgrund ihrer Interessen mit China, Japan und dem Pazifik beschäftigt. Auch im Bereich der neuseeländischen Studien hat es eine gewisse Beteiligung gegeben, wobei Spoonley insbesondere zu Symposien über das Hauptthema der neuseeländischen Identität beigetragen hat. Ein neuseeländischer Soziologe unterrichtete gelegentlich an der George Washington University neuseeländische Studien.

4.1.3 Kriminologie (siehe auch Rodgers & Stenning, 2017)

Ein früher Besucher der Kriminologie in Australasien war Albert Morris von der Boston University. Auf dem Weg nach Australien machte er einen Zwischenstopp in Neuseeland und verfasste einen Kommentar über Kriminalität und Delinquenz, der in einer Zeitschrift des Māori Affairs Department veröffentlicht wurde (Morris, 1955), obwohl er interessanterweise sein Interesse nicht auf die Aborigines ausweitete, obwohl er mehr Zeit in Australien verbrachte. Er war auch an der Konzeption einer vom Justizministerium in Neuseeland durchgeführten Studie beteiligt. Paul

Wilson, ein in Neuseeland ausgebildeter und an die University of Queensland berufener Soziologe, bezog neuseeländische Stichproben in eine umfassende Studie über die australasiatische Polizeiarbeit ein, wobei der Schwerpunkt auf den Beziehungen zwischen Polizei und Öffentlichkeit, den Wahrnehmungen und Erfahrungen lag (Wilson & Chappell, 1969).

Die ersten Lehrveranstaltungen fanden an den juristischen Fakultäten statt, wobei AU und CU einen Abschluss in Kriminologie bzw. ein Referat anboten, während MU ab 1981 26 Jahre lang Polizeistudien unterrichtete. Die formale Entwicklung der Kriminologie begann mit statistischen und Forschungsaktivitäten im Justizministerium, die der Justizminister Dr. John Robson in den 1960er-Jahren in einem Buch des Ministeriums (*Crime in New Zealand*) zusammenfasste. Die Forschungsarbeit wurde dort mit verschiedenen Erhebungen fortgesetzt, zu denen auch regelmäßige Viktimisierungsstudien gehörten. Auch andere Behörden waren beteiligt – das Ministerium für soziale Entwicklung förderte in den 1960er-Jahren einen Gemeinsamen Ausschuss für jugendliche Straftäter, während Te Puni Kōkiri (Ministerium für Māori-Angelegenheiten) ebenfalls kriminologische Studien durchführte, und manchmal wurde die politische Arbeit im Ministerium des Premierministers zentralisiert.

Robson wurde dann von 1972 bis 1980 Visiting Fellow und Direktor für kriminologische Studien an der VUW. In einer Biografie heißt es jedoch, dass „… er Schwierigkeiten hatte, sich an das sehr unterschiedliche Arbeitsumfeld und die Beziehungen an einer Universität in den 1970er-Jahren anzupassen. Außerdem gab es einen Konflikt zwischen seiner Betonung der Lehre und der historischen Forschung und den eher unmittelbaren und pragmatischen Bedürfnissen seines früheren Fachbereichs und anderer, die einen Großteil der Finanzierung des Instituts bereitstellten. Sein zweiter Ruhestand mag für beide Seiten eine gewisse Erleichterung gewesen sein" (Cameron, 2000). Das Institut bot ab 1984 zwei Grundkurse in Kriminologie für BA-Studenten an, und der Kriminologieunterricht wurde dann auf höhere Grund- und Postgraduiertenstudiengänge ausgeweitet. Im Jahr 2001 wurde das Institut in die Fakultät für Sozial- und Kulturwissenschaften integriert. Von 2002 bis 2011, als es von der VUW geschlossen wurde, unterhielt das Institut eine enge Verbindung zum Crime and Justice Research Centre (CJRC), das eine Vielzahl von politikorientierten Forschungsarbeiten durchführte. Robson war auch als neuseeländischer Verbindungsmann bei der Gründung der Australian and NZ Society of Criminology und ihrer Zeitschrift aktiv. Eine Inhaltsanalyse zeigt, dass die neuseeländische Beteiligung bei etwa 10 % lag, was leicht unter ihrem Anteil liegt, wenn man die Gesamtbevölkerung berücksichtigt. In dieser australasiatischen Vereinigung scheint es nicht zu den Spannungen gekommen zu sein, die die Beziehungen zwischen australischen und neuseeländischen Soziologen belasteten (Finnane, 2008, S. 200; siehe auch Kap. 5).

Andere Universitäten haben sich episodisch engagiert. An der CU war Professor Greg Newbold (selbst ein ehemaliger Häftling) durch seine Bücher und seine öffentliche Präsenz bekannt. An der VUW widmete Professor Hill seine Aufmerksamkeit der Kriminalität und veröffentlichte eine nützliche Sammlung (1983). In allen Fachbereichen belegten viele Doktoranden Kriminologiekurse für ihre Abschlussarbeiten, während die Soziologie der Devianz ein beliebtes Studienfach war. Der große Expansionsschub begann Mitte der 2000er-Jahre, zum Teil unter dem Eindruck des so genannten CSI-Effekts (Reality-TV-Sendungen, die die Polizeiarbeit oft verherrlichen) und zweifellos mit Blick auf die Beschäftigungsaussichten im Justizsektor. Gegenwärtig bietet jeder Fachbereich ein Kriminologieprogramm an, das sich in Bezug auf die Beliebtheit bei den Studierenden als Goldesel erwiesen hat, aber auch als interne Konkurrenz, da sich Kriminologen zunehmend als eigenständige Teildisziplin positionieren.

Außerhalb der akademischen Welt und der staatlichen Forschungsfachbereiche gab es beträchtliche politische und wissenschaftliche Aktivitäten, wobei mehrere konkurrierende Interessengruppen im Spiel waren. Auch die Anliegen der Māori haben sich verstärkt, insbesondere Moana Jackson, die zu den kritischen Māori gehört, die an der Entwicklung einer Māori-Rechtsprechung interessiert sind (siehe auch Tauri & Webb, 2011).

Rodgers und Stenning (2017) fassen die Situation wie folgt zusammen: „Die neuseeländische Kriminologie hat sich kontinuierlich mit der lokalen und internationalen Wissenschaft auseinandergesetzt und ein breites Spektrum an Perspektiven und Erkenntnissen geliefert, insbesondere in den Bereichen Restorative Justice, Victim Studies, Indigenous Justice und Developmental Criminology."

4.1.4 Ethnische Studien

Der Hintergrund für ethnische Studien in Neuseeland während des letzten halben Jahrhunderts ist der sehr beachtliche und schnelle Wandel von einer monolithischen Pākehā-Kultur (mit einem Māori-Randbereich) zu einer immer breiteren Palette von ethnischen und Minderheitengruppen, die auch Migrantengruppen sind. Ein Großteil des wissenschaftlichen Interesses an Migrantengruppen wurde von den Pazifik-Studien absorbiert, aber auch asiatischen und afrikanischen Gruppen wurde einige Aufmerksamkeit gewidmet, zusätzlich zu der allgemeineren Aufmerksamkeit, die spezifischen Gruppen zukommt. Zwei Soziologen aus der Gründergeneration des Fachs haben sich intensiv mit diesem Thema befasst: Thompson (CU) schrieb über den Rassismus, insbesondere den im Rugby institutionalisierten, während Pitt und Macpherson (AU) eine groß angelegte Studie über Samoaner durchführten. Spoonley (MU) befasste sich in seiner Arbeit mit ethnischen Fragen, einschließlich seiner frühen Studie über rechtsgerichtete Haltungen. Auch Pearson (VUW) befasste sich mit Fragen des Nationalismus und der Migration. Das letztgenannte Trio entwickelte (zusammen mit anderen) eine Reihe von Readern zu ethnischen/migrantischen Studien in Neuseeland, die viele verfügbare Studien aufgreift (Crothers, 2007).

Weitere Studien zu ethnischen Fragen fanden eine teilweise institutionelle Grundlage in der Asia NZ Foundation, die (unter anderem) seit ihrer Gründung im Jahr 1994 langfristige Untersuchungen zur Einstellung der Neuseeländer gegenüber Asiaten durchgeführt hat (Butcher, 2009). Ihre Umfragedaten haben einen soliden Kern an Informationen geliefert, der durch eine beträchtliche Abdeckung ähnlicher Themen in vielen anderen Umfragen und anderen Studien, z. B. über die Medienberichterstattung, ergänzt wird. Spoonley (und andere Denkfabriken) vertraten die Ansicht, dass die beträchtliche Anzahl verschiedener Ethnien eine „Super-Diversität" darstellt, und die Regierung hat Forschungen über den Wert der Vielfalt finanziert. Fragen der Integration und des sozialen Zusammenhalts sind von Soziologen aufgeworfen worden, ohne jedoch große politische Aufmerksamkeit zu erregen.

4.1.5 *Feministische/Geschlechtersoziologie (in Anlehnung an Crothers, 2016: Appendix)*

Die Tatsache, dass Neuseeland das erste Land war, das den Frauen das Wahlrecht gab (1893), ist ein Hinweis darauf, dass die Frauenrechte in Neuseeland zwar hart erkämpft wurden, aber dennoch ein gewisser prinzipieller Liberalismus vorhanden war. Andererseits hat die Tatsache, dass die meisten der Gründungs-Soziologen in Neuseeland Männer waren, zumindest den Anschein erweckt, dass Frauenfragen trotz des hohen Frauenanteils unter den Studenten nicht so gut behandelt wurden, wie es wünschenswert gewesen wäre.

In Auckland setzte sich die langjährige Dozentin Margot Roth seit langem für die Belange der Frauen ein und schrieb in den 1950er-Jahren im *Listener*, um auf eine stärkere Berücksichtigung der Rolle der Hausfrau zu drängen. Maureen Molloy entwickelte in den späten 1980er-Jahren ein starkes Interesse an Frauenfragen und wurde bald darauf offiziell zur Professorin für Frauenstudien ernannt. Gegenwärtig ist die Frauenforschung ein Spezialgebiet für Postgraduierte, während Gender Studies im Grundstudium gelehrt wird. Ab 1974 bot Rosemary Seymour (zunächst als Studentin, dann als Mitarbeiterin) an der WU auch einen Kurs in Soziologie der Frauen an, und später wurden Frauenstudien in Soziologie und Psychologie angeboten. Rosemary Seymour war aktiv an der Entwicklung des NZ-Archivmaterials zur Frauenforschung beteiligt und setzte sich allgemein für die lokale Entwicklung der Frauenforschung ein (Matthews, 1992, 2009).

Sowohl die MU als auch die VUW haben Frauenstudien als Teil ihrer Programme angeboten, doch sind diese derzeit hauptsächlich auf Doktorandenstudien beschränkt. An der CU entwickelte sich in den späten 1980er-Jahren ein interdisziplinäres Programm für feministische Studien, das von Soziologen und anderen Mitgliedern der Philosophischen Fakultät unterstützt wurde. Später wurde der Fachbereich für Geschlechterstudien zu einem autonomen Fachbereich und erhielt nach und nach kontinuierliche Mitarbeiterstellen – zuletzt fünf akademische Stellen und eine Verwaltungsstelle. Ab Mitte der 2000er-Jahre wurde das Programm jedoch allmählich abgebaut (bis 2014), wobei mehrere Mitarbeiter der Geschlechterforschung in das Soziologieprogramm wechselten. Rosemary du Plessis, langjähriges Mitglied des Fachbereichs, war in diesem Bereich sehr federführend, insbesondere bei der Entwicklung mehrerer Reader mit feministischem Material zur neuseeländischen Gesellschaft in den 1990er- und frühen 2000er-Jahren.

An der OU nahm Anna Smith 1990 den ersten Lehrauftrag an, wobei die Frauenforschung in erster Linie ein geisteswissenschaftlicher und kein sozialwissenschaftlicher Studiengang war. Im Jahr 2002 umfassten die Vorlesungen zu Geschlechter- und Frauenstudien Abschnitte zu Arbeit, Medien, Männlichkeit und Sexualität sowie einen Kernkurs zu feministischer Theorie, der sich auf Arbeiten aus den Kulturwissenschaften, der Soziologie, der Geschichte und der Politikwissenschaft stützt. Der 2007 in „Gender Studies" umbenannte Studiengang ist nun neben der Soziologie in dem Fachbereich für Soziologie, Gender und Sozialarbeit angesiedelt, wobei der historische Soziologe Chris Brickell eine wichtige Rolle spielt.

Klassischerweise hat die Frauenforschung indirekt die Männerforschung hervorgebracht, und beide sind nun – zusammen mit dem aufkommenden Interesse an geschlechtsspezifischer Vielfalt – in Gender-Studiengängen institutionalisiert worden. In jüngerer Zeit haben sich jedoch auch diese Studiengänge in separate Programme aufgelöst.

Schnell wurde eine Vereinigung für Frauenstudien gegründet, die eine Zeitschrift herausgibt und Konferenzen veranstaltet. Innerhalb der SAANZ hat die Sektion für Frauen- und Geschlechterstudien (die einzige Sektion innerhalb der Vereinigung) eine Vereinbarung getroffen, alle zwei Jahre eine gemeinsame Konferenz abzuhalten. Eine Vielzahl anderer Frauenorganisationen hat sich an der Frauenforschung beteiligt. In früheren Jahren wurden viele Frauen von der Soziologie angezogen, als die Beschäftigungsmöglichkeiten für Frauen (und in gewissem Maße auch noch die Wertvorstellungen, um sie aufzunehmen) noch begrenzt waren, so dass viele Frauen ehrenamtlich Sozialforschung betrieben. Eine von mehreren frauenbezogenen Forschungsgruppierungen war die Society for Research on Women (SROW) (Gawith et al., 1993). Doch während sich die bezahlten Möglichkeiten im Laufe der Zeit verbesserten, ging die Energie für die ehrenamtliche Arbeit zurück. So wurde beispielsweise die SROW 1991 aufgelöst. Um einige leicht zugängliche soziologische Analysen über das Leben der Neuseeländer zu erstellen, haben zwei nicht-akademische Soziologen, Rosemary Barrington und Alison Gray (1981), Porträts von 100 *Smith-Frauen* und 100 *Jones-Männern* erstellt.

4.1.6 *Studien zur Gesundheit (Dew, 2014)*

Die Gesundheitssoziologie ist in der neuseeländischen Soziologie seit den Anfängen der Soziologie als eigenständiges akademisches Fach sehr präsent, und die neuseeländischen Gesundheitssoziologen haben sowohl im Inland als auch durch ihre Karrieren in Übersee reiche Beiträge zur Politik und Interessenvertretung sowie zu theoretischen Entwicklungen in der Disziplin auf weltweiter Ebene geleistet. Obwohl ein großer Teil der Arbeit innerhalb von oder in Verbindung mit eher gesundheitsorientierten Fachbereichen geleistet wurde, wurde auch viel von normalem Soziologiepersonal geleistet. Dies gilt auch für andere nationale Soziologien, obwohl Fran Collyer in ihrer Studie (2013) über die Geschichte der Medizinsoziologie in Australien, dem Vereinigten Königreich und den

USA, in der sie die Beiträge zu einer Reihe von medizinisch-soziologischen Zeitschriften zwischen 1990 und 2011 untersuchte, feststellte, dass mehr Artikel aus Neuseeland ihre theoretische Ausrichtung explizit angeben, was darauf hindeutet, dass die neuseeländische Medizinsoziologie stärker in die Disziplin und ihre theoretischen Anliegen integriert ist.

Gesundheitsthemen spielten in der Proto-Soziologie eine wichtige Rolle, z. B. schrieben ab den 1920er-Jahren einige Studenten, die an der OU Präventivmedizin studierten, über soziologische Themen (Kap. 2). Die Einrichtung der School of Social Sciences an der VUW im Jahr 1950 führte dazu, dass einige gesundheitsbezogene Themen von Mitarbeitern und Studenten der Sozialarbeit bearbeitet wurden. Gesundheitssoziologie wurde an der VUW Soziologie von Anfang an von Robb gelehrt, der in den frühen 1960er-Jahren eine umfassende Studie über medizinische Sozialarbeit verantwortete, indem er persönlich Interviews (n = 99) in 25 Krankenhäusern in ganz Neuseeland durchführte, um die Funktionsweise der medizinischen Sozialarbeit besser zu verstehen. Es wurden Forschungskontakte zu Epidemiologen des Krankenhauses in Wellington geknüpft, die Studien über die (Fehl-)Anpassungen infolge der Migration aus dem Pazifikraum durchführten. Eine Reihe von Dozenten hat im Bereich der Soziologie von Gesundheit und Krankheit gelehrt und geforscht, einschließlich Organspende und Transplantation, Interaktionen zwischen medizinischen Fachkräften und Patienten, die soziale Bedeutung von Medikamenten und Interaktionen von Gesundheitsdiensten mit Krebspatienten, Tod und Sterben sowie Schlaf und Demenz. Forschungs- und Lehraktivitäten im Zusammenhang mit der medizinischen Soziologie wurden seit 1993 am Forschungszentrum für Gesundheitsdienste der VUW durchgeführt (wo Soziologen zum Personal gehören). Im Jahr 2000 wurde das NZ Institute for Research on Aging gegründet, das jedoch 2010 in das Institute of Policy Studies integriert wurde.

Einen wesentlichen Beitrag haben die Absolventen geleistet. John McKinlay, ein sehr früher Absolvent der Soziologie an der VUW, entwickelte sich zu einem herausragenden Wissenschaftler auf dem Gebiet der medizinischen Soziologie, dessen Arbeit in den USA von der American Sociological Association (ASA) mit einem Distinguished Career Award ausgezeichnet wurde. McKinlay wird in der Begründung des Preises als „ein intellektueller Gigant mit mehr als drei Jahrzehnten bahnbrechender Artikel im Bereich der öffentlichen Gesundheit und der klinischen Gesundheitsversorgung" beschrieben (ASA, 2008). Evan Willis, der 1976 seinen Abschluss an der VUW machte, erhielt 2013 den Australian Sociological

Association Distinguished Service Award. Seine Doktorarbeit wurde zuvor mit dem Jean-Martin-Preis für die beste Dissertation im Bereich Sozialtheorie und -forschung ausgezeichnet, und das auf dieser Arbeit basierende Buch „*Medical Dominance: The Division of Labour in Australian Health Care*" wurde 2003 von seinen Kollegen zu einem der zehn einflussreichsten Bücher der australischen Soziologie gewählt.

Die CU hat auch Absolventen von internationalem Ruf hervorgebracht. Ein großes Projekt in den Jahren 2003–2005 untersuchte die öffentliche Beteiligung an neuen Biotechnologien (einschließlich Gentests) sowie Tod, Sterben, Beckenschmerzen, die Verwendung von Viagra, DNA-Forensik und Spenderbefruchtung. Die Sozialgeografen der CU haben einen wichtigen Beitrag zur Erforschung gesundheitlicher Ungleichheiten und der Auswirkungen von Reformen im Gesundheitssektor geleistet.

Obwohl an der AU die zweite medizinische Fakultät Neuseelands angesiedelt ist, hat sie nicht direkt so viel zur Gesundheitssoziologie beigetragen. Peter Davis interessierte sich schon früh für die Zahngesundheit (1980) und leistete später wichtige Beiträge zur Erforschung von Zwischenfällen in Krankenhäusern und zur Modellierung von Trends im Gesundheitswesen. Ab etwa 2000 übernahm Davis auch die Rolle des leitenden Redakteurs für Gesundheitspolitik bei der einflussreichen Zeitschrift *Social Science and Medicine*. Er wurde von der neuseeländischen Ärzteschaft besonders geehrt: 2003 erhielt er den Chairman's Award der NZ Medical Association. Tracey McIntosh lehrt und forscht zu soziologischen Ansätzen in den Bereichen Tod, Sterben und Gewalt. Graeme Fraser war der erste nicht-medizinische Akademiker an der MU, der zum Mitglied des Medical Research Council ernannt wurde und auch in anderen Beratungsgremien für Gesundheitsforschung tätig ist. Die Mitarbeiter der MU haben Forschungsinteressen in den Bereichen Sexualität sowie Gesundheit, Tod und Sterben.

In Neuseeland wurden mehrere Längsschnittstudien entwickelt – die ersten waren die Dunedin Multidisciplinary Health and Development Study und die Christchurch Health and Development Study – und die daran beteiligten Forscher veröffentlichen regelmäßig in soziologischen Fachzeitschriften. Obwohl diese Studien unter medizinischen Gesichtspunkten entwickelt wurden, werden viele soziologisch relevante Daten erfasst.

Eine Reihe lokaler Lehrbücher wurde erstellt, um Studenten in verschiedenen Studiengängen der angewandten Gesundheitswissenschaften in die medizinische Soziologie einzuführen. Die neuseeländischen

Gesundheitssoziologen haben zu allgemeineren politischen Themen beigetragen und dabei häufig Verbindungen zu Peer-Support-Gruppen, Interessenvertretungen, Anbietern von Gesundheitsdiensten und Ausbildungseinrichtungen für Gesundheitsfachkräfte sowie zu staatlichen Stellen hergestellt.

4.1.7 MĀORI-Studien (Webb & Poata-Smith, 2011)

Die intellektuelle Arbeitsteilung früherer Jahrzehnte übertrug die Beschäftigung mit Māori-Fragen in den Zuständigkeitsbereich von Anthropologen und Archäologen, die eher dazu neigten, die Lebensweise der klassischen Māori zu rekonstruieren, als das zeitgenössische Leben der Māori zu beschreiben. Über lange Zeiträume hinweg wurde eine beachtliche Anzahl von Forschungsarbeiten durchgeführt, wobei die Māori unter den anthropologischen Forschern eine herausragende Rolle spielten. Ein wichtiger Ansatz in der Mitte des 19. Jahrhunderts war die Ethnopsychologie (z. B. Beaglehole & Beaglehole, 1946). Im Laufe des nächsten halben Jahrhunderts wurde eine ganze Reihe von Gemeinschaftsstudien durchgeführt, zusammen mit eher essayistischen Kommentaren, insbesondere als eine Māori-Renaissance entstand. Ab den 1980er-Jahren nahm die Sensibilität für Māori-Forschungsfragen zu, unter anderem wegen mangelnder Kontrolle über Māori-Forschung, unzureichender Einbeziehung der Māori durch Nicht-Māori-Wissenschaftler und sogar wegen Diebstahls oder Missbrauchs von geistigem Eigentum. Manchmal wurden Nicht-Māori-Wissenschaftler unter Druck gesetzt, andere Themen zu erforschen, und in der Tat kam es zu einem Ausweichen in Bereiche wie Archäologie und Geschichte, wo diese Empfindlichkeiten weniger stark ausgeprägt waren. Einige Māori-Wissenschaftler haben ihre Ambivalenz gegenüber der Anthropologie als einer (nicht unbedingt ethnisch sensiblen) Disziplin zur Erforschung kleinerer Gesellschaften zum Ausdruck gebracht. Linda Tuhiwai Smith problematisiert die Forschung selbst „als einen bedeutenden Ort des Kampfes zwischen dem Interesse und dem Wissen des Westens und dem Interesse und dem Wissen der [indigenen Völker]" (Smith, 1999, S. 2). Māori-Sozialforscher werden sowohl von Pākehā- als auch von Māori-Strukturen herausgefordert (Kukutai & Webber, 2011). An den regulären Universitäten werden sie oft an den Rand gedrängt, obwohl es in jüngster Zeit Verbesserungen bei der Entwicklung von Unterstützungsstrukturen gegeben hat. Aber auch von Seiten der Maori gibt es Herausforderungen: Ihre Gemeinschaften erwarten, dass

Māori-Wissenschaftler ihren Dienstpflichten nachkommen, und sie müssen sich in komplexen indigenen Hierarchien zurechtfinden.

An der Entwicklung der Māori-Studien, die sich nicht nur mit der Sprache, sondern auch mit anderen kulturellen und sozialen Fragen befassen, waren Māori-Wissenschaftler wie Ranginui Walker und Mason Durie (beide prominente Sozialkommentatoren) beteiligt. Außerhalb der akademischen Welt sind viele weitere Studien entstanden: So wurde beispielsweise von der Māori Women's Welfare League (Murchie et al., 1984) eine bahnbrechende nationale Gesundheitsstudie über Māori-Frauen durchgeführt. An den neuseeländischen Universitäten wurden Fachbereiche für Māori-Studien eingerichtet, obwohl es interessant ist, dass in jüngster Zeit einige von ihnen den viel weiter gefassten Begriff „Indigene Studien" in ihre Titel und Programme aufnehmen. Māori-Wissenschaftler haben in diesem weltweit aufkommenden Bereich eine herausragende Rolle gespielt. Die Māori sind seit langem in Bündnisse mit den „ersten Völkern" (Völkern der Vierten Welt) eingebunden, insbesondere mit den indigenen Völkern Nordamerikas, den australischen Aborigines und den Völkern des Pazifiks. Daher sind sie in einer guten Position, um in diesem größeren Rahmen einen Beitrag zu leisten. (Ein besonderes Beispiel ist Evan Poata-Smith, der ein Zentrum für Indigene Studien an der University of Wollongong in Australien leitet). Es wurden Zeitschriften entwickelt, darunter *AlterNative* mit Sitz in Auckland, und die methodologische Abhandlung von Linda Smith (1999) hat weltweit große Bedeutung erlangt. Ein aktueller Überblick über Māori-Themen findet sich in McIntosh et al. (2011).

Bei der Beschreibung und Entwicklung von Erklärungen für die Situation der Māori wurde eine (alternative) Soziologie entwickelt, die allerdings auch eine ideologische Handlungsanleitung darstellte. Spoonley (2003, S. 58) hat eindringlich auf die Bedeutung dieser Entwicklungen hingewiesen und ausgeführt:

> Die klassische Soziologie … war keine geeignete Quelle für Weisheiten über eine wiederauflebende Indigenität … einige der aufregendsten Soziologien, die in den 1980er-Jahren entstanden, verdanken sich dem Einsatz von Māori in der Disziplin. Zu der Gruppe, die die Turbulenzen erklärte, gehörten die Autoren der Māori-Souveränitätsartikel und des daraus entstehenden Buches, Donna Awatere und Ripeka Evans, zusammen mit Ranganui Walker und später den Smiths, Graham und Linda …. Obwohl sich nur wenige von ihnen als Soziologen bezeichnen würden, bedienten sie sich soziologischer Argumente und Autoren und verbanden diese mit einer kritischen Analyse des Staates und der Pākehā.

Dies hat auch Auswirkungen auf die Pākehā-Intellektuellen, die sich mit der Frage beschäftigt haben, was eine Pākehā-Identität ausmacht, die in gewisser Weise mit den Māori-Identitäten verwandt ist.

Die Bemühungen des neuseeländischen Staates, die iwi (Stämme) teilweise für vergangene Missstände zu entschädigen und die Marginalisierung zu überwinden, haben ebenfalls Ressourcen bereitgestellt, und einige iwi haben ihre eigenen Forschungseinheiten eingerichtet. In den letzten Jahren wurden beträchtliche Mittel für die Forschung zu Māori-Themen bereitgestellt, wobei die Forschung von Māori oder für Māori besonders geschätzt wurde. Die Unterstützung der Māori wurde im Rahmen des Programms „Vote Research, Science and Technology" als Leistungsklasse „Māori Knowledge and Development Research" (Māori-Wissens- und Entwicklungsforschung) verankert, die inzwischen durch einen neuen politischen Rahmen, „Vision Mātauranga", ersetzt wurde.

Das Engagement von Māori-Soziologen ist gering, weil es so wenige gibt. Ein Sonderheft zur Māori-Soziologie (herausgegeben von Webb & Poata-Smith, 2011) brachte mehrere nützliche Beiträge hervor. Eine prominente Māori-Soziologin (Prof. Tracey McIntosh, AU) war Kodirektorin von Nga Pae, einem Māori-Exzellenzzentrum für Forschung, das viele Studien unterstützt hat. Einige wichtige Forschungsarbeiten wurden finanziert, z. B. Rob Webbs Forschung über ethnische Straftaten und Ungerechtigkeit. Die Aufmerksamkeit für ethnische Fragen ist jedoch in eher spezialisierten Disziplinen (Bildung, Öffentliche Gesundheit) stärker ausgeprägt.

In der Soziologie gibt es eine breite Sympathie für Māori-Themen. Konferenzen der Sociological Association of Aotearoa/NZ (SAANZ) werden häufig mit einem entsprechenden Māori-Ritual eröffnet. Einige prominente neuseeländische Soziologen haben sich mit Māori-Themen befasst, darunter Ian Pools Arbeit über die demografische Geschichte der Māori, Roger Oppenheims klassische Studie über Beerdigungsrituale der Māori, Barry Smiths Studie über Klassenbewusstsein und seine zahlreichen angewandten Studien im Rahmen des Forest Research Institute sowie Ted Douglas und Tahu Kukutai zur Demografie der Māori. Eine groß angelegte Studie über „Urban Māori" (unter der Leitung von Richard Benton – siehe Benton et al., 2002 –, die mit großer Öffentlichkeitswirkung auf einer SAANZ-Konferenz vorgestellt wurde) umfasste beträchtliches soziologisches Wissen und Informationen aus Quellen wie allgemeinen Bevölkerungsumfragen. Im Laufe der Jahre hat die *nNew Zeeland Sociology* etwa ein Dutzend Artikel und eine ähnliche Anzahl anderer Artikel veröffentlicht, die sich speziell mit den Māori befassen, auch wenn dieses Thema zweifellos in weitaus mehr der veröffentlichten Materialien enthalten ist. (Insgesamt wurden in der *New Zeeland Sociology* seit 1986 etwa 285 Artikel und 270 Rezensionen veröffentlicht). Betrachtet man die weiter gefasste Literatur zur Soziologie der Māori, so weist *Sociofile* etwa 150 Artikel auf, die sich zentral auf die Māori konzentrieren und sich auf ein breites Spektrum von Zeitschriften verteilen.

Die neuseeländische Soziologie sollte sich zumindest teilweise durch ihre Beziehung zu Māori und Māori-Themen auszeichnen, aber dieses Potenzial und Versprechen muss noch angemessen erfüllt werden, obwohl jüngere Māori-Wissenschaftler diese Aufgabe vorangetrieben haben. McIntosh (2012) kommentiert dies wie folgt:

> Bis vor kurzem haben die Māori-Gemeinschaften nicht von der Mainstream-Forschung profitiert, die in der Regel einen „defizitären" Blickwinkel einnahm. Heute erkennen dieselben Gemeinschaften oft die Vorteile einer kollaborativen multikulturellen Forschung, obwohl es immer noch andere gibt, die auf Māori-Forschung mit Māori für Māori bestehen. Angehörige unterdrückter Gruppen mussten ihr ganzes Leben lang informell die dominanten Gruppen studieren, um zu lernen, wie sie zurechtkommen und sich in den dominanten Räumen bewegen können. Durch unsere Zusammenarbeit können wir nicht-indigenen Forschern etwas über uns selbst beibringen, aber was vielleicht noch wichtiger ist: Wir können ihnen etwas über sich selbst beibringen.

4.1.8 Pazifik-Studien (Macpherson, 2016)

Teile des Pazifiks im Norden sind so etwas wie ein kleines neuseeländisches „Reich": vor allem die Cook-Inseln, (West-)Samoa und, etwas weiter entfernt, Tonga und einige kleinere Gruppen. Und natürlich hat dieses kleine „Reich" seit den 1960er-Jahren viele Menschen dazu veranlasst, sich in Neuseeland niederzulassen, sei es für kurze Zeit oder dauerhaft. Bis zu einem gewissen Grad hat die Sozialforschung, einschließlich der historischen Forschung, eine Rolle gespielt. Die Schwerstarbeit der Sozialforschung im Pazifik wurde eher von Anthropologen und Geografen geleistet. (Der Pazifik-Witz besagt, dass eine polynesische Familie aus Mutter, Vater, 2,5 Kindern, einem Hund und einem Anthropologen besteht).

Die Bemerkungen zu den Māori-Studien gelten weitgehend auch für die Pazifikstudien. Die früheste „Sozialwissenschaft" im Pazifik wurde hauptsächlich von männlichen Amateuren mit unterschiedlichen Fähigkeiten betrieben, die sich in unterschiedlichen Funktionen und für unterschiedliche Zeiträume im Pazifik aufhielten und Berichte von unterschiedlichem Wert über die pazifischen Gesellschaften lieferten, denen sie begegneten. Dazu gehörten Forschungsreisende, Missionare, Kolonialverwalter und sogar Geschäftsleute. Sie alle waren in unterschiedlichem Maße, implizit oder explizit, von europäischen intellektuellen Tropen wie Rousseaus „edlem Wilden", Darwins früher Evolutionstheorie, psychologischen Theorien über „rassisches Temperament", theologischen Überzeugungen über „Rasse" und Erlösung sowie von politischen Interessen und Vorurteilen beeinflusst, die in anglophonen und frankophonen imperialen Ambitionen zum Ausdruck kamen.

Die nächste Welle der Sozialwissenschaft über die Gesellschaften der pazifischen Inseln wurde, ebenfalls hauptsächlich von Männern, von den entstehenden anthropologischen Schulen an britischen und europäischen Universitäten, insbesondere von Malinowski und Mead, hervorgebracht. Pazifische Fälle wurden oft als Beispiele für allgemeine theoretische Ideen herangezogen. Auch neuseeländische Wissenschaftler trugen dazu bei, wie etwa John Macmillan Brown, Professor für Klassische Philologie und Englisch am Canterbury College und später Vizekanzler und Kanzler der neuseeländischen Universität im späten 19. und frühen 20. Jahrhundert, der den Pazifik ausgiebig bereiste und etwa 20 Arbeiten über die Ursprünge und die Ethnologie der polynesischen Kulturen verfasste. Te Rangi Hiroa (Dr. Sir Peter Buck) veröffentlichte im *Journal of the Polynesian Society* eine Reihe von anthropologischen Aufsätzen über die Migration und Kultur der Māori und später einige sehr detaillierte Berichte über die materiellen und sozialen Kulturen der pazifischen Gesellschaften.

Das wachsende Interesse am Pazifik in der Zeit des Zweiten Weltkriegs berührte den Südpazifik nur am Rande. In den späten 1960er- und frühen 1970er-Jahren kam es zu einer neuen Welle des Interesses an den pazifischen Gesellschaften, die zu Forschungen in den Bereichen soziale und physische Anthropologie, Archäologie, Soziologie, Psychologie, Linguistik und Geschichte führte. Einige dieser Studien konzentrierten sich auf die Inselgesellschaften, aber angesichts der massenhaften Abwanderung der Bevölkerung von den pazifischen Inseln in die Metropolen rund um den pazifischen Raum weitete sich das Interesse auf die Soziologie der Migration und die Beschreibung der wachsenden pazifischen Enklaven von Auswanderern aus. Diese Arbeit konzentrierte sich zunehmend auf die Bewegungen, Verbindungen und Beziehungen von Menschen, Reichtum,

Ideen und Technologien zwischen den einheimischen und den im Ausland lebenden Bevölkerungsgruppen. Mit der Zeit konzentrierte sich dieses Interesse auf die kulturellen und identitätsbezogenen Gegensätze zwischen den auf den Inseln Verbliebenen und den in den Enklaven lebenden Migranten. Ein Großteil dieser Arbeiten wurde von neuseeländischen Wissenschaftlern durchgeführt, die oft in interdisziplinären Teams arbeiteten, was aufstrebenden Pazifik-Forschern die Möglichkeit einer postgradualen Ausbildung bot. Ein Großteil der Arbeiten konzentrierte sich auf die Bildungs- und Gesundheitsergebnisse für die Bevölkerung der pazifischen Enklaven und wurde von den Forschungsabteilungen der Regierungsministerien und halbstaatlichen Einrichtungen wie dem Health Research Council finanziert.

In den 1980er-Jahren waren Professor Ron Crocombe und Dr. Malama Meleisea vom Institute for Pacific Studiesan der University of the South Pacific (USP) besorgt über den Mangel an schriftlichen Arbeiten pazifischer Sozialwissenschaftler und ermutigten ihre Studenten, in ihre Länder zurückzukehren, um deren Geschichte zu sammeln, zu dokumentieren und im Rahmen des Pacific History Project zu veröffentlichen. Die Einrichtung von sozialwissenschaftlichen Fakultäten an regionalen und nationalen Universitäten im Pazifikraum – insbesondere an der USP – machte eine neue Generation von Studenten aus dem Pazifikraum mit den Möglichkeiten der Sozialwissenschaften vertraut und führte zu einer neuen Welle von Dissertationen, wissenschaftlichen Artikeln und Büchern von pazifischen Sozialwissenschaftlern. In Neuseeland werden pazifische Studien am Centre for Pacific Studies an der AU und am Macmillan Brown Centre an der CU betrieben, obwohl alle Universitäten eine wissenschaftliche Präsenz der Pacifica haben.

In jüngster Zeit wurde die pazifische Sozialwissenschaft durch die wachsende Zahl von Postgraduierten pazifischer Abstammung vorangetrieben. In ihren Sozialforschungsprojekten geht es häufig darum, Hindernisse für die Chancengleichheit und Ansätze zu deren Beseitigung zu ermitteln, die die Ergebnisse für diese Bevölkerungsgruppen verbessern könnten. Ihre lebenslange Einbettung in die Bevölkerung ihres Gastlandes verschafft ihnen nützliche Einblicke und Perspektiven, und sie sind in der Lage, die Forschung mit einer gewissen Sensibilität für die kulturellen Protokolle durchzuführen, die die gemeinschaftlichen Prozesse der Wissenskonstruktion in diesen Gesellschaften bestimmen. Bei diesen Studien wird häufig auf soziologische Grundlagen zurückgegriffen, ohne dass sich die Wissenschaftler unbedingt als Soziologen verstehen.

4.1.9 Medien/Kommunikation/Kultur und andere Studien

Spätestens seit den 1980er-Jahren gab es einen großen akademischen Aufschwung, der sich auf das symbolische Umfeld konzentrierte, in dem wir alle leben, und der von Studien über Texte und Symbole bis hin zu damit verbundenen Einstellungen und Verhaltensweisen reichte. Soziologen gehörten zu den ersten Forschern im Bereich der Kulturstudien, als die MU eine von Birmingham inspirierte Arbeitsgruppe für Kulturstudien und später die Zeitschrift *Sites* gründete (die später von der Association of Social Anthropologists of Aotearoa New Zealand übernommen wurde). Mehrere Kommentatoren sind jedoch der Ansicht, dass sich die Kulturwissenschaften in Neuseeland nur langsam entwickelt haben und nur in geringem Maße institutionalisiert sind. Nichtsdestotrotz wird viel Arbeit geleistet. Viele Wissenschaftler in diesem Bereich kommen aus den Geisteswissenschaften, da sich ihre Fächer mehr „populären" kulturellen Formen zuwenden als den klassisch untersuchten. Nicht wenige Soziologen leisten weiterhin Beiträge in diesem sich überschneidenden Bereich, und von den beiden Lesebüchern zu den neuseeländischen Kulturwissenschaften wurde eines von Soziologen herausgegeben.

4.1.10 Planung, Studien zur bebauten Umwelt

Während sich die frühe Stadtsoziologie auch mit dem Wohnumfeld beschäftigte, hat sich die Interaktion zwischen Soziologie und Planungswissenschaft in jüngerer Zeit vor allem auf den Wohnungsbau und Themen wie städtische Intensivierung, Gemeinschaftsbeziehungen in multiethnischen Gemeinschaften und Gated Communities konzentriert. Frühe Studien (in den späten 1960er-Jahren) von angewandten Soziologen untersuchten die Ansichten der Bewohner zu staatlichen Wohnungsbauplänen und untersuchten andere benachbarte Merkmale. Die zahlreichen Erhebungen über das Gemeinwesen mögen zwar in die lokale Lehre über die Soziologie des Gemeinwesens eingeflossen sein, doch wurden sie nicht in eine kumulative Stadtsoziologie eingebaut – auch wenn einige Kapitel von Forster (1969) mit dieser Aufgabe begannen. David Thorns hat in diesem Bereich viel Arbeit geleistet, insbesondere zu Themen wie der sozialen Bedeutung von „Häusern". In jüngster Zeit hat die Regierung viel in die Erforschung des Wohnungs- und Kommunalwesens investiert, was zu einem verstärkten Interesse geführt hat.

4.1.11 Ländliche/landwirtschaftliche Soziologie (basierend auf Loveridge, 2016)

Angesichts der wirtschaftlichen Bedeutung der Landwirtschaft in Neuseeland und der Vorrangstellung der ländlichen Eliten könnte man meinen, dass die Soziologie des ländlichen Raums von großer Bedeutung ist. Ihre Bedeutung wird besonders hervorgehoben, wenn man bedenkt, wie sehr die Landwirtschaft (und infolgedessen der ländliche Sektor) in den Jahrzehnten nach der Einführung der Rogernomics seit Mitte der 1980er-Jahre in Mitleidenschaft gezogen wurde: Dem Sektor wurden Subventionen und andere Unterstützung entzogen. Die Perspektiven reichen von der Soziologie des ländlichen Raums und der Sozialwissenschaft bis hin zur Soziologie der Landwirtschaft, einschließlich Bereichen der angewandten Soziologie wie dem SIA. International hat sich die Soziologie des ländlichen Raums an der amerikanischen Community Study und der auf landwirtschaftliche Probleme ausgerichteten Soziologie der Landgrant Colleges aus der Zwischenkriegszeit orientiert (oder sich gegen sie gestellt), obwohl dieser dominante Ansatz in späteren Jahrzehnten durch einen kritischeren „europäischen" Ansatz ergänzt wurde. Loveridge (2016) unterscheidet drei Perioden:

- Vorsoziologische und frühe ländliche Soziologie,
- Die regierungsorientierte Arbeit der 1980er–1990er-Jahre und
- Die australasiatische Agrar- und Ernährungswirtschaft im Zeitraum 2000 bis heute, in dem die Forschung im ländlichen Raum von millionenschweren Forschungsprojekten dominiert wurde, die den gesamten Ablauf von der Produktion bis zum Verbrauch landwirtschaftlicher Erzeugnisse untersuchten, insbesondere die vom Centre for the Study of Agriculture, Food and Environment (CSAFE) der OU durchgeführte Forschung.

Die frühere ländliche Soziologie, einschließlich der legendären Littledene-Studie, wurde in Kap. 2 beschrieben. 1969 hatte die Regierung eine Nationale Entwicklungskonferenz organisiert und ein Abkommen zwischen Landwirten und dem Staat ausgearbeitet, als die Rentabilität abnahm. In den 1970er-Jahren kam es zu einer Wiederbelebung der Gemeinschaftsstudien, die in Neuseeland mit einer Periode sinkender landwirtschaftlicher Einkommen infolge des Beitritts des Vereinigten Königreichs zur Europäischen Wirtschaftsgemeinschaft (EWG) im Jahr 1973 einhergingen, was die Landwirte unter Druck setzte. Die Bedürfnisse der Landwirte wurden dokumentiert, und es gab fortlaufende Berichte über andere Aspekte des ländlichen Raums, wie z. B. Kleinbetriebe und Veränderungen in der Wohnbebauung, die von dem Fachbereich für Stadt- und Landplanung des Ministeriums für Arbeit, dem Beratungsgremium für Landnutzung und anderen Behörden mit Sozialforschungsabteilungen wie dem Forstforschungsinstitut erstellt wurden. Als Claudia Bell in den 1980er-Jahren in den ländlichen Gemeinden Neuseelands die „Myths to Live By" untersuchte, stützte sich ihre Analyse auf die Kulturwissenschaften, und ihre Daten enthüllten den Kontrast zwischen dem fortbestehenden ländlichen Ideal vieler Forschungsteilnehmer und dem Gefühl der Hilflosigkeit und des Verlusts, das durch die neoliberalen Reformen und den wirtschaftlichen Abschwung der 1980er-Jahre entstand. (Ihre Daten wurden kurz vor dem Höhepunkt der Krise im ländlichen Raum als Zusatz zu einer Studie über regionale Dienstleistungen für die Nationalbibliothek erhoben: Bell et al., 1986). Kurz darauf wurde Fairweather, wie in Kap. 3 beschrieben, in die AERU berufen. Die Soziologie des ländlichen Raums fand in den 1990er-Jahren direkten Eingang in die Politik des Ministeriums für Land- und Forstwirtschaft (MAF), als ein Referat für ländliche Angelegenheiten eingerichtet wurde, das auf den Druck der Landbevölkerung, insbesondere der Women's Division Federated Farmers, reagierte, die angesichts des seit langem bestehenden Rückgangs von Einkommen und Dienstleistungen Unterstützung suchte. Die MAF (unter der Leitung der Geografin Ann Pomeroy, die in Essex in Soziologie des ländlichen Raums promoviert hat) übernahm auch einige der Vernetzungsfunktionen, die ursprünglich von der AERU in LU wahrgenommen wurden. Angesichts der Diversifizierung der ländlichen Gebiete seit der Einstellung der staatlichen Unterstützung für die Landwirtschaft benötigte die MAF eine empirische Grundlage, um ihre Argumente zu den spezifischen Auswirkungen ihrer Politik auf den ländlichen Raum in Neuseeland zu untermauern. Die MAF beschäftigte nicht nur Soziologen für den ländlichen Raum, sondern auch Geografen, Anthropologen, Politikwissenschaftler, Psychologen und andere, oder sie erhielten Mittel, um diese Veränderungen zu dokumentieren. Diese disziplinäre Mischung unterstreicht eine Bemerkung von Carter aus dem Jahr 1990, wonach die Forschungsarbeit, die in anderen Ländern von Soziologen des ländlichen Raums geleistet werden könnte, in Neuseeland von Geografen durchgeführt wird.

In einigen der Crown Research Institutes (CRIs), die durch die Umstrukturierung der wissenschaftlichen Kapazitäten von DSIR und MAF entstanden sind, wurden Sozialforschungseinheiten eingerichtet. Die Forschung in den CRIs ist in der Regel auf Beratung, partizipative Forschungsansätze/Förderung des Dialogs zwischen den Interessengruppen oder die Beobachtung der Einstellung der Öffentlichkeit zu Entwicklungen ausgerichtet, die für verschiedene wissenschaftliche Projekte von Interesse sind (z. B. Gentechnik, Tierschutz, Wahrnehmung von Naturgefahren oder Verbesserung der Wasserqualität). Die Projekte sind oft teambasiert, und da die Sozialwissenschaften in den CRIs zum Teil auf eine sanfte Finanzierung durch den anfechtbaren Forschungsfonds des Ministeriums für Wirtschaft, Innovation und Beschäftigung, den MAF, den Gesundheitsforschungsrat und andere angewiesen sind, werden diese Teams ständig neu zusammengestellt. Obwohl Soziologen als Mitglieder von Forschungsteams gearbeitet haben, waren dies selten Soziologen aus dem ländlichen Raum.

Die Umstrukturierung des ländlichen Raums hat auch eine neue Generation von Forschern auf dem Gebiet des ländlichen Raums hervorgebracht, die sich in ihrer Arbeit direkter mit der Regierungspolitik auseinandersetzen. Hugh Campbell (derzeit Professor für Soziologie an der OU) begann, sich mit der Umstrukturierung zu befassen, nachdem er den Ernst der Lage vieler Landwirte in Mid-Canterbury erkannt hatte, als er Ende der 1980er-Jahre an einer Studie über das Trinken auf dem Lande beteiligt war. Nach seiner Rückkehr von einem Postgraduiertenstudium in Übersee wurde er als Dozent für agrar- und ernährungsbezogene Kurse in dem Anthropologiefachbereich der OU eingestellt. Die Agrar- und Ernährungswissenschaft zeichnet sich durch die Integration der Produktions- und Verbrauchssphären aus und ist in ihrer Methodik vielfältiger. Campbell war ein frühes Mitglied des 1992 gegründeten Agri-Food-Netzwerks, das lebhafte interdisziplinäre Konferenzen organisiert, die zwischen Australien und Neuseeland hin und her pendeln. Es unterstützte die wenigen Soziologen des ländlichen Raums in Neuseeland und förderte neue Postgraduiertenarbeiten. Das Netzwerk trifft sich in der Regel in kleinen ländlichen Dienstleistungs-/Tourismuszentren sowie an Universitäten und bietet Exkursionen an, die von lokalen Experten geleitet werden, und zieht Menschen aus CRIs, privaten Beratungsunternehmen und dem Agrarsektor an. Dem Netzwerk ist es gelungen, eine Reihe von Fachleuten aus dem Ausland als Hauptredner zu gewinnen, die sich manchmal auch an laufenden lokalen Forschungskoalitionen beteiligen.

Konferenzteilnehmer veröffentlichten Sammlungen von Konferenzbeiträgen in Sammelbänden oder Sonderausgaben von Fachzeitschriften. Nur wenige Soziologen mit einem Interesse für den ländlichen Raum haben diese Konferenzen nicht besucht. Zu den Folgestudien gehören ARGOS und das neuere Programm für biologische Ökonomien, an dem zwölf Forscher aus sechs Institutionen an sieben Standorten beteiligt sind (Campbell et al., 2012). Der derzeitige Stand der Agrar- und Ernährungsdebatten besteht in einer starken, kontinuierlichen Verwendung struktureller, von der politischen Ökonomie inspirierter Konzepte auf Makroebene, wie z. B. Lebensmittelregime und Entwicklung, und neigt dazu, eine feindliche Haltung gegenüber der Macht der Unternehmen einzunehmen. Allerdings stehen diese Konzepte nun neben Analysen, die sich stärker auf poststrukturelle Ansätze stützen.

4.1.12 Religiöse Studien (basierend auf Ward, 2016)

Die neuseeländische Volkszählung hat (ungewöhnlicherweise im Vergleich zu anderen Ländern) eine (nicht obligatorische) Frage nach der Religionszugehörigkeit enthalten, und das Interesse der Kirchen an diesen Daten ist so groß, dass ihre Beibehaltung nachdrücklich unterstützt wurde. Ein durchgängiges Thema in den Kommentaren zur Religion in Neuseeland in den letzten 50 Jahren war jedoch ihr kontinuierlicher Rückgang und alternative Erklärungen dafür. Auf der anderen Seite wird häufig angenommen, dass die Religion in Neuseeland nie eine große Rolle gespielt hat. Nur Hans Mol an der CU in den 1960er-Jahren und Michael Hill an der VUW ab 1976 (bevor er sich der Kriminologie und der Devianz zuwandte) widmeten sich der Religion als einem wichtigen Forschungsbereich. Seit Anfang der 1990er-Jahre ist das Studium der Religion aus den soziologischen Fakultäten praktisch verschwunden.

Parallel zum Interesse an den Volkszählungsdaten hat sich auch das Personal der theologischen Hochschulen für das Thema „Religion und Gesellschaft" interessiert. Zwischen 1980 und 1990 wurden in vier Veröffentlichungen mit mehreren Autoren verschiedene Perspektiven auf die Religion vorgestellt, und obwohl Michael Hill der einzige „reine" Soziologe war, der einen Beitrag leistete, waren einige der Beiträge tatsächlich religionssoziologisch. Zu den wichtigsten Autoren gehörten Dozenten für Religionswissenschaften an den Universitäten Massey, Victoria, Canterbury und Otago. An der letztgenannten Universität wird seit einigen Jahren ein Kurs über Religionssoziologie angeboten. Dozenten für Pädagogik und Soziologie an der MU führten empirische Untersuchungen über Werte durch, während ein Dozent für Geschichte an der MU vor kurzem wichtige Analysen z. B. über die neu gegründete Destiny Church vorgelegt hat. Kevin Ward hat in jüngster Zeit mehrere genau beobachtete Studien über Kirchengemeinden vorgelegt. In jüngster Zeit hat es auch ein Interesse an veröffentlichten Berichten gegeben, die Volkszählungsdaten analysieren, und ein Interesse von Sozialpsychologen, die die dünnen Volkszählungsdaten durch große Umfragedatenbanken ergänzen.

4.1.13 Soziale Arbeit/Politik (vgl. Harington, 2016)

Die Sozialarbeit ist (oder war) die Dienerin der Soziologie. Die Ausbildungsprogramme für Sozialarbeit beinhalten immer eine Komponente der Soziologie in Kursen, die sich mit der neuseeländischen Gesellschaft, der Sozialpolitik, Forschungsmethoden, der „Lebensspanne" oder der menschlichen Entwicklung, dem (öffentlichen) Management und der erforderlichen Vertrautmachung der Studenten mit dem Vertrag von Waitangi befassen. Im Jahr 1947 prüfte die VUW einen Vorschlag für ein Diplom in Sozialkunde (siehe auch Kap. 3: McCreary, 1971a, b). Sir Thomas Hunter (Rektor) wandte sich an Peter Fraser (Bildungsminister und Premierminister), um über den fünfjährigen Zuschuss für die Universität zu verhandeln. Er bat Fraser unmissverständlich um Mittel „für die Einrichtung einer Schule für Sozialarbeit". Fraser entgegnete, dass die Regierung die gesamte in Neuseeland erforderliche Sozialarbeit geleistet habe. Als Hunter darauf hinwies, dass er die Ernennung bereits vorgenommen habe, antwortete Fraser, dass dies Hunters Pech sei. Eine „School of Social Sciences" sei jedoch akzeptabel. (Leider wurde die ursprüngliche Schule 1995 geschlossen.)

Die zweite Welle der Bemühungen um die Ausbildung in Sozialarbeit Mitte der 1970er-Jahre betraf Massey, Canterbury und Auckland. Zu den Studienanfängern gehörten sowohl Schulabgänger als auch Absolventen von weniger berufsbezogenen Bachelor-Studiengängen. Die Ausbildung wird von einer Zulassungsstelle für Sozialarbeiter geregelt. Derzeit sind fünf Universitäten in der Lage, Sozialarbeiter auszubilden. An einigen Universitäten sind diese verwaltungstechnisch mit der Soziologie zusammengelegt. Darüber hinaus wird Sozialarbeit auch in einem breiteren Spektrum von Einrichtungen gelehrt.

Parallel zu diesen akademischen Entwicklungen begannen die lokalen Behörden, Mitarbeiter für die Gemeindeentwicklung mit weitreichenden

Aufgaben zu ernennen, und dies war ein weiterer Rahmen, in dem die Soziologie gedeihen konnte (Haigh, 2014).

Infolge der Verbindungen zur Soziologie veröffentlichen einige Mitarbeiter aus dem Bereich Sozialarbeit/Politik sowohl in soziologischen als auch in sozialarbeiterischen Fachzeitschriften, obwohl der umgekehrte Fall seltener ist. Dennoch enthielt eine kürzlich erschienene Sonderausgabe der *New Zeeland Sociology* eine Reihe von sozialpolitischen Themen, die im Rahmen einer Analyse der heutigen Gesellschaft theoretisch behandelt wurden. Zu den beruflichen Kernaufgaben der Sozialarbeit gehört ein eigener pädagogischer Bereich, und Soziologen neigen dazu, die Politik eher in groben Zügen als in präzise abgestimmten regulatorischen Feinheiten zu betrachten, so dass sich die Forschung im Hinblick auf die Granularität unterscheiden kann. Früher sahen Sozialarbeiter/Politiker die Soziologie vor allem als Lieferant von Forschungsergebnissen zu sozialen Fragen, auf die sich professionelle Sozialarbeiter stützen konnten, in jüngerer Zeit sind sie aber wahrscheinlich in der Lage, selbst zu forschen.

4.1.14 *Soziale Klasse (Crothers, 2013b)*

Obwohl NZ seit seinen Siedlungsanfängen klar in eine recht orthodoxe Reihe von Klassen unterteilt wurde – Arbeiterklasse, Mittelschicht und eine dünne Oberschicht –, wurden die Klassenbeziehungen selten in klaren Gruppierungen herausgearbeitet, und die alltägliche Funktionsweise der Klasse wurde tendenziell heruntergespielt und die Darstellung der Klassenunterschiede verunglimpft. So wurde die Analyse von Klasse oft durch öffentliche Kritik behindert, und selbst erfahrene Sozialanalytiker haben es oft vermieden, explizite Klassenanalysen zu formulieren. Dennoch ist dies ein wichtiges Thema in der neuseeländischen Soziologie gewesen. Doig ist in der neuseeländischen Sozialwissenschaft für seine Arbeit an den DSIR-Erhebungen bekannt, doch wurde er mit seiner anschließenden statistischen Arbeit (1942) auch zum Vater der Klassenanalyse. Congalton beschäftigte sich in der unmittelbaren Nachkriegszeit mit der Untersuchung von Klassenwahrnehmungen. Daran schloss sich eine lange Reihe von Arbeiten zur Entwicklung von Skalen für die Bewertung des sozioökonomischen Status von Berufen und von geografischen Deprivationsindizes an. Im Laufe der Jahrzehnte wurden sozioökonomische Statuswerte routinemäßig als Erklärungsmaßstab in einer Vielzahl von Studien in den Bereichen Bildung, Gesundheit und anderen Bereichen verwendet, so dass sich ein großer Fundus an Erkenntnissen angesammelt hat.

In den 1970er-Jahren beschäftigten sich Neomarxisten mit Analysen von Gesellschaften im „Herrschafts-/Siedlerkapitalismus", in denen eine größere Fraktion der Kleinbourgeoisie zu finden war. Aufbauend auf ihrer empirischen Arbeit erstellten Thorns und Pearson (1983) eine weitreichende Weber'sche Analyse der sozialen Klasse in Neuseeland, während Chris Wilkes versuchte, das Klassenschema von Erik Olin Wright in Neuseeland empirisch zu überprüfen, und Peter Davis eine Studie über die berufliche Mobilität zwischen den Generationen erstellte (Jones & Davis, 1986). In den folgenden drei Jahrzehnten gab es trotz der durch die „Rogernomics" stark gestiegenen Ungleichheiten in Neuseeland nur wenige Klassenanalysen, die sich auf Volkszählungs- und Umfragedaten stützten, um die Verteilung der Klassen und das Klassenbewusstsein zu untersuchen. Zwei Sonderausgaben der *New Zealand Sociology* haben kürzlich einschlägige Arbeiten zusammengetragen und hoffentlich das entsprechende Interesse an diesem Thema wiedererweckt.

4.1.15 *Sportsoziologie (Thomson & Jackson, 2016)*

Der Sport nimmt in der neuseeländischen Kultur seit langem eine herausragende Stellung ein. Einige Aspekte waren umstritten, wie z. B. die langfristigen Sportkontakte mit Südafrika, obwohl die neuseeländische Agitation gegen die Apartheid im Sport dazu beitrug, die Legitimität des Apartheidregimes zu untergraben. Da das internationale Ansehen zum Teil von der sportlichen Leistung abhängt, sind die sozialen Aspekte des sportlichen Engagements immer wichtiger geworden, und auch die Einbindung des Sports in die Gesellschaft musste wissenschaftlich untersucht werden. Ausgehend von der anfänglichen Konzentration auf den aktiven Sport weitete sich das Interesse allmählich auf andere Sportarten, auf die Freizeitgestaltung sowie auf körperliche Bewegung und Körper im Allgemeinen aus. Das akademische Interesse vor den 1960er-Jahren war jedoch gering.

Das Teilgebiet der Sportsoziologie wurde 1964 in Genf durch eine Vereinbarung zwischen dem International Council of Sport and Physical Education und der International Sociology Association zur Gründung eines International Committee for Sport Sociology auf die internationale Bühne gehoben. Im Jahr 1993 wurde die Organisation in die International Sociology of Sport Association umgewandelt. 2015 feierte die Subdisziplin ihr 50-jähriges Bestehen mit einer Konferenz und ihrer Zeitschrift, der *International Review for the Sociology of Sport.*

Von der Gründergeneration lieferte Richard Thompson mit seinem Buch *Race and Sport* (1964), in dem er die Rolle des Sports in Südafrika unter der Apartheid und die Frage des Boykotts von Sportereignissen in Südafrika untersuchte, eine wichtige soziologische Analyse, die allerdings nicht als Sportsoziologie bezeichnet wurde. Es folgten eine Reihe von Artikeln über neuseeländischen Sport und Politik, Handel und „Rasse" sowie ein Kapitel im ersten neuseeländischen Soziologie-Reader. Mehrere neuseeländische Wissenschaftler und Sozialkommentatoren untersuchten in den 1960er- und 1970er-Jahren die Beziehung zwischen Sport und nationaler Identität, einschließlich der Frage, wie der Sport in das umfassendere Bild von Neuseeland als einer Nation von „Joiners" passt.

Die School of Physical Education der OU führte 1976 die Lehre der Sportsoziologie in Neuseeland ein und setzte sie weitere 25 Jahre lang fort, wobei viele von ihnen eine akademische Laufbahn einschlugen. Ein früher Befürworter war Kent Pearson. Pearson hatte an der CU einen Master in Soziologie erworben und anschließend in Australien promoviert und eine akademische Laufbahn eingeschlagen. Er veröffentlichte das Buch *Surfing Subcultures of Australia and New Zealand* (1979), bevor er im Alter von 39 Jahren verstarb.

In den 1990er-Jahren entstand und konsolidierte sich allmählich eines der weltweit stärksten und produktivsten nationalen Soziologieprogramme für Sport. Einschlägige Wissenschaftler sind an sieben der acht Universitäten des Landes tätig. Darüber hinaus haben sich die neuseeländischen Wissenschaftler durch ihre Lehrtätigkeit und Veröffentlichungen sowie durch ihre führende Rolle in den wichtigsten Organisationen und Zeitschriften des Fachgebiets ein positives Profil erarbeitet.

Zusammenfassend lässt sich sagen, dass „die Sportsoziologie in Aotearoa/Neuseeland derzeit eine relativ starke und gesunde Position innehat, da entsprechende Kurse an fast allen Universitäten angeboten werden und die Entwicklung von Postgraduiertenprogrammen unter der Leitung einer Gruppe hochproduktiver und international anerkannter Wissenschaftler fortgesetzt wird" (Thomson & Jackson, 2016, S. 96). Andere Finanzierungsquellen für die Sportforschung haben sich jedoch nur in geringem Maße für die Analyse der Stellung des Sports als soziale Institution und kulturelle Praxis eingesetzt. Während große Summen für die medizinische Versorgung von Sportverletzungen (und sogar für die Erforschung von Sportverletzungen) ausgegeben werden, wird kaum Forschung darüber finanziert, warum der Sport eine Arena für die Zurschaustellung und Bestätigung von Männlichkeit bleibt und wo Gesetze gegen Aggression und Gewalt weitgehend irrelevant sind. Auch der Adipositas-Epidemie und der Diabetes-Krise wird von nicht-medizinischer Seite kaum Beachtung geschenkt.

4.2 Disziplinen

4.2.1 Anthropologie

Die neuseeländische Anthropologie hat eine viel längere Geschichte als die Soziologie, und ihre Geschichte ist aktiver dokumentiert worden. Die Aufmerksamkeit der neuseeländischen Anthropologen richtete sich sowohl auf den Pazifik als auch auf Neuseeland und innerhalb Neuseelands auf indigene, migrantische und Pākehā-„Gemeinschaften". Die historisch unterschiedlichen Schwerpunkte der beiden Disziplinen haben sich jedoch verwischt, als die Anthropologen den in die Städte abgewanderten Ureinwohnern folgten. Auf dem Gebiet der Gesundheitsstudien haben sich anthropologische und soziologische Arbeiten am stärksten miteinander verflochten (Fitzgerald & Park, 2003). Zu den weiteren Beiträgen gehören Parks große Studie über Frauen in Gemeinschaften und zahlreiche ethnografische Studien über ländliche oder andere Gruppen. Auch wenn sich die thematischen Überschneidungen verringern, bleiben methodische Unterschiede bestehen, da Anthropologen quantitative Daten weiterhin meiden (aber das tun Soziologen ja auch!) und sich zweifellos stärker der langfristigen Feldarbeit verschrieben haben als ethnografisch orientierte Soziologen.

4.2.2 Demografie (Pool, 2016)

Die Demografie befasst sich mit der sozialen Dynamik, den Strukturen und dem Wandel hauptsächlich auf der Makroebene von „Bevölkerungen" und ihren Merkmalen sowie mit der Dynamik auf individueller Ebene, die diese beeinflusst. Sie kann als Grundlage für andere Sozialstudien angesehen werden. Sie ist eng mit der Soziologie verknüpft oder wird als Teil davon betrachtet. Die Demografie widmet den Themen Gesundheit und Sterblichkeit, Familie und Fruchtbarkeit sowie Bevölkerung und Entwicklung mehr Aufmerksamkeit als die Soziologie. Sie ist wohl älter als die Soziologie, da die „politische Arithmetik" und die Analyse von Volkszählungsdaten (und anderen staatlichen Daten) eine lange Geschichte haben. Es gibt eine Unterscheidung zwischen Demografie und Bevölkerungsstudien (oder Sozialdemografie), wobei erstere eher technisch ist und letztere mehr an sozialen, wirtschaftlichen und anderen Erklärungen interessiert ist und daher breiter angelegt ist und sich stärker mit der Soziologie überschneidet. Die Soziologie wetteifert mit der Geografie um die Verbindung zur Demografie, wobei die Beziehung von Universität zu Universität unterschiedlich ist. Während die Demografie in den Anfängen der neuseeländischen Soziologie eine wichtige Rolle spielte, scheint sie in jüngster Zeit weitgehend in den Hintergrund getreten zu sein und konzentriert sich nun hauptsächlich auf eine Spezialeinheit – früher das Zentrum für Bevölkerungsstudien (Population Studies Centre) und seit 1981 das National Institute for Demographic and Economic Analysis an der WU.

Die Pākehā-„Demografie" in Form von Schätzungen der Māori-Bevölkerungszahlen und einer umfassenderen „Sozialdemografie" war ein Aspekt der vielen Bücher und Tagebücher über das postkontaktale und frühkoloniale Neuseeland, die zwischen seriösen Berichten und ungenauen rassistischen Versuchen, die Māori zu „dämonisieren", variierten. Die erste formale Demografie erschien in den 1950er-Jahren in Jacobys Arbeit über die Kohortenfertilität der Pākehā, einer weltweiten Pionierarbeit auf diesem Gebiet, die Jacoby während seiner Zeit in Princeton durchführte. Er arbeitete für das Bildungsministerium und berechnete (von Hand) Schulprognosen, eine Aufgabe, die er so gut beherrschte, dass er gebeten wurde, ein Handbuch für die UNESCO zu erstellen, das an Entwicklungsländer verteilt wurde. (Zu seiner großen Verlegenheit waren seine Hochrechnungen in einem Jahr bis auf die letzte Stelle korrekt und er wurde in Ripley's „Believe It or Not" erwähnt).

Robb förderte an der VUW die Demografie in der Soziologie, und Miriam (Gilson) Vosburgh (die schließlich Neuseeland verließ, um eine lange Karriere in den USA zu machen) leistete Pionierarbeit bei Erhebungen zur Fruchtbarkeit und Familiengründung. Andere Mitarbeiter schrieben über demografische Themen, und eine Ernennung war die eines spezialisierten Demografen.

Im Jahr 1978 wurde die Verbindung zwischen Soziologie und Demografie durch die Einstellung des international renommierten Neuseeländers Ian Pool als Professor für Soziologie an der WU gestärkt, obwohl diese Verbindung formell gekappt wurde, als er in den 1990er-Jahren zum Professor für Demografie und zum Direktor des Population Studies Centre ernannt wurde (Kukutai & Jackson, 2011).

Natürlich beschäftigt der öffentliche Dienst, insbesondere Statistics NZ, seit langem Demografen, ebenso wie die größeren Regionalverwaltungen. Ein ungewöhnliches Umfeld für die Demografie war das Ministerium für Bauwesen in den 1960er- und 1970er-Jahren, das Bevölkerungsforschung betrieb, insbesondere auf subnationaler Ebene in seiner Abteilung für Stadt- und Landesplanung. In den 1980er-Jahren richtete der NZ Planning Council eine Bevölkerungsüberwachungsgruppe ein, die mehrere Jahresberichte erstellte. Später wurden Familienfragen zu einem zentralen Anliegen des Ministeriums für soziale Entwicklung und der aus diesem hervorgegangenen Familienkommission (später die Social Policy Research and Evaluation Unit). Es wurden umfangreiche Forschungsarbeiten zur Familiendemografie in Auftrag gegeben, die auch zu weiteren akademischen Studien führten. Schließlich führen auch zahlreiche andere Regierungsbehörden Bevölkerungsforschung durch, vor allem das Gesundheits- und das Finanzministerium. Viele dieser Analysten sind Mitglieder der sehr aktiven Population Association (PANZ), die ihre eigene Zeitschrift herausgibt.

4.2.3 Wirtschaft

In Anbetracht ihrer weiter entwickelten theoretischen und empirischen Apparate haben die Wirtschaftswissenschaften nur selten ihre Grenzen überschritten, um sich mit der Soziologie zu verbinden, obwohl es gemeinsame Bereiche im Verbraucherverhalten und in der Familien-/Haushaltsökonomie sowie im weiteren Sinne im Wohlfahrtsstaat und der politischen Ökonomie gibt. Soziologen neigen dazu, die orthodoxe Ökonomie als einen Bereich zu betrachten, der eher andere Werte und Anliegen umfasst, obwohl es eine gewisse Kritik am Neoliberalismus gab, der nach Ansicht der Soziologen weitgehend von Ökonomen vorangetrieben wird (obwohl einige akademische Ökonomen dem Schatzamt mutig die Stirn geboten haben). Angesichts der imperialistischen Ambitionen der Wirtschaftswissenschaften (und einiger Wirtschaftswissenschaftler) ist es nicht verwunderlich, dass sie sich mit einer Vielzahl sozialer Phänomene befasst haben, die normalerweise eher als soziologische Phänomene angesehen werden – wie etwa Wohlbefinden, Umfragen zur finanziellen Lebensplanung oder soziale Investitionen. Aufgrund der mangelnden quantitativen Kompetenz der Soziologen sind sie relativ unfähig, sich gegen solche Übergriffe zu „wehren".

4.2.4 Bildung (basierend auf Gordon, 2016)

Die Soziologie der Erziehung entstand in den 1970er-Jahren an den pädagogischen Fakultäten der Universitäten, die auf die Berufung einiger Professoren in den 1920er-Jahren zurückgehen. Die meisten der frühen kritischen Perspektiven auf die Bildung stammten in erster Linie aus selbst beschriebenen psychologischen und philosophischen Wurzeln, und während soziale *Themen* behandelt wurden, war die soziologische Methodik nicht so offensichtlich. Diese Abgrenzung hat sich fortgesetzt. Diejenigen, die eine bildungssoziologische Perspektive einnehmen (das Studium der Bildung in der Gesellschaft) haben sich eher als Philosophen, Historiker, Politiktheoretiker, Feministen, Kaupapa-Māori-Theoretiker, Kulturwissenschaftler oder etwas anderes bezeichnet. Nur wenige Erziehungswissenschaftler haben sich in erster Linie als Soziologen verstanden, mit den wenigen bemerkenswerten Ausnahmen, die ihre bildungssoziologische Orientierung aus dem Vereinigten Königreich mitbrachten, z. B. Roy Nash, der Mitte der 1970er-Jahre insbesondere die Bildungsmobilität untersuchte. Infolgedessen ist die gegenseitige Teilnahme an Konferenzen minimal, und es gab fast keine disziplinären Transfers. Nur wenige Mainstream-Soziologen haben sich für das Bildungswesen interessiert, abgesehen von der Hochschulbildung, zu der einige Arbeiten erschienen sind.

Die NZ Association of Education Research und die dortige Zeitschrift (*New Zealand Journal of Educational Studies*) sind ebenfalls rund 50 Jahre alt. Nach ihrer Gründung hat die Bildungssoziologie die wichtigsten theoretischen und methodologischen Strömungen innerhalb der Soziologie widergespiegelt. Für viele ist die Verknüpfung von Theorie und Praxis wichtig. So haben viele Bildungssoziologen in der Zeit der neoliberalen Politikgestaltung und -umsetzung seit Mitte der 1980er-Jahre (die so genannten „Tomorrow's Schools"-Reformen von 1989 und die Hochschulpolitik ab 1990) ihr Augenmerk auf Fragen des Zugangs, der Kosten, der Armut, des Vorteils, der Chancen und der Leistung in einem zunehmend „wettbewerbsorientierten" Schulsystem und in der Gesellschaft gerichtet. Das Smithfield-Projekt von Hugh Lauder (benannt nach dem Londoner Fleischmarkt!) zeigte, dass Eltern ihre Schulwahl eher auf der Grundlage sozialer als akademischer Merkmale trafen. Dieses Thema wurde in allen nachfolgenden Arbeiten aufgegriffen. In den späten 1980er-Jahren entstanden neue kritische Denkrichtungen, insbesondere der Feminismus, die kritische Theorie und die kritischen Perspektiven der Māori. Der

US-Wissenschaftler Michael Apple hatte einen starken Einfluss auf die neuseeländische Bildungssoziologie, was durch seine zahlreichen Besuche in Neuseeland noch verstärkt wurde.

Es gibt eine ganze Reihe einschlägiger Veröffentlichungen. Die erste explizite neuseeländische Arbeit zur Bildungssoziologie wurde 1975 vom WU-Akademiker Peter Ramsay unter dem Titel „The Family and School in New Zealand Society" veröffentlicht. In den 1970er-Jahren hatte sich Mercurio (1974) im Rahmen einer ethnografischen Studie über eine eingeschlechtliche Elite-Sekundarschule für Jungen mit der körperlichen Züchtigung beschäftigt. Zu den wichtigsten Texten der 1980er-Jahre gehörten die beiden Ausgaben des Sammelbandes *Political Issues in New Zealand Education*, in dem Themen wie kulturelle und soziale Reproduktion, Kaupapa Māori, Lehrpläne, Zeugniserteilung, Mädchenerziehung, Jugendausbildung und andere zusammengefasst wurden. Alison Jones' ethnografische Studie aus der Mitte der 1980er-Jahre über Mädchen in einer monogeschlechtlichen Sekundarschule beleuchtete den Nexus Klasse/Ethnie/Geschlecht in Neuseeland, der als ein lokaler Ausläufer von Willis' britischer Ethnografie über „Jungs" aus der Arbeiterklasse in einer Sekundarschule in den Midlands gesehen werden könnte. Zusammenfassend schrieb Liz Gordon (2016, S. 168):

> Gegenwärtig haben wir, die wir aus einer soziologischen Perspektive kommen, unsere Stimme schwinden sehen. In der neuen Universität ist die Soziologie der Bildung ein stiefmütterlicher Cousin von Klassenraum-Management-Techniken und beruflichen Programmen. Es ist eine nicht zu übersehende Ironie, dass sich die sozialen Bedingungen in Neuseeland zu einer Zeit drastisch verschlechtern, in der die Instrumente für ihre Analyse und ihr Verständnis oft nicht mehr gelehrt werden.

4.2.5 Beschäftigung/Arbeitsbeziehungen und Managementstudien

Obwohl diese Studienbereiche an den betriebswirtschaftlichen Fakultäten angesiedelt sind, haben die beteiligten Mitarbeiter eine Vielzahl von soziologischen Studien in den Betrieben durchgeführt, häufig in Form von Erhebungen unter den Arbeitnehmern: Sicherheit, Einstellung zum Arbeitsplatz, Mitgliedschaft in einer Gewerkschaft usw. Die Soziologie von Managern und Wirtschaftsführern ist zurückhaltend (siehe die frühe Studie von Deeks und Perry (1992) und, für einen aktuellen Überblick über den

Bereich der internationalen Beziehungen, Quinlan und Bohle (2013)). Die begrenzte Aufmerksamkeit, die der Wirtschaft in früheren Jahrzehnten der neuseeländischen Soziologie zuteil wurde, hat sich in den letzten Jahrzehnten in die besser ausgestatteten Wirtschaftshochschulen verlagert, wo soziologische Ansätze weiter entwickelt werden (wenn auch nicht immer selbstbewusst). Kurse in Organisationssoziologie sind heute selten, und eine Sonderausgabe der *New Zeeland Sociology* blieb fast ausschließlich konzeptionell und bevorzugte mikrosoziologische Arbeiten. Arbeitspsychologie, die sich auf Einstellungen am Arbeitsplatz stützt, ist nach wie vor weit verbreitet, und manchmal werden Erhebungen über Aspekte des Arbeitnehmer- oder Managementverhaltens in eine soziologische Perspektive gestellt. Das frühere Interesse an Gewerkschaften scheint auf lange Sicht nachgelassen zu haben. Die Soziologinnen Judith McMorland und Ljiljana Erakovic haben 2013 ein interessantes Portmanteau von Fallstudien über Veränderungen in Freiwilligenorganisationen vorgelegt: *Stepping Through Transitions: Management, Leadership and Governance in Not-for-Profit-Organisationen*. Andererseits werden viele Studien innerhalb von Organisationen durchgeführt, aber nicht als solche konzeptualisiert; sie werden eher als Kontext betrachtet.

4.2.6 Geografie

In Anbetracht der Tatsache, dass einer der ersten Soziologieprofessoren in Neuseeland (Duncan Timms) ein städtischer Sozialgeograf war, der bald darauf das *Urban Mosaic* veröffentlichte, ist es nicht überraschend, dass es eine kontinuierliche Verbindung zwischen Stadtsoziologie und Stadtgeografie gab, wobei die Geografie einen stärkeren Beitrag leistete. Überschneidungen gibt es auch bei den Studien über den ländlichen Raum und den Gemeinschafts- und Umweltstudien, wobei die geografischen Studien oft weiterhin eher empirisch fundiert und auf den jeweiligen Standort bezogen sind, obwohl neuseeländische Geografen einen wesentlichen Beitrag zur eher theoretischen Weltliteratur geleistet haben, die sich oft auf das Wesen des neuseeländischen Staates konzentriert (z. B. ein Großteil der Arbeiten von Wendy Larner, die international viel Beachtung gefunden haben).

4.2.7 Geschichte (Pearson, 2014)

Die Hauptarbeit bei der Untersuchung sozialer Themen in Neuseeland wird von Sozialhistorikern (Kultur-, Wirtschafts- und Politikhistorikern) geleistet, die regelmäßig lange, gut geschriebene und schön illustrierte Bände mit beschreibenden und erklärenden Darstellungen vorlegen. Zwar gibt es nur begrenzte personelle Überschneidungen, aber in Bezug auf mehrere Schlüsselfragen der Interpretation der neuseeländischen Gesellschaft gibt es erhebliche Überschneidungen.

In Bezug auf die Geschichte als Disziplin muss anerkannt werden, dass die Geschichtswissenschaft ihre eigene Dynamik hat (vgl. Steinmetz, 2017). Zum Beispiel gibt es große Unterschiede zwischen dem Inhalt und der Rezeption der maßgeblichen „alten" und „neuen" *Oxford Histories of New Zealand*, die 1981 bzw. 2009 veröffentlicht wurden. Die frühere Sammlung sollte einen Überblick über den aktuellen Stand der lokalen Geschichtswissenschaft für ein Laien- und akademisches Publikum bieten: eine Geschichte von der Kolonie zur Nation. Im Vorwort der Herausgeber heißt es, die „sozialen und politischen" Aufsätze sollten das wachsende „Selbstbewusstsein der Neuseeländer" seit den 1950er-Jahren widerspiegeln. Im Gegensatz dazu beginnt der „neue" Geschichtsband in einem kämpferischeren Stil, der sich ausdrücklich von seinen Vorgängern in der „Allgemeinen Geschichtsschreibung" abhebt. Er lehnt eine nationale thematische Erzählung ab und präsentiert stattdessen eine Reihe von revisionistischen Darstellungen verschiedener lokaler und transnationaler Identitäten – Familie, Geschlecht, Klasse und Region. Es ist von Historikern für Historiker geschrieben, auch wenn einige Autoren ausdrücklich anderen Disziplinen angehören.

Mehrere Soziologen haben historische Arbeiten verfasst. Ian Carter verfasste eine Reihe historischer Werke über die Eisenbahn auf internationaler Ebene, aber auch über die Geistesgeschichte Neuseelands. Patrick Day von der WU verfasste eine zweibändige Geschichte des Öffentlichen Rundfunks, John E. Martin wechselte von seinen Lehrtätigkeiten in Soziologie an den Universitäten Victoria und Canterbury in das Ministerium für Kultur und Kulturelles Erbe, wo er zunächst als Historiker und dann als Parlamentshistoriker tätig war. Lyndon Fraser hat in Canterbury in beiden Disziplinen gelehrt. Claire Toynbee und Chris Brickell sind weitere Geschichtsschreiber. Einige von ihnen sind mit lokalen genealogischen und historischen Gesellschaften verbunden.

Einige Historiker haben einen soziologischen Ansatz gewählt, wie Erik Olssen in seinen Caversham-Studien in Dunedin. Der polemische VUW-Historiker Peter Munz setzte in einigen seiner Arbeiten ausdrücklich soziologische Argumente ein. Das jüngste Wachstum der Public History und der Heritage Studies, das wachsende Interesse an der Familiengenealogie und der Geschichtsschreibung des Waitangi Tribunals sowie die Arbeit an mündlichen Überlieferungen scheinen die Geschichte der Soziologie näher zu bringen. Dennoch war das Endergebnis, wie Claire Toynbee feststellte, dass „der Vorschlag, Soziologie und Geschichte in Neuseeland zu vermählen, nicht zu viel mehr als zu einer gelegentlichen kurzen Begegnung geführt hat".

4.2.8 Recht

Obwohl die Funktionsweise des Rechts-/Justizsystems in der Regel ein recht eigenständiger Bereich der Wissenschaft ist, gab es einige Überschneidungen mit Erhebungen über die rechtlichen Bedürfnisse von Haushalten und einige Kritiken. Die Arbeit der Juraprofessorin Jane Kelsey, die die Funktionsweise der globalen Wirtschaft entblößt hat, ist ein sehr wertvoller und mutiger Beitrag zur politischen Ökonomie Neuseelands.

4.2.9 Linguistik

Die Linguistik (Holmes, 2001) ist eine ganz eigenständige Disziplin, deren Mitarbeiter sich zum Teil auf die lokale Szene konzentrieren. Studien auf verschiedenen Maßstabsebenen, von Mikrosituationen bis zum Schicksal von Sprachen, werden mit einer Vielzahl von Methoden durchgeführt, darunter Beobachtungsstudien, Erhebungen in kleinem und großem Maßstab und Analysen von Korpora. Die daraus resultierenden Analysen werfen ein Licht auf die Gesellschaft, indem sie zeigen, wie sich der Sprachgebrauch in die soziale Ordnung einfügt. Ein Beispiel dafür ist, wie sich Akzente regional und nach Klassen unterscheiden. Seit mehreren Jahrzehnten wird an der Sprache und den Verhaltensweisen der Neuseeländer gearbeitet, und von Zeit zu Zeit werden Studien über neuseeländische Leser durchgeführt.

4.2.10 Politikwissenschaft

Insbesondere durch Wahlumfragen haben Politikwissenschaftler die Soziologen bei der Entwicklung landesweiter Erhebungen oft übertroffen und dafür gesorgt, dass die sozialen und sonstigen Einflussfaktoren für politische Einstellungen und Verhaltensweisen untersucht werden. Der alle drei Jahre stattfindende Wahlzyklus in Neuseeland hat eine lange Reihe empirischer Studien hervorgebracht, in denen die sozialen Spaltungen durch das Prisma der Wahlkämpfe betrachtet werden, die durch wechselnde Zusammensetzungen sozialer Gruppierungen ausgetragen werden. Viele dieser Studien beziehen sich auf ausländische Wahlkreise, was die länderübergreifende Vergleichbarkeit verbessert, insbesondere Jack Vowles' Studie zu den Wahlen in Neuseeland. Louise Humpage (2015) hat solche Daten genutzt, um Veränderungen in der Einstellung zum Wohlfahrtsstaat zu untersuchen. Die Politische Soziologie ist ein wichtiges Thema in der neuseeländischen Politikwissenschaft, neben eher institutionellen Analysen und einer umfassenden Erforschung der „politischen Kommunikation". Im Rahmen solcher Studien wurden viele soziale Daten gesammelt, die für Soziologen von Interesse sind, auch wenn sie von ihnen nur selten genutzt werden. Einige soziologische Schriften haben Kommentare zur Politik geliefert.

4.2.11 Psychologie

Die Sozialpsychologie und die Soziologie haben sich in einer frühen Periode der Geschichte der NZ-Sozialwissenschaften historisch überschnitten, sind aber seitdem parallele Wege gegangen. Einige parallele Psychologien waren die Ethnopsychologie, die Diskurspsychologie, die Gemeindepsychologie und ganz allgemein die Sozialpsychologie. Da die Psychologie eine große Disziplin ist, haben sich sowohl Mitarbeiter als auch Studenten in viele soziologisch wichtige Bereiche eingearbeitet. Einige Psychologen – wie die frühe Gruppe der Ethnopsychologen der VUW – haben eine Vielzahl von Beziehungen zwischen Māori-Gemeinschaften und dem sozialen Umfeld der Pākehā untersucht und dabei Ansätze verwendet, die auch die psychologischen Eigenschaften des Einzelnen berücksichtigen. In jüngerer Zeit haben einige Sozialpsychologen groß angelegte, kontinuierliche postalische Erhebungen entwickelt, die viele soziale Daten liefern, obwohl die Analysen in der Regel sehr anspruchsvoll sind und die Arbeiten ausschließlich in Psychologie-Fachzeitschriften veröffentlicht werden, was das potenzielle soziologische Interesse einschränkt.

4.2.12 Statistik

Soziologen haben sich nur in sehr begrenztem Umfang an quantitativen Studien beteiligt, trotz des (fast völlig falschen) Bildes von Soziologen als Umfrageforschern (siehe den Bericht von Crothers, 2013a). Diese Abneigung zwischen Soziologen und Statistikern beruht auf Gegenseitigkeit. Aus der Perspektive der mathematischen Statistik haben sich nur wenige neuseeländische Statistiker für Sozialdaten interessiert, was zum Teil daran liegt, dass sie mit dem Umgang mit nicht-kontinuierlichen Daten nicht vertraut sind – von einigen rühmlichen Ausnahmen abgesehen. Statistics NZ war eine Basis für einige Soziologen, die ihre Aufmerksamkeit vor allem auf Sozialstatistiken richten konnten, die jetzt in einer gewissen Fülle produziert werden.

4.3 SCHLUSSFOLGERUNG

Nur einige wenige soziologische Fachgebiete waren in Neuseeland stark genug, um große historische Aufmerksamkeit zu verdienen. Dazu gehören mehrere Spezialgebiete, die (größtenteils) in anderen Bereichen der Universitäten angesiedelt sind: die Soziologie des Bildungswesens, der Gesundheit/Medizin, der Kulturwissenschaften, der Religion und des Sports im Besonderen. In Neuseeland wurden diese Spezialgebiete nur selten mit der Mainstream-Soziologie in Verbindung gebracht. Andere Strömungen sind Māori- und ethnische Studien, Soziologie der Wirtschaft, der Landwirtschaft/des ländlichen Raums, der Organisationen, der Städte, der Religion, der Umwelt, der Geschlechter/Sexualität, der Kultur-/Medienstudien und andere, die sowohl innerhalb der Mainstream-Soziologie als auch von außerhalb Aufmerksamkeit erregt haben. Einigen ehemals wichtigen Bereichen wird heute trotz ihrer offensichtlichen soziologischen Bedeutung nur noch wenig Aufmerksamkeit geschenkt, insbesondere den Bereichen Stadt und Organisationen, aber auch der sozialen Klasse. Dies liegt zum Teil daran, dass diese Themen von Wissenschaftlern aufgegriffen wurden, die an anderen Universitäten tätig sind. Es hat den Anschein, dass die sich verändernden Konturen der neuseeländischen Gesellschaft die soziologische Aufmerksamkeit beeinflusst haben: So scheint zum Beispiel die beträchtliche Beschäftigung mit Migranten und Ethnien das Interesse von der Untersuchung der sozialen Schichtung abgelenkt zu haben, und zwar bis zu dem Punkt, an dem ein Kommentator die Soziologen als „untätig" bezeichnete, wenn es um die Behandlung von Ungleichheit geht (Rashbrooke, 2016). Es ist vielleicht etwas seltsam, dass sowohl Sterben/Tod als auch Schlaf in Neuseeland mehr Aufmerksamkeit auf sich gezogen haben, als man vielleicht erwartet hätte. Auch andere Interessen der letzten Jahrzehnte spiegeln die veränderte Betonung des Konsums und nicht der Produktion wider. So ist beispielsweise das in jüngster Zeit gestiegene Interesse an der Soziologie der Ernährung aus einem früheren Interesse an der Soziologie des ländlichen Raums hervorgegangen, ist aber Teil einer allgemeinen Umschichtung von Fachgebieten.

Seit ihrer formalen Gründung sind die verschiedenen sozialwissenschaftlichen Disziplinen in Neuseeland weitgehend in ihren jeweiligen Silos eingeschlossen geblieben. In früheren Zeiten war die akademische Aufmerksamkeit fließender. Es gibt nur sehr wenige Überschneidungen bei der Teilnahme an den jeweiligen disziplinären Konferenzen oder bei anderen Wissensentwicklungen. Die Forschungszusammenarbeit ist eher begrenzt. Zu den Ausnahmen gehören multidisziplinäre Forschungsrahmenwerke wie COMPASS der AU, einige nationale Institute und das frühere Canterbury Social Science Centre, in dem mehrere sozialwissenschaftliche Interessen zusammengefasst waren. Dachorganisationen wie der Ausschuss für Sozialwissenschaften der Royal Society oder die ehemalige UNESCO-Kommission haben es nicht geschafft, die Disziplinen langfristig zusammenzubringen. Die groß angelegte Entwicklungsfinanzierung der Sozialwissenschaften in Neuseeland Mitte der 2000er-Jahre (BRCSS) führte zu einer gewissen Zusammenarbeit bei verschiedenen Themen, hat sich aber nicht als dauerhaft erwiesen. Die derzeitige Unterbringung vieler sozialwissenschaftlicher Disziplinen, die früher eigene Fachbereiche waren, in sozialwissenschaftlichen Fakultäten kann einen gewissen institutionellen Anstoß zu einer engeren Integration geben, hat aber möglicherweise auch einige weitere Barrieren errichtet, da leistungsstarke Disziplinen wie Wirtschaftswissenschaften, Psychologie und Geografie in der Regel in anderen Schulen oder sogar Fakultäten untergebracht sind.

Dennoch haben sich einige allgemeine Muster herauskristallisiert:

1. In den Sozialwissenschaften gibt es (wie in der Welt allgemein) eine starke Konvergenz in Bezug auf soziale Theorien und Methoden sowie eine starke Betonung von kulturellen Analysen, Reflexivität und ähnlichen Tendenzen.
2. In gewisser Weise haben zumindest die älteren etablierten Disziplinen ein ähnliches historisches Verhältnis zur NZ-Soziologie, nämlich dass einige ihrer Mitglieder die Einführung der Soziologie unterstützten, um die soziologische Unterstützung zu decken, die sie in ihren eigenen Studien brauchten, und auch eine Rekrutierungsbasis für frühe soziologische Berufungen boten, da es keine soziologischen Fachbereiche gab, um Kandidaten zu stellen – insbesondere in der Psychologie, Geografie, Anthropologie und, in geringerem Maße, in der Politikwissenschaft. Andererseits ist die Soziologie in jüngerer Zeit durch eine Vielzahl von quasi-soziologischen neuen „Studienbereichen", die oft soziologische Studien in spezialisiertere Bereiche getragen haben, etwas in den Hintergrund gedrängt worden, obwohl solche Bereiche in jüngster Zeit an vielen Universitäten wieder in den soziologischen Schoß zurückgekehrt sind.
3. Ein Trend scheint darin zu bestehen, dass die Soziologie ihre (früheren?) Kernanliegen auf der Mesoebene von Gemeinschaften und Organisationen aufgegeben hat.

Literatur

American Sociological Association. (2008). *John McKinlay: Award statement.* http://www.asanet.org/about/awards/careerpractice/mckinlay.cfm. Zugegriffen am 02.09.2017.

Baldock, C., & Lally, J. (1974). *Sociology in Australia and New Zealand: Theory and methods.* Greenwood Press.

Barrington, R., & Gray, A. (1981). *The Smith women: 100 New Zealand women talk about their lives.* Reed.

Beaglehole, E., & Beaglehole, P. (1946). *Some modern Maoris.* New Zealand Council for Educational Research.

Bell, C., Clark, N., & Crothers, C. (1986). *National Library rural service study.* Department of Sociology, University of Auckland.

Benton, R., Hopa, N., Benton, N., Crothers, C., Macpherson, C., & Henare, M. (2002). *Well-being and disparity in Tamaki-makaurau* (5 vols.). Te Puni Kokiri.

Butcher, A. (2009). The Asia New Zealand foundation and its research programme. *New Zealand Sociology, 24*(2), 102–112.

Cameron, J. (2000). Robson, John Lochiel. *Dictionary of New Zealand biography. Te Ara – The encyclopedia of New Zealand.* https://teara.govt.nz/en/biographies/5r21/robson-john-lochiel

Campbell, H., Rosin, C., Hunt, L., & Fairweather, J. (2012). The social practice of sustainable agriculture under audit discipline: Initial insights from the ARGOS project in New Zealand. *Journal of Rural Studies, 28,* 129–141.

Collyer, F. (2013). Sociologists and their work: Inter-country comparisons in the sociology of health and medicine. *New Zealand Sociology, 28*(1), 62–82.

Crothers, C. (2007). Race and ethnic studies in New Zealand: Review essay. *Ethnic and Racial Studies, 30*(1), 165–170.

Crothers, C. (2008). The state of New Zealand sociology: An updated profile. *New Zealand Sociology, 23*(1), 3–29.

Crothers, C. (2013a). Editorial: International Year of Statistics 2013. *New Zealand Sociology, 28*(2), 3–20.

Crothers, C. (2013b). Appendix: The New Zealand literature on social class/inequality. *New Zealand Sociology, 28*(Special Issue on Class/Inequality), 320–354.

Crothers, C. (2016). Rounding out the picture: Editorial introduction to the second issue on history of New Zealand Sociology. *New Zealand Sociology, 31*(3), 2–18.

Davis, P. (1980). *The social context of dentistry.* Croom Helm.

Deeks, J., & Perry, N. (1992). *Controlling interests: Business, the state and society in New Zealand.* Auckland University Press.

Dew, K. (2014). Health sociology in New Zealand. *New Zealand Sociology, 29*(4), 140–160.

Doig, W. T. (1942). *Rich and poor in New Zealand.* Christchurch Co-operative Book Society.

Finnane, M. (2008). Promoting the theory and practice of criminology: The Australian and New Zealand society of criminology and its founding moment. *The Australian and New Zealand Journal of Criminology, 41*(2), 199–215.

Fitzgerald, R., & Park, J. (2003). Introduction: Issues in the practice of medical anthropology in the Antipodes. *Special Issue, Medical Anthropology: Tales from the Antipodes. SITES, 1,* 1–29.

Forster, J. (Hrsg.). (1969). *Social process in New Zealand: Readings in sociology.* Longman Paul.

Gawith, E. J., et al. (1993). *Women centre stage: A study of SROW and its research.* Society for Research.

Gordon, L. (2016). The sociology of education in New Zealand: An historical overview. *New Zealand Sociology, 31*(3), 166–183.
Haigh, D. (2014). Community development and New Zealand local authorities in the 1970s and 1980s. *New Zealand Sociology, 29*(1), 79–97.
Harington, P. (2016). Sociology and social work in New Zealand. *New Zealand Sociology, 31*(3), 108–143.
Hill, M., Mast, S., Bowman, R., & Carr-Gregg, C. (Hrsg.). (1983). *Shades of deviance*. Dunmore Press.
Holmes, J. (2001). Introducing New Zealand sociolinguistics to New Zealand sociologists. *New Zealand Sociology, 16*(1), 1–17.
Humpage, L. (2015). *Policy change, public attitudes and social citizenship: Does neoliberalism matter?* Policy Press.
Jones, F. L., & Davis, P. (1986). *Models of society: Class, stratification and gender in Australia and New Zealand*. Croom Helm.
Kukutai, T., & Jackson, N. (2011). Introduction: Essays honouring Ian Pool. *New Zealand Population Review, 37*, 1–11.
Kukutai, T., & Webber, M. (2011). Navigating the 'space between': Authenticity and identity in 'Māori' social science. *New Zealand Sociology, 26*(Special issue), 4–20.
Loveridge, A. (2016). Rural sociology in New Zealand: Companion planting? *New Zealand Sociology, 30*(3), 205–228.
Lunt, N., Davidson, C., & McKegg, K. (Hrsg.). (2003). *Evaluating policy and practice: A New Zealand reader*. Pearson Prentice Hall.
Macpherson, C. (2016). New directions in Pacific social science: An editorial introduction. *New Zealand Sociology, 31*(2), 2–17.
Matthews, K. M. (1992). 'For and about women': Women's studies in New Zealand universities, 1974–1990. *Women's Studies Journal, 8*(1), 16–29.
Matthews, K. M. (2009). Rosemary Seymour – Links and legacies. *Women's Studies Journal, 23*(1), 4–18.
McCreary, J. (1971a). The school of social science; Part I – The Martians. *New Zealand Social Work Journal, 7*(1), 9–17.
McCreary, J. (1971b). The school of social science; Part II – The Minions. *New Zealand Social Work Journal, 7*(2), 41–49.
McIntosh, T. (2012). Māori sociology in New Zealand. *Global Dialogue*. http://isa-global-dialogue.net/maori-sociology-in-new-zealand/
McIntosh, T., Mulholland, M., et al. (2011). *Maori and social issues*. Huia.
McManus, R. (2012). *Death in a global age*. Palgrave Macmillan.
Mercurio, J. (1974). Caning: Educational ritual. *Journal of Sociology, 10*(1), 49–53.
Morris, A. (1955). Crime and delinquency. *Te Ao Hou, 1*, 14–16.
Murchie, E., et al. (1984). *Rapuora: Health and Maori women*. Maori Women's Welfare League.

Pearson, D. (2014). Disinterested relations? Reflections on sociology and history in and beyond New Zealand. *New Zealand Sociology, 29*(4), 169–186.
Pearson, K. (1979). *Surfing subcultures of Australia and New Zealand.* University of Queensland Press.
Pool, I. (2016). The seminal relationship between demography and sociology. *New Zealand Sociology, 31*(3), 144–165.
Quinlan, M., & Bohle, P. (2013). Re-invigorating industrial relations as a field of study: Changes at work, substantive working conditions and the case of OHS. *New Zealand Journal of Employment Relations, 38*(3), 1–24.
Rashbrooke, M. (2016). Keynote address: Public lecture missing in action: Income inequality and sociology. *New Zealand Sociology, 31*(5), 32–55.
Rodgers, J., & Stenning, P. (2017). Chapter 2: A short history of New Zealand criminology. In A. Deckert & R. Sarre (Hrsg.), *The Palgrave Australian and New Zealand handbook of criminology, crime, and justice* (S. 17–32). Palgrave.
Smith, L. (1999 [2012]). *Decolonizing methodologies: Research and indigenous peoples.* Otago University Press.
Spoonley, P. (Hrsg.). (2003). Special issue: Graeme Fraser and New Zealand sociology. *New Zealand Sociology, 18*(1), 1–54.
Steinmetz, G. (2017). Field theory and interdisciplinarity: History and sociology in Germany and France during the twentieth century. *Comparative Studies in Society and History, 59*(2), 477–514.
Tauri, J., & Webb, R. D. (2011). The Waitangi Tribunal and the regulation of Māori protest. *New Zealand Sociology, 26*(Special issue), 21–41.
Taylor, C., & Mackay, M. (2016). Social impact assessment (SIA) in New Zealand: Legacy and change. *New Zealand Sociology, 31*(3), 229–245.
Taylor, C. N., Bryan, C. H., & Goodrich, C. G. (2004). *Social assessment: Theory, process and techniques* (3. Aufl.). Social Ecology Press.
Thompson, R. (1964). *Race and sport.* Oxford University Press.
Thomson, R., & Jackson, S. (2016). History and development of the sociology of sport in Aotearoa New Zealand. *New Zealand Sociology, 31*(3), 76–107.
Thorns, D., & Pearson, D. (1983). *Eclipse of equality: Social stratification in New Zealand.* Allen & Unwin.
Ward, K. (2016). Religion in New Zealand since the 1960s: Some sociological perspectives. *New Zealand Sociology, 30*(3), 184–204.
Webb, R., & Poata-Smith, E. (2011). Introducing the Māori special issue. *New Zealand Sociology, 26*(3), 1.
Wilson, P., & Chappell, D. (1969). *The police and the public in Australia and New Zealand.* University of Queensland Press.

KAPITEL 5

Die Produktion der neuseeländischen Soziologie

Zusammenfassung Die Infrastruktur, die die Produktion von soziologischem Wissen in Neuseeland beeinflusst, wird skizziert und ihre verschiedenen Auswirkungen aufgezeigt. Es werden Verbindungen zwischen lokalen und internationalen Soziologien diskutiert. Es wird das erwartete asymmetrische Muster festgestellt, aber auch ein gewisser umgekehrter Kulturverkehr wird dokumentiert. Die verschiedenen Formen des Outputs der neuseeländischen Soziologie werden dokumentiert, die eine beträchtliche, aber vielseitige Produktion in Form von Büchern, Zeitschriftenartikeln und anderen Formaten umfassen.

Dieses dritte Kapitel gibt einen Überblick über die individuellen und kollektiven Beiträge, die der neuseeländischen Soziologie und verwandten Bereichen zugrunde liegen, sowie über die Ergebnisse, die die neuseeländische Soziologie erzielt hat, und darüber, wie diese von zwischengeschalteten Institutionen geformt wurden.

5.1 Inputs

5.1.1 Organisationsaufbau

Seit ihren Anfängen wurde die Soziologie in Neuseeland von unterstützenden Verbandsstrukturen flankiert. Die Sociological Association of Australia and NZ (SAANZ) wurde 1963 gegründet und der neuseeländische Zweig der SAANZ in den frühen 1970er-Jahren. NZ stellte einen Vizepräsidenten und ein Vorstandsmitglied (und von Zeit zu Zeit einen Präsidenten). Konferenzen fanden gelegentlich in Neuseeland statt, und die Führungskräfte trafen sich ein- bis zweimal im Jahr in Australien. Darüber hinaus hatte der neuseeländische Zweig einen eigenen Ausschuss und eine eigene Reihe von Jahreskonferenzen, die nach einem unbestimmten geografischen Zeitplan zwischen den Zentren stattfanden. Ein Teil des SAANZ-Beitrags floss an den lokalen Zweig zurück. Die beiden Strukturen passten jedoch nicht ganz zusammen, da die neuseeländischen Vertreter im Dachverband nicht eng mit dem neuseeländischen Vorstand verbunden waren. Das Vorhandensein von lokalen und regionalen Konferenzen sorgte für eine Zweiteilung der Aufmerksamkeit, und die lokale Konferenz zog eher Studenten im Postgraduiertenstadium an, während sich die Mitarbeiter eher die regionale Version leisten konnten.

Ein besonderer Fall, in dem neuseeländische Soziologen einen Beitrag zum großen Ganzen leisteten, war Mitte der 1970er-Jahre, als mehrere neuseeländische Soziologen maßgeblich an dem Umsturz beteiligt waren, der die australische und neuseeländische Soziologie überrollte, und an der darauf folgenden Periode einer stärker von den Einheimischen geprägten Entwicklung. Kevin Clements (mit Peter Davis und Bob Gidlow) an der CU gab eine gemeinsame Zeitschrift heraus und führte ein spannenderes Format mit mehr kurzen, schlagkräftigen Artikeln anstelle längerer wissenschaftlicher Arbeiten ein. Im Großen und Ganzen war der intellektuelle Kontakt über den Tasmanischen Ozean hinweg jedoch nicht sehr intensiv, und das ist bis heute so geblieben.

Die beiden Einrichtungen konnten mehr als zwei Jahrzehnte lang mit- und nebeneinander weiterarbeiten. Dennoch wuchs in den 1980er-Jahren der Druck für eine Trennung, auch wenn nicht ganz klar war, worum es ging, vor allem, als die ärgerlichen Schwierigkeiten auf neuseeländischer Seite durch australische Fürsorge gemildert wurden. Mehrere Themen kochten hoch:

- Es lassen sich Unterschiede zwischen den beiden Soziologien erkennen: Die neuseeländische Soziologie hatte damals mehr nichtakademische Soziologen und betonte den Bi-Kulturalismus wegen seiner Verbindung zu Māori-Themen;
- Es gab einen Hauch von Nationalstolz, da die neuseeländische Komponente unweigerlich von der breiteren, auf Australien ausgerichteten Muttergesellschaft überschattet wurde;
- Es gibt eindeutig einen „Größeneffekt", da Australien in der Lage ist, eine beträchtliche Bandbreite an soziologischem Fachwissen bereitzustellen, das eine Spezialisierung, eine tiefgreifende Entwicklung und Veröffentlichungen ermöglicht;
- Es gab einen „Klassenaspekt": Während die höheren Angestellten Zugang zu den erforderlichen Mitteln hatten, um regelmäßig zu australischen Konferenzen zu reisen, konnten sich die jüngeren Angestellten und Doktoranden solche Reisen seltener leisten;
- Die beiden Verbände hatten unterschiedliche Kostenstrukturen: Der SAANZ-Beitrag war recht hoch und „progressiv", während die neuseeländische Seite am Hungertuch nagte, da sie nur minimale Dienstleistungen erbrachte (eine Konferenz und einen gelegentlichen Newsletter);
- Es gab einige unnötige Kränkungen, die zum Auslöser wurden, z. B. wurden einige Artikel aus Neuseeland, die für die gemeinsame Zeitschrift eingereicht wurden, offenbar abgelehnt, weil sie kein australisches Material enthielten (!), und die Kommunikation mit dem SAANZ-Vorstand war schlecht.

Interessanterweise und bezeichnenderweise fand die Auflösung der formellen Verbindung zwischen den beiden Seiten auf einer Konferenz statt, die an der MU abgehalten wurde, die damals die am stärksten lokal ausgerichteten und energischsten der neuseeländischen Fachbereiche hatte. Die Trennung war umstritten. Es ist jedoch unklar, welche Auswirkungen sie hatte: Diejenigen, die die australische Verbindung aufrechterhalten wollten, konnten dies tun. Die neuseeländische Vereinigung wurde gestärkt, und der Name der Vereinigung wurde um Aotearoa ergänzt, um den einheimischen Anteil zu stärken. Innerhalb eines Jahres wurde ein Ethikkodex formuliert. 1986 wurde die gleichnamige Zeitschrift *New Zealand Sociology* von dem MU-Fachbereich ins Leben gerufen, allerdings nicht als Teil der Vereinigung, sondern neben ihr, obwohl die Zeitschrift in letzter Zeit der Vereinigung „beigetreten" ist. In der lakonischen Einleitung der Gründungsherausgeber Harker und Wilkes hieß es lediglich: „Dies ist die erste Ausgabe einer hoffentlich nützlichen und informativen Zeitschrift, die einen wichtigen Beitrag zur Entwicklung der soziologischen Literatur in Neuseeland leisten wird."

Die SAANZ war während des gesamten Zeitraums eine minimalistische Organisation. Auf den Jahreshauptversammlungen wird ein Vorstand gewählt (die meisten Ämter werden für zwei Jahre vergeben), und es gibt eine Reihe offizieller Ämter, nämlich das des Präsidenten, des Sekretärs und des Schatzmeisters, wobei die beiden letztgenannten Ämter oft über einen längeren Zeitraum von ein und derselben Person ausgeübt werden, was für Kontinuität sorgt. Eine größere Gruppe von Mitgliedern vertritt die verschiedenen Programme. Die Zeitschrift wird von einem eigenen Redakteur herausgegeben, obwohl Jahresberichte erstellt werden.

Die Konferenz ist in der Regel eine zwei- bis dreitägige Veranstaltung mit Hauptrednern, die oft aus Australien (oder dem Vereinigten Königreich oder den USA) eingeflogen werden, auch wenn es zusätzlich geladene lokale Redner oder Diskussionsrunden gibt. Manchmal ist der Veranstaltungsort außerhalb eines Universitätsgeländes (insbesondere Konferenzen in Hawke's Bay und eine andere, die von der UC veranstaltet wurde, aber im nahe gelegenen Akaroa stattfand). Gelegentlich werden Konferenzberichte herausgegeben. Frühere Konferenzen wurden manchmal durch Tage oder Halbtage zu sozialpolitischen oder pädagogischen Themen flankiert. In jüngster Zeit hält die Sektion Geschlecht/Gender auf jeder zweiten Konferenz integrierte Sitzungen ab, und es wird mehr Raum für breit angelegte Mentoring-Aktivitäten zur Unterstützung von Doktoranden eingeräumt. Die meisten Konferenzen ziehen recht viele Teilnehmer an (mindestens 70 und bis zu doppelt so viele), die größtenteils aus Postgraduierten und einer begrenzten Anzahl von NZ-Mitarbeitern (vor allem von leitenden Mitarbeitern) bestehen, aber auch eine beträchtliche Anzahl von Beiträgen aus einer Vielzahl von Quellen hervorbringen. Obwohl eine beträchtliche Anzahl von Papieren vorgelegt wird, scheinen nur wenige ihren Weg in den Druck zu finden, obwohl oft Papiere von Hauptrednern oder Symposien veröffentlicht werden.

In der Anfangszeit der neuen Vereinigung wurde ein SAANZ-Kodex für Forschungsethik entwickelt, dessen mögliche Anwendung jedoch durch die Einrichtung von Ethikausschüssen an Universitäten (und anderen Einrichtungen) überholt wurde. Die SAANZ unterhielt weiterhin einige lose Verbindungen zu ihrem Schwesterverband in Australien und war korporatives Mitglied sowohl der International Sociological Association als auch der Royal Society of NZ. In jüngster Zeit wurde die australische Verbindung durch einen neuseeländischen Kader gestärkt, der dem Redaktionsausschuss der australischen Zeitschrift (*Journal of Sociology*) beitrat und damit (de facto) zu der Situation zurückkehrte, die in den ersten 25 Jahren der Vereinigungen herrschte.

Außerhalb der SAANZ wurden kaum Institutionen aufgebaut. Die wichtigste Ausnahme war Peter Davis' COMPASS, das eine Reihe von Studien erstellt hat, darunter die NZSEI-Skala zur Kodierung von Berufen nach Bildung und Einkommen, und ein begrenztes Datenarchiv sowie jährliche Schulungsmöglichkeiten für die Datenanalyse angeboten hat. In den frühen 1990er-Jahren fristete ein kurzlebiges Sozialforschungsinstitut, das aus den Überresten des Portmanteau DSIR hervorgegangen war, ein kümmerliches Dasein, bevor es sich im Konkurs auflöste, da es ihm nicht gelang, eine Nische für seine analytischen Dienstleistungen zu finden.

5.1.2 Soziologie außerhalb der Wissenschaft

Es gibt und gab eine ganze Reihe von soziologischen Forschungsberatungsunternehmen, die in der Regel sehr klein und oft instabil sind. Im Gegensatz zu den eher orthodoxen Beratungsunternehmen für Sozial- und Marktforschung sind diese tendenziell sozialer ausgerichtet und setzen qualitative Multimethoden ein. Die Qualität der Arbeit ist unterschiedlich, aber da angewandte Soziologen häufig praktikable Empfehlungen aus ihrer Arbeit ableiten müssen, können sie fundierter und aufschlussreicher sein. Darüber hinaus haben einige Soziologen in Regierungskommissionen mitgewirkt; so war z. B. 1986 ein Soziologe Kommissionsmitglied bei einer Untersuchung über die Einladung von Atomschiffen nach Neuseeland, während ein Mitarbeiterteam, dem viele Soziologen angehörten, Berichte für die Königliche Kommission für Sozialpolitik von 1988 schrieb.

5.1.3 Finanzielle Unterstützung und sonstige Infrastruktur

Während die Lehre das Lebenselixier der meisten akademischen Unternehmen ist, kann die Forschung durch die Bereitstellung von mehr Zeit und Geld zur Deckung der Kosten erleichtert werden. In den früheren Tagen der neuseeländischen Sozialforschung wurden die Kosten oft durch freiwillige Arbeit (auch von Studenten und Unterstützern aus der Gemeinschaft) sowie durch Ad-hoc-„Taschengeld"-Finanzierung durch die Fachbereiche (manchmal auch durch Fakultäts- oder Universitätsmittel zur Forschungsförderung) gedeckt. Ab den 1970er-Jahren entwickelten sich jedoch allmählich die Finanzierung und die damit verbundene Infrastruktur zur Unterstützung der Sozialforschung, wobei die finanzielle Unterstützung sowohl institutionalisiert als auch wesentlich umfangreicher wurde.

Mehrere Ausschüsse und verschiedene Arbeitsgruppen trugen dazu bei, eine eher rudimentäre Politik für die Sozialforschung zu gestalten: der Ausschuss für die Finanzierung der sozialwissenschaftlichen Forschung (Social Sciences Research Funding Committee, SSRFC), der Ausschuss für Sozialwissenschaften der RSNZ, die UNESCO-Kommission von Neuseeland und mehrere Ad-hoc-Gruppen. Keines dieser Gremien war jedoch besonders effektiv oder von langer Dauer.

Seit kurz vor der Jahrtausendwende wurde die akademische Forschung in Neuseeland durch eine zunehmende Injektion von Forschungsgeldern angekurbelt, wovon die Sozialwissenschaften und die Soziologie einen Teil abbekamen, obwohl einige Soziologen der Meinung sind, dass der Anteil ihrer Disziplin nicht ausreichend war. Dieser Geldfluss hat zwar die Arbeit an Forschungsprojekten angekurbelt, war aber weniger erfolgreich beim Aufbau einer breiteren und solideren Infrastruktur für die Sozialwissenschaften. Als im neuen Jahrtausend mittelfristige Mittel für „Zentren für Spitzenforschung" bereitgestellt wurden, hatten die Sozialwissenschaften Mühe, eine akzeptable und finanzierbare Plattform zu bieten. Eine Ausnahme bildete das Ngā Pae o te Māramatanga (Māori Centre of Research Excellence: CoRE), das von der Tertiary Education Commission (TEC) finanziert wurde und bei der AU angesiedelt war und sich mit Māori-Forschung befasste. Die von der Labour-Partei geführte Regierung der 2000er-Jahre kam zur Rettung, indem sie 10 Millionen Dollar in einen kooperativen Rahmen zum Aufbau von Forschungskapazitäten in den Sozialwissenschaften (BRCCS) investierte. Damit sollten Mittel aus einer Reihe von fast 60 finanzierten Sozialforschungsprojekten, die damals in Neuseeland durchgeführt wurden, mobilisiert werden. Die einzelnen Programme wurden in dieses Projekt eingebunden. Tab. 5.1 zeigt die Projekte innerhalb des BRCSS, die einen besonders soziologischen Aspekt hatten. Ziel des BRCSS war es, den Aufbau von Kapazitäten und die Entwicklung neuer Forschungsarbeiten in den Sozialwissenschaften durch kooperative, vernetzte Initiativen zu unterstützen, die folgende Aspekte umfassten:

Tab. 5.1 Soziologiebezogene Projekte innerhalb des BRCSS-Kollegiums

Titel	Geldgeber	Zeitraum	Hauptuntersuchungsbeauftragte(r)	Aufnahmeorganisation(en)
Multiple Job Holding	FRST	2001–2005	Dr. Nick Taylor	Taylor Baines Associates/Canterbury University
Strengthening Local Partnerships	FRST	2001–2004	Dr. Wendy Larner	Bristol University (formerly University of Auckland)
Utilisation of Official Statistics in the Auckland Region	Statistik NZ	2005–2006	Professor Charles Crothers	Auckland University of Technology
Pathways to Sustainable Employment in the Uncertain World of Work	FRST	1996–2008	Professor Paul Spoonley	Massey University
NZ Values Study 2004	FRST	2004–2007	Professor Sally Caswell/Paul Perry	Massey University
Constructive Conversations; Biotechnologies Dialogue and Informed Decision Making	FRST	2003–2008	Joanna Govern und Rosemary du Plessis	University of Canterbury
Winners and Losers in the Knowledge Society	Marsden	2005–2008	Professor Les Oxley; Professor David Thorns und Dr. Ken Carlaw	University of Canterbury
'In Transition': How Children of the Economic Reforms Articulate Identities at the Child/Adult Border	Marsden	2004–2007	Dr. Karen Nairn, Dr. Jane Higgins, und Professor Linda Tuhiwai Smith	Otago University, University of Canterbury, and University of Auckland
Pathways to Sustainable Development for Cities and Regions	FRST	2003–2005	Professor David Thorns und Dr. Jane Higgins	University of Canterbury

- Finanzierung neuer sozialwissenschaftlicher Forschungsprojekte/-initiativen in Aotearoa, NZ
- Aufbau von Kapazitäten durch Unterstützung der Entwicklung neuer und aufstrebender Forscher durch Preise und Workshops
- Stärkung des Profils der Sozialwissenschaften durch Seminare, hochrangige Besucher und den Aufbau von Netzwerken

- Aufbau von Zusammenarbeit und Kommunikation zwischen Forschern durch verbesserte Verbindungen zwischen Sozialwissenschaftlern
- Förderung der Vernetzung über die Access Grid Nodes.

Sechs ausgesuchte Netzwerke entwickelten ein Programm von Seminaren und Workshops auf der Grundlage von Access Grid (Videoverbindungen zwischen Universitäten). Einige dieser Netzwerke und einige neue Netzwerke werden unter dem Dach der eSocSci-Drehscheibe fortgeführt, die von der Massey University betrieben wird und versucht, die Koordination zu übernehmen. Zu den Netzwerken gehören die folgenden:

- Māori network
- Pasifika Talanoa network
- New Settlers network
- Emerging and early career researchers' network
- Identities Network, und zuletzt

Governance network. Auch die Soziologie war beteiligt, insbesondere David Thorns und Paul Spoonley. Leider ist es schwierig, die dauerhaften Auswirkungen festzustellen, auch wenn dieses Geld in den Jahren, in denen es eingesetzt wurde, zweifellos die Sozialwissenschaften in Neuseeland beflügelte.

5.1.4 Agenda-Building

Von Zeit zu Zeit haben Regierungen oder verwandte Stellen versucht, Forschungspläne zu entwickeln. Einige dieser Ansätze waren recht breit gefächert, aber natürlich wurde auch Arbeitsmarktfragen, Einwanderern, sozialem Zusammenhalt und Kriminalität Aufmerksamkeit geschenkt. Ein systematischer Rahmen war „Opportunities for All", der Mitte der 2000er-Jahre auf Betreiben des Soziologen und Ministers für Soziales Steve Maharey entwickelt wurde und eine Reihe von Regierungsprogrammen in einem Paket zusammenfasste. Diejenigen Regierungsstellen/Ministerien, die Auftraggeber und Gastgeber für die Sozialforschung waren, hatten natürlich viel engere Ziele, auch wenn die Forschungsziele oft nicht ausdrücklich genannt wurden. In jüngster Zeit richtet sich ein Großteil der staatlichen Sozialforschungsfinanzierung unter der Schirmherrschaft von „National Science Challenge 11" auf das Wohnungswesen und die Städte.

Zweifellos haben solche Agenden eine gewisse Auswirkung gehabt, zumindest auf die finanzielle Unterstützung einiger Forschungsprogramme, aber die Gesamtwirkung ist viel schwieriger zu beurteilen. Darüber hinaus sind die Auswirkungen in der Regel auf die finanzierte Sozialforschung beschränkt, die wiederum innerhalb der gesamten Sozialforschungsgemeinschaft ghettoisiert ist und nicht auf die Lehre übergreift, da die lehrenden Soziologen wenig Interesse an groß angelegten Forschungsaktivitäten gezeigt haben.

Sozialforscher haben sich oft bemüht, mit politischen Entscheidungsträgern zusammenzuarbeiten, damit die Ergebnisse ihrer Forschung in die politische Entscheidungsfindung einfließen. Es hat einige bemerkenswerte Koproduktionen von sozialem Wissen gegeben – gut dokumentiert in Blewden et al. (2010) und Witten und Hammond (2010) – insbesondere in Bezug auf Einwanderungs- und Arbeitsfragen.

Manchmal wird die soziologische Aufmerksamkeit auf gesellschaftliche Themen gelenkt, die in der öffentlichen Meinung eine große Rolle gespielt haben. So sind gelegentlich erkennbare Forschungsaktivitäten im Zusammenhang mit gesellschaftlichen Anliegen aufgeflammt, die im Laufe der Zeit zu- und abnehmen. Bei einigen handelt es sich um regelrechte „moralische Paniken", andere wiederum sind eher diffus. Einige dieser Aufwallungen umfassen:

- Banden
- Das PBRF-System
- Jugendfragen (z. B. psychische Erkrankungen, Suizid)
- Armut.

Abgesehen von gelegentlichen Aufsätzen haben jedoch nur wenige versucht, eine Agenda zu erstellen, was die NZ-Soziologie abdecken sollte, und dieses Thema wurde nicht breit diskutiert oder erörtert. Auch wenn ein solches Agenda-Setting wenig Erfolg hatte, hätte man sich darum bemühen können.

5.1.5 Kontrolle über Forschungs-/Ethikkommissionen

Einige Kommentatoren haben sich gefragt, ob die Einrichtung von Ethikausschüssen an Universitäten die Sozialforschung einschränken könnte (vgl. Tolich & Smith, 2015), und es ist wahrscheinlich, dass es im Allgemeinen eine gewisse Auswirkung gegeben hat, insbesondere im Hinblick auf bestimmte Methoden, die nicht so gut mit dem „medizinischen Modell" übereinstimmen, das von Ethikausschüssen oft vorausgesetzt wird. Es gab einige Fälle, in denen die Forschung durch externe Agenturen oder Personen bedroht wurde, aber die Informationen darüber sind eher anekdotischer Natur. In der Zeit, als es noch keine Ethikausschüsse gab, erhielt McFerran (1973) bei der Untersuchung illegaler Gras-Rauchernetzwerke die Erlaubnis des Generalstaatsanwalts, seine Studie fortzusetzen, obwohl er offenbar von der Polizei beschattet wurde, die auf Verhaftungen hoffte. Ein bekannter Kriminologe entging nur knapp einer Klage wegen historischer Beobachtungen, die er über bestimmte namentlich genannte Beamte gemacht hatte. Ein kürzlich erschienenes Buch über die Einschränkung der Reichweite von Nachrichten und Kommentaren in Neuseeland (Ellis, 2016) beginnt mit einem Vorfall aus dem Jahr 2016. Aufgrund der Beschäftigung eines Soziologen mit Banden (wenn auch hauptsächlich in seiner Eigenschaft als Forscher!) erklärte die neuseeländische Polizei, dass sie dem Forscher die Verwendung von Daten über polizeiliche Straftaten untersagen wolle. Nach einem Aufschrei in den Medien wurden die polizeilichen Auflagen zurückgenommen. Aber vielleicht wurden die Grenzen der ethischen Kontrolle nicht allzu sehr getestet. Es ist möglich, dass Vorstellungen von „politischer Korrektheit" die Forschung problematisch machen; so gab es beispielsweise Medienaufmerksamkeit, als eine Umfrage der Stadtverwaltung von Auckland vorschlug, die Einstellung zu potenziellen Nachbarn mit unterschiedlichen „rassischen" Merkmalen zu untersuchen, und der *Kiwimeter* 2016 wurde wegen der Formulierung einiger Fragen zum „Māori-Privileg" rundheraus (aber zu Unrecht) öffentlich kritisiert. Ganz allgemein hat Martin Tolich (2002) über die „Pākehā-Paralyse" geschrieben, wenn Māori-Themen als zu heikel für Nicht-Māori-Forscher angesehen werden, um sich damit zu beschäftigen.

5.1.6 *Forschung der Regierung*

Die staatliche Sozialforschung ist sowohl ein eigenständiges Ergebnis als auch eine Unterstützung für das breitere soziologische Unternehmen.

Neben der Institutionalisierung der akademischen Forschung gab es solide Fortschritte sowohl im staatlichen als auch im kommerziellen Sektor. Mehrere Regierungsbehörden entwickelten in den 1970er-Jahren Erhebungen, vor allem in den Bereichen Wohnungsbau, Planung und Sport/Freizeit – einschließlich einer Studie zur Zeitverwendung –, während Statistics NZ mehrere Erhebungsergänzungen zu seinen regulären Erhebungen durchführte, die Bereiche untersuchten, die für die Auftraggeber von Interesse waren (z. B. zur Lebensweise der Bewohner ländlicher Gebiete). Die von der Königlichen Kommission für Sozialpolitik 1987 in Auftrag gegebene Erhebung hat Statistics NZ fest in den Bereich der Einstellungserhebungen geführt, und dies hat sich fortgesetzt, vor allem mit der Entwicklung einer allgemeinen Sozialerhebung, die seit 2008 alle zwei Jahre durchgeführt wird und weitgehend auf Einstellungen basiert. Neuere Erhebungen sind stark soziologisch geprägt, wenn auch außerhalb der Aufmerksamkeit der akademischen Soziologen. Es wurden auch verschiedene Rahmenwerke für Sozialindikatoren (z. B. der „Sozialbericht" – siehe Cotterell & Crothers, 2011) entwickelt, die sich auf amtliche Statistiken und Umfragedaten stützen, um über die sich verändernden sozialen Bedingungen im ganzen Land zu berichten, und die ein Gegengewicht zu den leichter verfügbaren und scheinbar maßgeblichen Wirtschaftsindikatoren darstellen. Wenn staatliche Interventionen auf „Social Marketing"-Kampagnen beruhen, werden zwangsläufig Erhebungen zur Überwachung der Wirksamkeit herangezogen, aber dies gilt auch für Interventionsprogramme, z. B. die Kampagne „Like minds like mine" zum Abbau der Diskriminierung von Menschen mit psychischen Erkrankungen. Einige staatliche Stellen (z. B. die Health Promotion Agency) haben die Durchführung solcher Studien zu ihrer zentralen Aufgabe gemacht. Größere Stadtverwaltungen und vor allem Regionalverwaltungen haben sich ebenfalls in der Sozialforschung engagiert. Das soziologische Potenzial von Längsschnittstudien in Neuseeland, von denen die meisten im Rahmen der Gesundheitsforschung durchgeführt werden, ist beträchtlich, und ihre Verfügbarkeit stellt eine große Ressource dar. Diese Reihe von Längsschnittstudien hat eine Vielzahl von Ergebnissen hervorgebracht. Es ist wertvolles soziologisches Material entstanden, dessen Ergebnisse häufig in internationalen soziologischen Fachzeitschriften veröffentlicht werden. In den 1990er-Jahren hatten sich mehrere länderübergreifende Erhebungen entwickelt, und neuseeländische Wissenschaftler stellten sich der Herausforderung, lokale Daten bereitzustellen, um diese zu ergänzen (Tab. 5.2). Mehrere akademische Erhebungen haben eine Fülle von Daten geliefert, und mehrere haben ihre Datensätze öffentlich zugänglich gemacht.

Der kommerzielle Sektor hat Fachwissen und Erfahrung aufgebaut, um den Bedarf an Erhebungen (und manchmal auch an Analysen) für die aufkeimenden staatlichen Forschungsprogramme zu decken. Die Medien haben seit langem Wahlumfragen in Auftrag gegeben (die sich oft auf Fragen zu den Parteiführern und die Bewertung der Leistung der Regierung

Tab. 5.2 Teilnahme Neuseelands an länderübergreifenden Erhebungen

NZES	NZ Election Survey	1987: 3-jährlich
NZVS	NZ (World) Values Survey	1998: alle 5 Jahre
ISSP	International Social Science Programme	1993: jährlich
WIPNZ	World Internet Project NZ	2007: alle 2 Jahre

im Allgemeinen beschränken), wobei jeder Wahl ein Cluster vorausging. Im Laufe der Zeit haben sich jedoch einige eher öffentlich ausgerichtete Marktforschungsunternehmen darauf verlegt, der Öffentlichkeit Berichte über die öffentliche Meinung anzubieten, z. B. UMR und Research NZ, die sich mit solchen Dienstleistungen hervorgetan haben, die natürlich – teilweise – als Werbung für das Unternehmen oder den Sponsor konzipiert sind. Die UMR-Studie ‚Mood of the Nation' liefert seit 20 Jahren Indikatoren für viele Bereiche. Mehrere Marktforschungsunternehmen werden von Soziologen geleitet.

Die Bereitstellung amtlicher Statistiken kann für die Entwicklung einer jeden nationalen Soziologie wichtig sein. Die Verfügbarkeit geeigneter amtlicher oder staatlich erhobener Erhebungsdaten hat einige Analysen ermöglicht, die die Möglichkeiten akademischer Soziologen weit übersteigen würden. Insbesondere die Veröffentlichung von kleinräumigen Volkszählungsdaten förderte die „Sozialraumanalyse", u. a. durch Pool (1960), Timms (1971) und den produktiven britischen Geografen Ron Johnston, damals an der CU. Anfang der 1970er-Jahre war Neuseeland (eher zufällig) eine Zeit lang die Welthauptstadt der Sozialraumanalysen.

5.2 Verbindungen: Soziales Kapital

5.2.1 *Personenströme*

Neuseeland hat unter der Abwanderung vieler seiner lokal ausgebildeten Soziologen gelitten, und viele haben leitende Positionen im Ausland übernommen – mit unterschiedlichen Mustern der Beibehaltung von Verbindungen zurück nach Neuseeland. Noch sichtbarer ist, dass Nicht-Neuseeländer zur neuseeländischen Soziologie beitragen und viele in Neuseeland ansässige Soziologen sich nach außen orientieren. Und viele tun beides. Einige, vor allem in der Anfangszeit, nutzten mehrere ausländische Soziologen Neuseeland als zeitweilige Basis/Sprungbrett für Positionen in ihrem Heimatland und trugen vor Ort wenig bei. Eine (zumindest) große Ausnahme war die Partnerschaft von Webb/Collette an der VUW, die einen frühen NZ-Reader zusammenstellten und einige groß angelegte Studien in Angriff nahmen, vor allem zum Thema Stress (wie er sich in der Verschreibung von Medikamenten äußert). Allerdings verstanden sie nicht immer die lokalen Besonderheiten (Crothers, 1978). Nach seiner Rückkehr in die USA kehrte John Collette nach Neuseeland zurück, um 1984 eine Studie über „Role Demands, Privacy and Psychological Well-Being" durchzuführen. Viele Soziologen, die aus Übersee stammten, wurden zu Einheimischen. So gaben der Kanadier Bill Willmott und der Engländer Bob Gidlow ein Manifest heraus (Cock et al., 1979), in dem sie vorschlugen, dass die Indigenisierung eine wichtige Karrierestrategie für eingewanderte Soziologen sein sollte. Und viele der produktivsten Soziologen Neuseelands sind diesem Rat gefolgt. Allerdings haben sie beim Verlassen Neuseelands nicht unbedingt das Land vernachlässigt. Ein Höhepunkt der Aktivitäten war zum Beispiel ein von den USA finanziertes Projekt, das die Auswirkungen der neuseeländischen Unfallentschädigungskommission untersuchte und von der Neuseeländerin Miriam Gilson-Vosburgh und der Gastwissenschaftlerin Jane Kronick (1980) durchgeführt wurde.

Die Besucher waren vielfältig, wurden aber nur unzureichend erfasst. In nicht allzu vielen Rechtsordnungen wäre es auch nur annähernd sinnvoll, alle Besucher zu erwähnen: Es wären einfach zu viele. Einer von ihnen war Talcott Parsons, der im Jahr seines Todes nach einem kurzen akademischen Aufenthalt an der ANU durch Teile des Landes tourte. Im Jahr 1978 beehrte der berühmte radikale Psychiater Ivan Illich eine NZSA-Konferenz. Luic Wacquant reiste Anfang der 1980er-Jahre nach einem Aufenthalt in Neukaledonien und veröffentlichte in der damaligen gemeinsamen Zeitschrift. Michael Burawoy war Hauptredner auf der Konferenz der Australian Sociological Association (TASA)/SAANZ in Auckland im Jahr 2007, während Erik Olin Wright 2013 einen Besuch abstattete, um Thesenworkshops durchzuführen. Eine Gruppe aus Auckland (Laurie Simmons und Heather Worth) hatte Ende der 1990er-/Anfang der 2000er-Jahre einigen Erfolg damit, führende kontinentale Theoretiker nach Neuseeland zu bringen: Derrida, Žižek und Baudrillard. Erstaunlicherweise füllten die Zuhörer die Stadthalle von Auckland, und später wurden Bücher veröffentlicht, die (sehr lose) auf den Besuchen basieren.

Einige Jahre lang gab es eine Vereinbarung mit dem Fulbright US Scholar Program, die US-amerikanische Soziologen für ein halbes Jahr nach Neuseeland brachte – aber nur wenige nutzten diese Möglichkeit, bevor sie auslief. (Eine der Teilnehmerinnen war Patty Gwartney, zum Zeitpunkt der Abfassung dieses Berichts Professorin für Soziologie an der University of Oregon). Einige Besucher haben an neuseeländischen Konferenzen teilgenommen, und auf der gemeinsamen TASA/SAANZ-Konferenz 2007 gab es ein großes Kontingent aus Übersee. Australische Hauptredner auf Konferenzen sind fast schon zum *Standard* geworden, und immer mehr australische Soziologen sind in das Netzwerk der fachbereichsübergreifenden Jahresgutachter aufgenommen worden. Eine weitere Verbindung besteht zur George Washington University, die mehreren neuseeländischen Soziologen Kurzzeitstellen angeboten hat, um über die neuseeländische Gesellschaft zu lehren.

Während des gesamten Zeitraums, wenn auch vielleicht in jüngerer Zeit, wurde ein Großteil der ethnografischen Arbeit von ausländischen Wissenschaftlern geleistet, die Neuseeland im Rahmen eines akademischen Urlaubs oder einer Doktorarbeit besuchten. Ein kleiner Nachteil besteht meines Erachtens darin, dass sich diese Gastwissenschaftler oft dazu berufen fühlen, umfassende Überblicke über die neuseeländische Sozialgeschichte zu liefern, anstatt sich auf genauere und aufschlussreiche lokale Quellen zu stützen.

Der kulturelle Verkehr war jedoch nicht immer rege. Der Soziologe und Kriminologe Pratt (1992, S. 9), der 1986 aus dem Vereinigten Königreich nach Neuseeland kam und eifrig Foucauld'sche Ansichten vertrat, stellte fest, dass „… es nicht nur keine Debatte … gab, sondern dass es praktisch keine Strafrechtsgeschichte gab", obwohl er auch von einem ähnlichen Mangel in Australien und Kanada berichtet.

Eine detailliertere prosopografische Untersuchung würde bestätigen, dass Neuseeland Teil einer Austauschgruppe war, die aktive Verbindungen mit dem Vereinigten Königreich, den USA, Australien und gelegentlich Europa umfasste (für ein Porträt der Verbindungen zwischen Universitäten innerhalb des Empire vor dem Zweiten Weltkrieg siehe Pietsch, 2010). Diese Austauschnetzwerke beginnen mit der Entsendung von Studenten aus Neuseeland für Postgraduiertenstudien.

5.2.2 Beiträge von Soziologen aus Neuseeland im Ausland

In Zeiten sozialer Experimente in Neuseeland gab es nachweislich einen Rückfluss des kulturellen Verkehrs. Zumindest für die frühere Periode solcher Innovationen: Weder unsere neuere radikale Form des Neoliberalismus noch unsere Rückkehr zu Strategien des „Dritten Weges" haben zu großem internationalen soziologischen Interesse geführt, obwohl es ein gewisses Potenzial dafür gab.

In Neuseeland ansässige Soziologen haben Beiträge zur internationalen Soziologie geleistet, und weitere haben sich an größeren regionalen Netzwerken beteiligt. David Thorns stieg in den Reihen der globalen sozialwissenschaftlichen Leitungsstrukturen auf und war eine Amtszeit lang stellvertretender Vorsitzender des International Social Science Council. Charles Crothers hat sich in der International Sociological Association engagiert. Bruce Curtis und Steve Matthewman haben sich aktiv um Verbindungen zur TASA bemüht, was dazu führte, dass Neuseeländer in den Redaktionsausschuss des *Journal of Sociology* berufen wurden (Matthewman ist Mitherausgeber). Mehrere neuseeländische Soziologen haben häufig an Konferenzen der TASA, der British Sociological Association oder der International Sociological Association (ISA) teilgenommen. Es ist interessant, dass viele Soziologen, die nicht dem Mainstream angehören, an ISA- oder anderen Konferenzen in Übersee teilnehmen, während sie sich nicht herablassen, an lokalen Konferenzen teilzunehmen. (Vielleicht liegt das daran, dass die lokale Soziologie ein tieferes disziplinäres Engagement erfordert). Zu den theoretischen Arbeiten, die in einen internationalen Rahmen eingebettet sind, gehören Arbeiten zu kulturmarxistischen Themen, zum Linkskommunismus, zur Sozialstruktur, zu Pierre Bourdieu, Robert K. Merton, Herbert Spencer, zu gemischten Methoden, zur sozialen Kausalität, zur Technologie- und Katastrophensoziologie, zur Demokratie, zum Utopismus und zur Ethik der Sozialforschung.

Ein weiterer Austausch hat sich zwischen der akademischen und der nichtakademischen Soziologie entwickelt. So haben zum Beispiel einige der frühen Jahrgänge von Doktoranden (insbesondere von der CU und der VUW) in den späten 1970er- und frühen 1980er-Jahren Regierungspositionen erhalten und lautstark versucht, die Bedeutung ihrer Position und ihres Ansatzes zu verkünden (Crothers et al., 1981). In den letzten Jahrzehnten war dieser Strom jedoch weitaus begrenzter oder vielleicht weniger sichtbar. Auch Soziologen haben sich mit der regionalen und lokalen Verwaltung befasst – insbesondere mit dem Auckland Council, der ein beachtliches Nest von Soziologen aufgebaut hat, die sich mit soziologisch wichtigen Fragen wie dem sozialen Zusammenhalt befasst haben. Die Hochschulverwaltung scheint für Soziologen sehr attraktiv zu sein, und eine beträchtliche Anzahl von ihnen ist in solche Positionen aufgestiegen, weit mehr, als man auf einer probabilistischen Basis erwarten könnte. Einige wenige Soziologen waren aktiv an der wissenschaftlichen Arbeit der Regierung beteiligt, beispielsweise an den Crown Research Institutes.

Tab. 5.3 SAANZ-Präsidenten

1.1 Frühere NZ-Präsidenten der SAANZ 1963–1989
1967: Jim H. Robb
1980–1981: Bill Willmott
1986: Nicholas Perry
1.2 Frühere Präsidenten der SAA (NZ), 1989-
1989–1993: Paul Spoonley
1993–1994: Charles Crothers
1994: Gregor McLellan
1995: Merv Hancock
1996–2000: Allison Kirkman
2000–2002: Kevin Dew
2003–2005: Jo Barnes
2005–2008: Bruce Curtis
2009–2014: Ruth McManus
2015-: Steve Matthewman

Die Sichtbarkeit und das Ansehen der Soziologie sind schwer zu messen. Die Aktivitäten einiger hochrangiger Soziologen haben dazu geführt, dass ihnen Ehrungen zuteil wurden, wie der Status der derzeit vier Fellows of the Royal Society of NZ (FRSNZ) und die Verleihung des Te Rangi Hiroa-Preises an Cluny Macpherson und Ian Pool. Peggy Koopman-Boyden wurde 2017 die Damehood verliehen. Für die SAANZ-Präsidenten siehe Tab. 5.3.

5.3 Outputs

Ich werde nun versuchen, einige allgemeine Themen zu beschreiben, die in den Ergebnissen der neuseeländischen Soziologie implizit oder sogar explizit enthalten sind. Diese Punkte wurden zwar größtenteils bereits angesprochen, aber ich beschreibe sie hier ausführlicher.

5.3.1 *Theoretische Traditionen*

Theoretische Ansätze, die sich in Neuseeland als populär erwiesen haben, wurden fast vollständig importiert, aber es fand eine Auswahl statt, welche davon im Vordergrund stehen sollten. Dies wurde manchmal unter dem Gesichtspunkt amerikanischer vs. britischer (und neuerdings kontinentaler) Einflüsse diskutiert. Ersterer impliziert eine Theorie der mittleren Reichweite und eine Betonung der Methoden der Sozialforschung, während letztere stark theoretisch geprägt ist, auch wenn sich der Inhalt dieser Theorien im Laufe der Zeit deutlich verändert hat. Diese Einflüsse wirken sich auf die Lektüre, die Besucher, die postgraduale Ausbildung, die Teilnahme an Konferenzen und das Publikationsverhalten aus.

In vielen Ländern ist die soziologische Theorie von den lokalen Ausprägungen der marxistischen Theorie beeinflusst. Dies trifft auch auf Neuseeland zu, wenn auch in begrenztem Maße (dieser Abschnitt stützt sich auf Neilson, 2016). Sicherlich gibt es in der neuseeländischen Soziologie, wie auch anderswo in der Welt, ein weitgehend linkszentriertes intellektuelles Umfeld, und nur wenige identifizieren sich außerhalb dieser breiten Position. Andererseits haben sich aber auch nur wenige mit dem extremen linken Pol identifiziert. Die Auseinandersetzung mit soziologisch angemessenen Antworten auf die neoliberale Revolution der 1980er-Jahre war wichtig, wenn auch eher im Rückblick als kurz vor dem Ereignis.

Um die Beziehung zwischen Soziologie und Marxismus zu verstehen, muss man zunächst die dünne Entwicklung des neuseeländischen Marxismus und der intellektuellen Kultur im Allgemeinen verstehen. Zwar waren verschiedene Gruppierungen an Diskussionen und einigen politischen Aktionen beteiligt, doch war jede Bewegung durch die konkurrierenden Anziehungskräfte der verschiedenen „Linien" zersplittert. Das linke soziologische Denken umfasste sowohl marxistische als auch demokratisch-sozialistische (links-weberianische) Versionen. Einige, vor allem Marxisten, haben versucht, ein marxistisches theoretisches Modell zu entwickeln, um die Gesamtstrategie zu leiten, was jedoch auf Kosten einer fehlenden empirischen Grundlage ging. Die gemäßigte soziologische Linke hat versucht, die Sozialdemokratie zu verteidigen, indem sie auf eine progressive Mäßigung der sozialen Auswirkungen des neoliberalen Projekts drängte, und ist offener für die Mobilisierung empirischer Daten. Die Vertreter dieses Lagers sind in der Regel methodologische Nationalisten, die die Ideologie gegenüber den brachialen Auswirkungen der globalen Wirtschaftskräfte betonen.

In den frühen 1970er-Jahren gab es an der neuseeländischen Akademie mehrere marxistische Autoren, denen eine Generation trotzkistischer Marxisten folgte, die insbesondere von Mandels Darstellung des „Spätkapitalismus" beeinflusst waren (z. B. Steven, 1978). Bedggoods maßgebliches Werk *Rich and Poor* (1980) war eine antipodische Darstellung des spezifischen Charakters der sozialen Spaltung. Andere frühe Arbeiten befassten sich mit der empirischen Analyse der Zusammensetzung der neuseeländischen Klassenstruktur, der Unterscheidung lokaler Fraktionen der verschiedenen Klassen und unterschiedlicher Tendenzen im Klassenbewusstsein. In den letzten Jahrzehnten hat sich die Debatte über die beste Interpretation der neoliberalen vierten Labour-Regierung und ihrer Nachfolgerin, der von der Nationalen Regierung geführten Regierung, verstärkt, und zwar in Bezug auf die Frage, inwieweit die Extreme der Rogernomics modifiziert wurden, wie der gegenwärtige Kapitalismus am besten zu beschreiben ist und in welchem Verhältnis er zu den weltweiten kapitalistischen Trends steht. Engstirnigere populistische Schriften betrachteten den Aufstieg der Rogernomics als einen „Palastputsch". Die von Foucauld inspirierten Analysen von Wendy Larner, die die *komplexen* Merkmale der neoliberalen Gouvernementalität hervorheben, haben international viel Aufmerksamkeit erregt. In jüngerer Zeit wurde viel über den Kulturmarxismus gelesen und geschrieben, und mehrere in Neuseeland ansässige Soziologen veröffentlichten Texte in diesem Sinne.

Die Soziologie der NZ wurde jedoch nur wenig von der Theorie berührt. Die frühe Theorie war implizit funktionalistisch, wurde aber schnell durch linke Weber'sche Auffassungen ersetzt oder verdrängt. In jüngerer Zeit sind kontinentale Theoretiker wie Foucault und Bourdieu populär geworden, obwohl sie außerhalb des Klassenzimmers nur selten explizit diskutiert werden.

5.3.2   *Empirische Traditionen (basierend auf Crothers, 2016)*

Die Aufmerksamkeit für die empirische Forschung ist ein wichtiges Korrektiv in der Geschichte jeder sozialwissenschaftlichen Disziplin, die stark dazu neigt, die Theorie zu privilegieren. Die Sozialforschung kann jedoch unabhängig von theoretischen Strömungen ihre eigenen Kontinuitäten und Traditionen ausbilden und manchmal auch Grundlagen für konzeptionelle Analysen liefern.

Die School of Social Science an der VUW brachte in den 1950er-Jahren eine Reihe von gemeindezentrierten, auf Umfragen basierenden Studien hervor, die bis in die 1970er-Jahre andauerten (für eine Analyse der Verbreitung der Umfragemethodik siehe Greenhalgh, 2016). Die reifen Studenten, die für das Studium der Gemeindesozialarbeit aufgenommen wurden, nahmen alle an einer jährlichen Umfrage teil, um sich Forschungskompetenzen anzueignen, und dieses Programm wurde von einem Forschungsbeauftragten verankert (der im Laufe der Zeit von einigen besetzt wurde, die dann eine Karriere in der Sozialforschung einschlugen). Ab Mitte der 1960er-Jahre schlossen sich andere soziologische Fachbereiche mit ähnlichen Studien an. Mehrere Gemeinschaftserhebungen wurden zu umfassenderen veröffentlichten Gemeinschaftsstudien weiterentwickelt, aber nur wenige deckten die wichtigeren Merkmale richtiger Gemeinschaftsstudien ab, und so blieben sie recht stumpfsinnige Bemühungen. Viele der früheren Erhebungen waren eher empirisch ausgerichtet und sammelten Informationen – oft im Auftrag von Gruppen, die sich um das Gemeinwesen kümmerten – ohne große Konzeptualisierung oder Analyse und setzten studentische „freiwillige" Arbeitskräfte ein, die ihre analytischen Fähigkeiten und ihr Verständnis von Gemeinwesen verbesserten. In den frühen 1970er-Jahren, bevor Computer weit verbreitet waren, herrschten IBM-Sortiermaschinen vor, bei denen Fragebögen in IBM-Lochkarten umgewandelt wurden, die dann durch eine Sortiermaschine liefen: ein sehr anschaulicher Prozess, da sich die Ergebnisse sichtbar in jeder „Tasche" der sortierten Karten ansammelten. Bei diesen Studien wurde auf eine ausgefeilte Datenanalyse verzichtet, und es blieb oft bei der vorläufigen Verwendung von univariaten Tabellen. Dennoch wurden Behauptungen über den „wissenschaftlichen" Status solcher Studien aufgestellt.

Im gleichen Zeitraum, aber auch schon früher, gab es eine Reihe paralleler, aber separater Studien über Māori-Gemeinschaften und einige historische Studien über Nicht-Māori-Gemeinschaften. Außerdem begannen Historiker mit der Rekonstruktion vergangener Gemeinschaften mit einer ausgefeilten Sozialgeschichte – die Studie über Caversham in Dunedin ist das beste Beispiel dafür.

Später wurden einige Gemeinschaftsstudien erweitert, um auch die Machtstrukturen der Gemeinschaft und insbesondere die Gemeinschaftssymbolik zu berücksichtigen. Georgina Murray untersuchte die australischen Eliten (2006). Angewandte Soziologen befassten sich eher mit der Mobilisierung von Volkszählungs- und anderen amtlichen Daten zur Erstellung von Gemeinschaftsprofilen und Schlüsselindikatoren sowie mit der Entwicklung von Messgrößen für den Zusammenhalt von Gemeinschaften. In der Tat wurde die Untersuchung von Gemeinschaften weitgehend von akademischen Soziologieprogrammen an Einrichtungen für angewandte Politik weitergegeben. Auch hier wurden Rahmenwerke für Sozialindikatoren entwickelt, die Anhaltspunkte dafür liefern, welche Daten für die Überwachung nationaler und lokaler sozialer Trends relevant sein könnten. Im Laufe der Zeit scheint es eine beträchtliche Tendenz zu geben, dass das Engagement der Mainstream-Soziologie in der Gemeinwesenforschung nachlässt, obwohl es weiterhin interessantes Material gibt.

Neben solchen räumlich ausgerichteten Studien gibt es auch Studien, die sich mehr auf die Organisation konzentrieren, obwohl dies eine viel dünnere Tradition ist. Bei vielen dieser Studien handelt es sich eher um berufsbezogene als um organisationsbezogene Studien, von denen sich mehrere mit der Fischereiindustrie befassen, aber auch einige, die sich unter anderem mit Gefrierbetrieben befassen. Es wurden auch Gemeinschaftsorganisationen untersucht.

Ethnografische Methoden haben sich in Neuseeland in einer Vielzahl von Disziplinen verbreitet, darunter Bildung, Sozialarbeit, Krankenpflege und Managementstudien. Es gibt ein beträchtliches Forschungsinteresse an einer Reihe von „Minderheiten"-Bevölkerungen, und die Verwendung ethnografischer (oder sogar partizipatorischer/aktionsbezogener) Methoden wird weithin als geeigneter für die Erforschung solcher Populationen angesehen.

Zusätzliche Energie kam von der Nutzung der Sozialforschung durch soziale Bewegungen, z. B. Feminismus und Umweltbewegung. Verschiedene „Sozialreform"-Projekte waren mit einer etwas diffusen „Umfrage-Bewegung" verknüpft, die weit über die Soziologie hinausging (obwohl Soziologen manchmal daran beteiligt waren), was die Mobilisierung der Umfragetechnik zur Erhellung des Ausmaßes und möglicherweise der sozialen Korrelate von als problematisch erachteten sozialen Phänomenen untermauerte: Erhebungen betrafen zumindest die Lebensweise auf dem Lande, Frauen in der Stadt, Frauen auf dem Lande, Behinderte, Binnenmigration, Migranten, Zahngesundheit, Wohnpräferenzen und Beteiligung an Freizeit- und Sportaktivitäten. Viele Bevölkerungsgruppen wurden erfasst: Māori-Sprachgebrauch, Rechte von Homosexuellen, potenzielle Euthanasie-„Kunden" und so weiter. Manchmal hat der Einsatz von Erhebungen durch soziale Bewegungen zu „moralischen Paniken" geführt, bei denen konkurrierende Seiten Untersuchungen durchführen, von denen sie sich eine Stärkung ihrer politischen Position erhoffen: Zu solchen moralischen Fragen gehörten Abtreibung, Zensur, Besuche von Atomschiffen, Kinderdisziplin, Republikanismus und andere.

Zusammenfassend lässt sich sagen, dass es in Neuseeland mehrere Stränge von Gemeinschafts- und verwandten Studien gibt, wie in Tab. 5.4 dargestellt.

Die Entwicklung eines großzügigeren Finanzierungsumfelds seit der Jahrtausendwende ging mit einem erhöhten Druck einher, „zu veröffentlichen oder unterzugehen". Die größeren potenziellen Schätze an Forschungsgeldern haben die Einrichtung mehrerer wichtiger Forschungs-

Tab. 5.4 Gemeinschaftliche und verwandte Studien

Typ	Nein.	Zeitraum	Beispiele
„Klassische" Gemeinschaftsstudien	5		Johnsonville; Tokoroa; Kawerau, Studien über Ressourcengemeinschaften
Umfragen in der Gemeinschaft	33	1954 – aber vor allem in den 1970er-Jahren	1954: Hawera; 1957: Hydrotown; 1962: Christchurch; 1965: Hamilton; 1957: Masterton; 1969: Porirua; 2001: Auckland, Großraum Auckland; Auckland, verschiedene Vorstädte; 1985: Taupo; 1985: Whangarei; 1972: Akaroa; 1977: Rentnerwohnungen; 1970: Waihi; 1978: Petone; 1983: Johnsonville; 1989: Pongaroa; 1979: Mangamahu; 1980: Kelburn; 2013 und 2015: Vororte von Auckland; 1973: Aranui, Christchurch; 1970: Tokoroa
Analyse der Daten auf Gemeinschaftsebene	21	1970-besonders 1980er-Jahre	
Anthropologische Studien und Studien zur Māori-Gemeinschaft	15	1929; Anfang der 1960er-Jahre	
Ländliche/kleinstädtische Studien	22	Ende der 1970er-und vor allem in den 2000er-Jahren	1990: Methven; 2008: Leigh; 2001: Hochland der Südinsel; 1982: Auckland/Hauraki-Golf; 1982: Mt Maunganui; 2000: Mt Cook und Franz Josef Glacier Village; 1989: Pongaroa; 2002: Rotorua und Kaikoura; 1994: Waihi; 2009: Westland; 2004: Zweckgemeinschaften; 2000: Mangakahia Valley; 1979: Akaroa; 1994: Waihi; 1977: Land-Stadt-Unterschiede beim Konsum von Stress abbauenden Medikamenten
Historische Gemeinschaftsstudien	7	1980er	1995: Caversham; 2015: ländliche Māori; 1991: Waipu; 1995: (Geschlecht); 2015: Stadt-Land-Migranten
Kommentar zu frühen Ethnografien	5		

(*Fortsetzung*)

Tab. 5.4 (Fortsetzung)

Typ	Nein.	Zeitraum	Beispiele
Ethnische Studien	9	1980er	1980: Migranten; 1995: Jüdische Identität; 1960: Engländer; 2012: Samoaner; 1997: Jüdische Identität; 1973: Indische Einwanderer; 1979: Jugoslawen und viele Māori/Pacifica-Studien
Familien-/Haushaltsbezogene Studien	30	1980er-	1997: Leistungsempfänger; 1981: Frauen; 2007: Altersheime; 1997: Familienbildung; 2006: Männlichkeit; 1992: Leistungsempfänger im Haushalt; 1997: Einkommensteilung; 1977: Rentnerwohnungen; 1955: Jugend; 1989: Übergang zur Arbeit; 1983: Männer; 1958: Fertilität; 1999: Ältere; 2001: Geschlecht und Wohlfahrtsreform; 1987: Kosten der Behinderung; 1991: Frauen; 1986: Frauen auf dem Land; 2004: Feministische Rituale; 2004: Utopische Gemeinschaften; 1975: Familienlebenszyklen; 1996: Fürsorge; 2010: Suizid; 2010: Helfen; 2015: Kinder und Armut
Ethnografien/Studien zu Organisationen	23	1960er	Kosten der Blindenpflege; stationäre Altenpflege; Statistiken; Akademiker; Milchbauern, Straßenbahnfahrer und Schuhverkäufer; Gentests; Jugendbanden; Banden; Lotto; körperliche Züchtigung in Schulen; Jugendclubs; Rassismus im Rugby; Integration der Kirchen; Informationssysteme; Schließung von Gefrieranlagen; Rassismus von Immobilienmaklern; Büroangestellte; Beschäftigung und Arbeitslosigkeit von Frauen; Arbeitsmarktdynamik; Friedensbewegung; Umstrukturierung des Bildungswesens
Elite-Studien	3s	1990er	
Alltägliches Leben	8	1950-	1973: Netzwerke; 2012: Nationalfeiertage; 1973: Marihuana-Konsum; 2009: Jugend; 1951: Pendlerzeit

projekte ermöglicht, an denen soziologische Forscher beteiligt waren, u. a. zu den Themen Neusiedler, neuseeländische Arbeitskräfte, lokale Behörden, Whanau/Familiengesundheit, städtische Māori-Disparitäten, kommunale Partnerschaften, Wohnungsbau und Einstellungen zur Gentechnologie. Das Material aus diesen groß angelegten Projekten scheint jedoch noch nicht in die Lehrpläne oder Lehrbücher für Studierende eingeflossen zu sein.

Zu den methodologischen Entwicklungen gehören die lokale Untersuchung bestimmter methodologischer Fragen und das Verfassen von Texten über Methoden der Sozialforschung in Neuseeland. Das Material in solchen Texten war hauptsächlich beschreibend und bezog sich auf neuseeländische Studien oder die Wiedergabe (in lokalisierter Form) ausländischer methodischer Grundsätze (z. B. Davidson & Tolich, 1999), obwohl Linda Smiths (vor allem 1999[2012]) innovativer Ansatz zur Entwicklung „einheimischer" Forschungsmethoden weltweit Anerkennung gefunden hat. Es wurden auch einige „Forschungschroniken" verfasst, in denen Erfahrungen festgehalten wurden.

Es gab ein anhaltendes massives Engagement (insbesondere von Forschern im Bildungs- und neuerdings auch im Gesundheitsbereich) für die Bereitstellung aktualisierter sozioökonomischer Maße, die in Erhebungen eingesetzt werden könnten, um die Kodierung von Berufen in einer Skala sozialer Differenzierung zu leiten. Dazu gehören die Elley-Irving-Skala, aufeinander folgende Indizes der Benachteiligung und die Arbeit an einer sozioökonomischen Skala (NZSEI). Auch andere Indizes, die eine standardisierte Messung fördern, wurden entwickelt. Der Mangel an quantitativ geschulten Forschern ist in Neuseeland jedoch ein deutlicher Mangel und behindert die angemessene Analyse der inzwischen reichlich vorhandenen Daten (Cotterell & von Randow, 2010 und bei Gelegenheit Hawke et al., 2014). Durch unzureichende Datenarchive versickern jedoch Unmengen nützlicher Daten (vgl. Davis, 2004).

5.3.3 Neuseeländische Soziologie-Lehrbücher (basierend auf Crothers, 2008)

Das erste neuseeländische „Soziologie"-Lehrbuch ist ein sehr interessanter „Ausreißer", denn es wurde in den 1880er-Jahren von einem Schulinspektor geschrieben (Pope, 1887). In der Zwischenkriegszeit wurden mehrere Lehrbücher für Staatsbürgerkunde verfasst, von denen einige in einigen Kapiteln eine eindeutig soziologische Perspektive enthielten (z. B. Condliffe, 1923).

Der erste NZ-Reader zur Soziologie (Forster, 1969) enthielt mehrere wichtige Studien auf Gemeindeebene. Der Band wurde wie folgt angekündigt (S. 1): „… die Beiträge befassen sich alle mit Aspekten des Lebens in Neuseeland, die dem Wandel unterworfen und für die Zukunft des Landes von Bedeutung sind". Die in den Kapiteln behandelten Gemeinschaftsstudien umfassen Überlegungen zum Wesen der Gemeinschaft (die sich in erheblichem Maße auf eine frühere Studie über die so genannte Hydrotown stützen), demografische Studien über die Gemeinschaften der Nordinsel, eine frühe Sozialökologie der neuseeländischen Städte, mehrere Kapitel mit soziodemografischen Analysen sowie Analysen der sozialen Schichten, des Verhältnisses von Sport und Politik und schließlich eine Diskussion über die Ethik der Sozialforschung. Unter den Beitragenden sind die Mainstream-Soziologen in der Minderheit.

Bei mehreren in den 1970er-Jahren erschienenen Sammelbänden handelte es sich um Zusammenfassungen von Konferenzbeiträgen oder bereits veröffentlichten Artikeln, die empirische Forschungsergebnisse zusammenfassten oder präsentierten. Eine Perspektive, auf die in diesen Veröffentlichungen manchmal Bezug genommen wurde (insbesondere von Trlin, 1977), war ein „sozialmorphologischer" Ansatz, der groß angelegte soziale Veränderungen umfasste. Das Lehrbuch von Wilkes und Shirley (1984) war stark strukturiert und enthielt mehrere Kapitel, die sich mit verschiedenen Aspekten einer kleinen Gruppe von politischen Themen befassten.

Zu diesem Zeitpunkt wurde eine umfangreiche Reihe von Lehrbüchern herausgegeben. Unter der Leitung von Paul Spoonley wurden in vier aufeinanderfolgenden Texten eine Reihe von Beiträgen verfasst, die sich mit verschiedenen Themen befassten, die man in einem solchen Text erwarten kann. Ein Jahrzehnt später wurde das Format umgestaltet (Spoonley et al., 1990, S. 8): Der grundlegende Ansatz wurde von einer früheren Publikation, *New Zealand Sociological Perspectives*, die 1982 veröffentlicht wurde, abgeleitet. Dies erwies sich als ein erfolgreiches Buch. Die neuseeländische Soziologie hat sich jedoch seit Anfang der 1980er-Jahre enorm weiterentwickelt, und eines der aufregendsten Merkmale war der Versuch, Theorien, Konzepte und Methoden aus ihren europäischen oder nordamerikanischen Ursprüngen in einen neuseeländischen Kontext zu übertragen. „… Das vorliegende Buch ist viel umfassender und neuseeländischer als sein Vorgänger". In der Neuauflage wurden einige Lücken der Vorgängerversion geschlossen: „Es war ungewöhnlich, dass in einer Publikation, die den Anspruch erhebt, eine relativ vollständige Einführung in die neuseeländische Gesellschaft zu bieten, kein Kapitel über die Soziologie des ländlichen Raums enthalten war. Ebenso ungewöhnlich war das Fehlen eines Kapitels, das sich mit den Themen Sport und Freizeit in Neuseeland befasste. Schließlich wird [in einem neuen Kapitel] die Art und Weise erörtert, in der die Medien die sozialen Beziehungen und das gesellschaftliche Selbstverständnis beeinflussen". Die Kapitel befassten sich mit Bevölkerung, Familie, Bildung, Gemeinschaft, Stadt, Land, Arbeit und Organisation, Schichtung und Klasse, Politik/Staat, Religion, Wohlfahrtsstaat, Gesundheit/Gesundheitsfürsorge, Sozialpolitik/Planung, „Rassen" beziehungen, Feminismus, Medien, sozialen Bewegungen, Devianz, Kunst sowie Sport und Freizeit.

Dieses Format wurde um die Jahrtausendwende aufgegeben, stattdessen legte ein Autorentrio in mehr oder weniger integriertem Stil ein Soziologie-Lehrbuch aus einem Guss vor. *Exploring Society* hat die neuseeländischen Soziologie-Texte in den Stand-alone-Modus versetzt, anstatt sie als lokale Ergänzungen zu verwenden. Die Autoren verkünden, dass sie „… die an unseren Hochschulen übliche Trennung zwischen Kursen über „soziologische Grundlagen" einerseits und einem Kurs über die „neuseeländische Gesellschaft" andererseits überwinden möchten. Dieses Buch ist weder eine Einführung in die Soziologie als solche, noch ein Kurs über die neuseeländische Gesellschaft, sondern eine Soziologie *für neuseeländische Studenten*".

In einem frühen Stadium der Entwicklung einer nationalen Soziologie ist es wahrscheinlich, dass importierte Lehrbücher aus den Großstädten verwendet werden. Sobald lokal produzierte Lehrbücher entwickelt werden, können diese eine wichtige Rolle bei der Entwicklung dieser Disziplin spielen. Mit dem Forschungsvorsprung einer Disziplin und der Anhäufung ihres Wissens werden Lehrbücher jedoch allmählich von dieser Rolle verdrängt, und stattdessen entwickelt sich eine eigene „Lehrbuchkultur". Die „Verarbeitung" von Massen von Studierenden mit ihren unterschiedlichen Bedürfnissen führt dazu, dass pädagogische Fragen in den Vordergrund treten. Das Verfassen von Schulbüchern in „peripheren" Gesellschaften ist mit weiteren Problemen konfrontiert, die die Gefahr bergen, diese Kluft noch weiter zu vergrößern. Es müssen nicht nur die allgemeinen soziologischen Vorstellungen des Fachs vermittelt werden, sondern auch Ideen und Informationen über die „lokale" Situation. Das dargestellte Material muss es Studenten und anderen Lesern ermöglichen, das Wesentliche dieser Gesellschaft zu erfassen – ihre wichtigsten internen Strukturen und externen Verbindungen. Es gibt auch wirtschaftliche Überlegungen. Ein lokaler Markt ist oft klein und verträgt nicht zu viel Wettbewerb zwischen alternativen Texten, so dass ein gewisses Maß an Zusammenarbeit zwischen den Lehrdiensten vorzuziehen ist. Wie Nick Perry bissig anmerkte, wurden die Lehrbücher in Neuseeland nach dem Prinzip der Arche Noah aufgebaut: zwei Autoren aus jedem Fachbereich. So würden sie in jedem Fachbereich als Lehrbücher eingesetzt (Tab. 5.5).

Um die Jahrtausendwende kamen Konkurrenten auf den Markt, deren Wirksamkeit allerdings uneinheitlich ist (Bell, 2001; Hird & Pavlich, 2003), und später Furze, ein explizit australasiatischer Text, in den neuseeländisches Material eingefügt wurde. Bell bietet eine lockere, aber interessante Sammlung. *Sociology for the asking* versucht eine (überwiegend) poststrukturalistische Haltung einzunehmen, was für Studierende schwierig erscheint. Ein wichtiger Antrieb für das Buch ist sein Ansatz, auf „… die grundlegende Rolle, die Fragen bei der Formulierung einer soziologischen Vorstellung spielen" hinzuweisen (S. 2 und 13): Furze deckt viel ab, aber vielleicht nicht genug über NZ.

In jüngster Zeit hat der Fachbereich AU einen ausgezeichneten Sammelband herausgegeben, in dem die gegenwärtige Gesellschaft Neuseelands im Mittelpunkt steht:

> In 21 Kapiteln untersuchen die Autoren die politische Identität und Verfassung Neuseelands, unsere Māori, Pākehā, pazifischen und asiatischen

Tab. 5.5 Überblick über neuseeländische Soziologie-Texte

Pope	1887
Condliffe	1923
Forster	1969
Webb und Collette	1973
Trlin	1977
Bedggood	1980
Spoonley et al.	1990
Bell	2001
Hird und Pavlich	2003
Matthewman, West-Newman und Curtis	2007, 2013
Furze et al.	2008, 2011, 2013
Bell, Elizabeth, McIntosh und Wynyard	2017

Völker, Probleme von Klasse, Armut und Ungleichheit, Geschlecht und Sexualität sowie aktuelle Debatten über Alterung, Inhaftierung und Umwelt. Die Autoren stellen eine komplexe Gesellschaft vor, in der dreißig Jahre neoliberale Wirtschaft und globalisierende Politik die Ungleichheiten verschärft haben, die je nach Klasse, ethnischer Zugehörigkeit, Geschlecht, Sexualität und Alter unterschiedlich erlebt werden. Diese sozialen Unterschiede und Probleme stehen im Mittelpunkt dieses Textes. (Klappentext)

Neben den üblichen Versuchen, ein Soziologie-Studentenpublikum bzw. einen Soziologie-Markt zu bedienen, hat sich im Laufe der Zeit Raum für spezifischere Nischen eröffnet. Dazu gehören Texte zu sozialen Themen/Problemen, Forschungsmethoden, sozialen Fakten, medizinischer/Gesundheitssoziologie, Devianz, Bildungssoziologie, Ungleichheit/Klasse, Sozialarbeit/Sozialpolitik, Stadt-/Gemeindesoziologie, Familien, Feminismus, polynesischen Themen und Fibeln für weiterführende Schulen. Die Erstellung von Lehrbüchern über Methoden der Sozialforschung in Neuseeland musste auf das neue Jahrtausend warten, aber sie ist ein Hinweis auf die Verbreitung von Forschungsaktivitäten.

5.3.4 *Zeitschriftenartikel*

Die *New Zeeland Sociology* wird seit 1986 veröffentlicht, die gemeinsame Zeitschrift *Australia and New Zealand Journal of Sociology*, später *Journal of Sociology* (*JOS*), seit 1965. Ein Hinweis auf die Interessen der neuseeländischen Soziologen sind die Themen der Sonderausgaben (obwohl Sonderausgaben auch bedeuten können, dass es notwendig ist, soziologisches Material zu einem bestimmten Thema mit Nachdruck zu mobilisieren) (Tab. 5.6).

Daten aus *Sociofile* wurden verwendet, um die nationalen Soziologien Australiens (wie in *JOS*) und Neuseelands (wie in *NZS*) und zusammen in *ANZJS* bis 1995 zu charakterisieren. (Dies beruht auf der – begründeten – Annahme, dass sich fast das gesamte Material in diesen lokalen Zeitschriften auf das betreffende Land bezieht).

Tab. 5.7 zeigt einige interessante Unterschiede zwischen den einzelnen Ländern. Die neuseeländische Soziologie scheint von theoretischen Belangen und der Kultursoziologie dominiert zu sein, weist aber Defizite in Bezug auf die Familie und, was am meisten überrascht, auf Gruppeninteraktionen (einschließlich „Rassen" beziehungen) auf.

Tab. 5.6 Zeitschriften-Sonderausgaben/Symposien

2016 31 (6) Soziale Bewegungen
2016 31 (5) Ethik in der Praxis
2016 31 (4) 2015 Waikato-Konferenz
2016 31 (3) Geschichte der neuseeländischen Soziologie (2)
2016 31 (2) Neue Wege in der pazifischen Sozialwissenschaft
2015 30 (3) Rahmen für das Wohlbefinden in Neuseeland
2015 30 (2) Progressive Alternativen: Politik, Politik, Praxis
2014 29 (4) Soziale Klasse/Ungleichheit (2)
2014 29 (3) Geschichte der Soziologie in Neuseeland (1)
2013 28 (3) Klasse/Ungleichheit (1)
2013 28 (4) Landwirtschaftliche Zukunft
2011 26 Māori
2011 26 (1 und 2) Neoliberalismus
2008 23 (2) Gemeinsame TASA-Konferenz
2007 22 (1) Soziologie der Arbeit und der Organisationen
2006 21 (1) Kulturpolitik der Museen
2004 19 (2) Ländliche Soziologie
2003 18 (1) Graeme Fraser
2002 17 (1) Akteur-Netzwerk-Theorie
2001 16 (2) Kulturwissenschaften in Aotearoa
2001 16 (1) Soziolinguistik
1999 14 (2) Der Stand der neuseeländischen Soziologie
1996 11 (2) Die Etablierung der Soziologie in Neuseeland: Ein „Gründer"-Rückblick
1995 10 (1) Richtungen der Soziologie in NZ
1994 9 (2) Neuere Bücher zur politischen Ökonomie Neuseelands
1993 8 (2) Organisation der sozialwissenschaftlichen Forschung in Neuseeland

In einer zweiten Studie wurde der Anwendungsbereich über die Untersuchung der lokalen Zeitschriften hinaus erweitert, indem in *Sociological Abstracts* nach allen Artikeln gesucht wurde, die sich ausreichend auf NZ bezogen, um mit Schlagwörtern kodiert zu werden. Dies bietet eine breite Definition der Soziologie, da diese bibliografische Datenbank ein breites Spektrum von Zeitschriften abdeckt. Es ist zu beachten, dass in einigen

Tab. 5.7 Fachgebiet nach Zeitschrift (1960–2008)

	ANZJS (%)	JOS (%)	NZS (%)
Methoden	1,3	1,3	2,8
Geschichte: Theorie	7,9	5,3	19,9
Praxis	2,7	2,6	2,8
Politik	0,6	0,7	0,5
Radikal	0,6	0,5	
Sozialpsychologie	2,8	1,3	0,9
Kulturell	0,9	0,7	10,0
Netzwerk	2,6	0,9	
Organisationen	1,8	0,7	0,9
Sozialer Wandel		2,6	0,9
Makro-Soziologie	0,8	3,3	0,9
Massenverhalten	1,3	2,0	2,4
Stellungnahmen: Kommunikation	2,5	2,6	0,9
Freizeit	1,9	2,0	3,8
Politisch	6,6	6,6	6,6
Wirtschaft	11,5	13,9	3,8
Militär	–	–	–
Interaktionen in der Gruppe	4,1	9,9	3,8
Schichtung	6,4	2,6	2,8
Feministisch	4,1	3,3	3,3
Ländlich	0,8	3,3	–
Urban	4,8		–
Gemeinschaft: regional	–	0,6	–
Umwelt	0,8	2,0	0,5
Sprache: Kunst	Kunst	0,6	6,6
Bildung	6,8	2,6	7,6
Religion	1,1	1,3	2,4
Soziale Kontrolle	4,8	4,0	2,8
Gewalt	2,0		
Wissen	0,4	0,9	
Wissenschaft	0,9	3,3	0,9
Demografie: Biologie des Menschen	4,1	1,3	1,9
Familie: Sozialisierung	7,3	13,9	1,4
Gesundheit: Medizin	4,2	6,6	2,4
Soziale Probleme: Wohlfahrt	1,3	1,3	0,5
Armut	0,9		
Insgesamt	100,0	100,0	100,0

dieser Artikel Neuseeland nur am Rande als ein Fall in einer Mehrländerstudie oder als Beispiel erwähnt wird. Die Zugehörigkeiten wurden dann kodiert, um die in Neuseeland ansässigen Autoren von den im Ausland lebenden zu trennen. Das Land, in dem die Zeitschriften veröffentlicht wurden, ist verfügbar, wenn auch nicht immer zuverlässig. Bei dieser Suche wurden etwa 2100 Artikel gefunden, die bis in die frühen 1950er-Jahre zurückreichen (und, was noch interessanter ist, auch einige darüber hinaus). Davon wurde ein Sechstel in neuseeländischen Fachzeitschriften veröffentlicht, die Hälfte davon in *New Zeeland Sociology*. Nahezu drei Viertel der in neuseeländischen Zeitschriften erschienenen Arbeiten wurden von Neuseeländern verfasst. Insgesamt wurde mehr als die Hälfte der Artikel von Neuseeländern verfasst, so dass (für neuseeländische Autoren) knapp ein Viertel der Artikel in neuseeländischen Zeitschriften und der Rest in ausländischen Zeitschriften veröffentlicht wird. Wie zu erwarten, wird Neuseeland am häufigsten in Zeitschriften aus Australien (6,4 %, was überraschend wenig ist), dem Vereinigten Königreich (33 %) und den USA (26 %) berücksichtigt.

Bei einer weiteren Zählung schätzte ich, dass etwa 300 technische Berichte, Gelegenheits- oder Arbeitspapiere und andere Dokumente veröffentlicht worden sind, wobei die wichtigsten Fachbereiche jeweils etwa 50–70 und LU und OU weitere zwei Dutzend beigesteuert haben.

5.4 Schlussfolgerung

Die Ressourcenausstattung und die strukturellen Vorkehrungen der neuseeländischen Soziologie haben sich von einem Klon ähnlicher Fachbereiche in mehreren Städten zu einer vielfältigeren und besser ausgestatteten Reihe von Einheiten mit einigen spezialisierten Nischen entwickelt, und ihre Ambitionen haben sich dahingehend erhöht, dass sie regelmäßige Beiträge zur weltweiten wie auch zur lokalen Soziologie leisten. Eine kompensatorische Integration auf höherer Ebene ist jedoch nicht entwickelt worden.

Literatur

Bedggood, D. (1980). *Rich and poor in New Zealand*. Unwin.
Bell, A., Elizabeth, V., McIntosh, T., & Wynyard, M. (Hrsg.). (2017). *A land of milk and honey?: Making sense of Aotearoa New Zealand*. Auckland University Press.

Bell, C. (Hrsg.). (2001). *Sociology of everyday life in New Zealand*. Dunmore Press.
Blewden, M., Carroll, P., & Witten, K. (2010). The use of social science research to inform policy development: Case studies from recent immigration policy. *Kotuitui: New Zealand Journal of Social Sciences, 5*, 13–25. A257.
Cock, P., Hay, C., Gidlow, B., & Wilmott, B. (1979). The indigenisation of sociology in Australia and New Zealand. *The Australian and New Zealand Journal of Sociology, 15*(3), 69–77.
Condliffe, J. B. (1923). *The life of society: An introduction to the study of citizenship*. Whitcombe & Tombs.
Cotterell, G., & Crothers, C. (2011). Social indicators and social reporting in New Zealand, and the potential contribution of the Family Whānau and Wellbeing Project. *Social Policy Journal of New Zealand, 37*, 152–171.
Cotterell, G. A., & von Randow, M. (2010). Addressing the quantitative skill shortage in the social sciences. *New Zealand Science Review, 67*(4), 126–128.
Crothers, C. (1978). On the myth of rural tranquillity: Comment on Webb and Collette. *American Journal of Sociology, 83*, 1441–1445.
Crothers, C. (2008). New Zealand sociology textbooks. *Current Sociology, 56*(2), 221–234.
Crothers, C. (2016). Reverberations from Littledene: Empirical research in New Zealand Sociology. *New Zealand Sociology, 31*(3), 268–305.
Crothers, C., Tait, D., Waghorne, M., & Dwyer, T. (1981). *Applied sociology: The future of the discipline*. Paper presented to Sociological Association of Australia and New Zealand, Christchurch, November 1981, 9pp.
Davidson, C., & Tolich, M. (Hrsg.). (1999 [2003]). *Social science research in New Zealand: Many paths to understanding*. Longman.
Davis, P. (2004). Saving and sharing research data: Issues of policy and practice. *Social Policy Journal of New Zealand/Te Puna Whakaaro, 21*, 211–215.
Ellis, G. (2016). *Complacent nation*. BWB Text.
Forster, J. (Hrsg.). (1969). *Social process in New Zealand: Readings in sociology*. Longman Paul.
Furze, B., et al. (2008, 2011 [2013]). *Sociology in today's world*. Cengage Learning Australia.
Greenhalgh, C. (2016). The travelling social survey: Social research and its subjects in Britain, Australia and New Zealand, 1930s–1970s. *History Australia, 13*(1), 144–160.
Hawke, G., et al. (2014). *Our futures: Te Pae Tāwhiti*. http://www.royalsociety.org.nz/our-futures. Zugegriffen am 20.02.2017.
Hird, M. J., & Pavlich, G. C. (Hrsg.). (2003). *Sociology for the asking: An introduction to sociology for New Zealand*. Oxford University Press.
Matthewman, S., West-Newman, C. L., et al. (2007 [2013]). *Being sociological*. Palgrave Macmillan.

McFerran, L. (1973). *Marihuana use in New Zealand: A micro-sociological study*. Medical Research Council of New Zealand.
Murray, G. (2006). *Capitalist networks and social power in Australia and New Zealand*. Ashgate.
Neilson, D. (2016). Sociology on the left in New Zealand: Currents and contests in recent and future history. *New Zealand Sociology, 31*(3), 246–267.
Pietsch, T. (2010). Wandering scholars? Academic mobility and the British World, 1850–1940. *Journal of Historical Geography, 36*(4), 377–387.
Pool, I. (1960). A method for the social grading of areas. *Pacific Viewpoint: Change, Conflict, Continuity, 1*(2), 225–237.
Pope, J. H. (1887). *The state: The rudiments of New Zealand sociology for the use of beginners*. G. Didsbury, Govt. Printer.
Pratt, J. (1992). *Punishment in a perfect society: The New Zealand penal system, 1840–1939*. Victoria University Press.
Smith, L. (1999 [2012]). *Decolonizing methodologies: Research and indigenous peoples*. Otago University Press.
Spoonley, P., Pearson, D. G., & Shirley, I. F. (Hrsg.). (1990). *New Zealand society: A sociological introduction*. Dunmore Press.
Spoonley, P., et al. (Hrsg.) (o.J.). (various) *Exploring society: Sociology for New Zealand students*. Addison Wesley Longman.
Steven, R. (1978). Towards a class analysis of New Zealand. *Australian and New Zealand Journal of Sociology, 14*(2), 113–129.
Timms, D. W. G. (1971). *The urban mosaic*. Cambridge University Press.
Tolich, M. (2002). Pākehā "paralysis": Cultural safety for those researching the general population of Aotearoa. *Social Policy Journal of New Zealand, 19*, 164–178.
Tolich, M., & Smith, B. (Hrsg.). (2015). *The politicisation of ethics review in New Zealand*. Dunmore.
Trlin, A. (Hrsg.). (1977). *Social welfare and New Zealand society*. Methuen.
Vosburgh, M., & Kronick, J. (1980). The family policy implications of a new social program: The New Zealand accident compensation scheme. *Journal of Marriage and Family, 42*(3), 683–693.
Webb, S. D., & Collette, J. (Hrsg.). (1973). *New Zealand society. Contemporary perspectives*. John Wiley & Sons, Australasia.
Wilkes, C., & Shirley, I. (Hrsg.). (1984). *In the public interest: Health, work and housing in New Zealand*. Benton Press.
Witten, K., & Hammond, K. (2010). What becomes of social science knowledge: New Zealand researchers' experiences of knowledge transfer modes and audiences. *Kotuitui: New Zealand Journal of Social Sciences Online, 5*, 1–10.

KAPITEL 6

Schlussfolgerung

Zusammenfassung Die Errungenschaften der neuseeländischen Soziologie werden zusammengefasst, und einige der Einflüsse, die diese in den verschiedenen Perioden geprägt haben, werden skizziert. Es wird gezeigt, dass verschiedene Generationen von Soziologen, die in bestimmten Zeiträumen tätig waren, die Entwicklung der neuseeländischen Soziologie maßgeblich beeinflusst haben. Die Argumentation wird auf drei Ebenen entwickelt: Aufstieg und Niedergang von Fachbereichen, Spezialgebieten und aktiven Forschungsnetzwerken sowie die Art und Weise, wie externe und interne Faktoren diese geprägt haben.

Es ist keine leichte Aufgabe, die Errungenschaften einer nationalen Soziologiegemeinschaft zusammenzufassen. Die Identität der Disziplin in Neuseeland – die Verwirklichung ihres inneren Wesens oder die Ausschöpfung ihres Potenzials – ist ein Thema, das in den Titeln von Konferenzen und einigen Symposien immer wieder aufgegriffen wird (SAANZ bietet nicht oft Präsidentenansprachen an: eine aktuelle Übersicht über die Situation finden Sie in Cremin et al., 2012). Allerdings wurden solche Titel nur selten in die Praxis umgesetzt. Zusammenfassende Urteile sind schwierig und sollten besser nach einer breiteren Debatte unter Einbeziehung verschiedener Standpunkte gefällt werden, daher ist dieses Kapitel mein eigener Versuch, genau dies zu tun.

Eine grobe Berechnung legt nahe, dass etwa 50 akademische Soziologen in den letzten 50 Jahren etwa 2500 Personenjahre in die neuseeländische Soziologie investiert haben. Hinzu kommen die Leistungen von Postgraduierten und die von angewandten Soziologen, die außerhalb der Universitäten beschäftigt sind, ganz zu schweigen von denen aus verwandten Disziplinen, selbst wenn sie sich auf ihre eher soziologischen Beiträge beschränken.

Die Diskussion beginnt mit der Frage, was erreicht wurde, und führt dann Argumente dafür an, warum und wie dies erreicht wurde: Dabei werden Push- und Pull-Faktoren sowie Zwischenstufen berücksichtigt.

Zweifellos lag der Schwerpunkt der Bemühungen auf der Lehre und der Betreuung von Abschlussarbeiten. Aber hier sind sowohl Erfolge als auch Misserfolge nur selten sichtbar, geschweige denn dokumentiert. Die große Popularität, die die Soziologie zu verschiedenen Zeiten genossen hat, und die hohe Zahl an verbleibenden Studenten (wenn auch etwas gestützt durch den jüngsten Anstieg der Kriminologie) sprechen für das Interesse an dem Fach und die Qualität der Lehre. Viel Energie scheint in die Fachbereichsverwaltung und in die Hochschulverwaltung geflossen zu sein, was insbesondere Soziologen angezogen zu haben scheint. Daneben sind die Aktivitäten im Bereich der Dienstleistungen für das Gemeinwesen, ganz zu schweigen von der „Öffentlichen Soziologie", ebenfalls kaum messbar, dürften aber außer in früheren Zeiten nicht sehr groß gewesen sein.

Der Großteil der neuseeländischen soziologischen Bemühungen war dezidiert lokal ausgerichtet, auch wenn einige Neuseeländer einen Beitrag zur internationalen Wissenschaft geleistet haben (was häufig mit einem Umzug ins Ausland verbunden war). Mehrere Soziologen mit internationalem Ruf haben für einige Zeit in Neuseeland gearbeitet und während ihrer Zeit hier weiterhin zur internationalen Literatur beigetragen: Greg McLellan und Barry Smart sind herausragende Beispiele. Viele andere haben sowohl Neuseeland studiert als auch Beiträge für ein ausländisches oder allgemeineres neuseeländisches Publikum verfasst – so auch die meisten derzeitigen Professoren und leitenden Mitarbeiter.

Die neuseeländische Soziologie hat auch zu einer „nationalen Soziologie" beigetragen, obwohl dies nur selten direkt diskutiert wird, zumindest nicht in explizit vergleichender/historischer Hinsicht. Was könnten wir aus der Analyse der wichtigsten sozialen Merkmale Neuseelands als „absoluten oder relativen Vorteil" einer Soziologie in Neuseeland schließen, und welchen Beitrag sollte die Soziologie in Neuseeland daher zur

Weltsoziologie leisten? Im Großen und Ganzen lässt sich Neuseeland in mehrere Gesellschaftskategorien einordnen: Antipoden, Siedlerkolonien, kleine Gesellschaften und weit entfernte Inseln, und es scheint, dass Vergleiche zwischen diesen Gruppierungen nützlich sein könnten. Vielleicht hat der Ruf Neuseelands als „Modellgesellschaft" in ethnischer Hinsicht eine gewisse analytische Hebelwirkung, ebenso wie unsere beiden Perioden, in denen wir ein international ausgeprägtes gesellschaftliches Experiment waren.

Die für eine nationale Soziologie notwendige vergleichende Arbeit ist begrenzt (obwohl insbesondere Pearson – aber auch Baker – die Siedlerkolonien Neuseeland, Australien und Kanada verglichen hat, während Thorns (z. B. 1992) das Material aus Neuseeland in einen breiten vergleichenden Rahmen einfügte). Wir scheinen unsere Verbindung zu Australien nur sehr wenig genutzt zu haben, was teilweise auf das asymmetrische Interesse zurückzuführen ist. Obwohl es einige Verbindungen gibt (gelegentliche gemeinsame Konferenzen, viele australische Hauptredner auf Konferenzen, Prüfer/Moderatoren von Programmen, Betreuung von neuseeländischen Doktoranden und Wanderungen von Mitarbeitern), scheinen diese nicht in etwas Bedeutendes umgesetzt worden zu sein. Die neuseeländische Soziologie zeigt ein begrenztes akademisches Interesse an den pazifischen Gebieten, die unter neuseeländischen Einfluss fallen (insbesondere Südpolynesien und Melanesien), wenn auch in weitaus geringerem Maße als die Anthropologie oder die Geografie (oder sogar die Geschichte).

Schwerwiegender ist jedoch das Defizit an Versuchen, indigene oder lokale Rahmenbedingungen zu entwickeln, die für unseren regionalen Kontext relevant sind, abgesehen von einem kleinen Aufflackern des Interesses an dem Konzept des Siedlerkapitalismus in den 1970er-Jahren und den Debatten über die „neuseeländische Identität" in den 1980er-Jahren. Fragt man nach einem Unterscheidungsmerkmal der neuseeländischen Soziologie, das über ihre geringe Größe hinausgeht, so wird in Anbetracht unseres (übertriebenen) Rufs in diesem Bereich häufig auf die Māori oder im weiteren Sinne auf ethnische Fragen verwiesen. Dies ist zwar ein interessantes Argument und sollte in der Tat im Mittelpunkt stehen, doch muss man zugeben, dass es nur wenig nachhaltige Aufmerksamkeit auf sich gezogen hat.

Die Geschichte der NZ-Soziologie beginnt mit dem Aufstieg und Niedergang von Fachbereichen, die den Kontext für andere Geschichten über Spezialgebiete bilden. Die Fachbereiche werden weitgehend von der

Demografie der studentischen Nachfrage (obwohl dies auch eine subjektive Dimension des fachlichen Interesses hat) und der sich ändernden Demografie der Vorlesungsmerkmale geprägt, die durch die interdisziplinäre Politik auf dem Campus vermittelt wird – insbesondere in Bezug auf den Zeitpunkt der Aufnahme des Lehrbetriebs. Diese Veränderungen sind in der Regel langsam, auch wenn sich die Zusammensetzung der neuseeländischen Soziologie durch den Anstieg des Frauenanteils (und die Herkunft der Studierenden aus anderen Ländern) verändert hat. Das Aufkommen und Verschwinden von Spezialisierungen wurde sowohl von akademischen als auch von allgemeineren intellektuellen Veränderungen vorangetrieben, die zum Teil dadurch abgelenkt wurden, dass Neuseeland einige internationale Trends mit leichter Verzögerung aufnahm. Das Interesse an Spezialgebieten hat sich im Laufe der Zeit verändert, was dazu geführt hat, dass einige weitgehend aufgegeben wurden und andere mit größerer Resonanz an Bedeutung gewannen.

Die Landschaft der neuseeländischen Soziologie muss zwangsläufig ziemlich flach bleiben, da es so wenige Soziologen gibt, die sich auf eine Vielzahl von Fachgebieten verteilen. Dennoch haben sich einige Fachgebiete in aktive Netzwerke verwandelt, die eine verstärkte Aktivität entfaltet haben (was nicht immer leicht zu erkennen ist, wenn man nicht Teil eines solchen Netzwerks ist). Zu den in Kap. 4 besprochenen Fachgebieten gehören die Bereiche Agrarwirtschaft, Gender, Sport und Gesundheitssoziologie. Einige dieser Spezialgebiete ergeben sich aus den Merkmalen der beteiligten Soziologen, insbesondere der Geschlechterforschung. Ein großer Teil der soziologischen Arbeit wurde von feministischen Interessen geleitet, auch wenn sich die Bandbreite dieses Impulses im Laufe der Zeit erweitert hat. Diese Netzwerke wurden oft durch die Einbeziehung von Personen aus dem Ausland oder aus verschiedenen Disziplinen innerhalb Neuseelands angeregt. Der Schlüssel dazu ist die Einrichtung einiger formalisierter Netzwerke mit einer Leitung und regelmäßigen Treffen. Eine Forschungseinheit wie COMPASS hat durch ihre Seminare und ihr Kursprogramm, in dem fortgeschrittene Sozialforschungskompetenzen vermittelt werden, eine quantitative Forschungsgemeinschaft verankert. Der Aufbau einiger Forschungsstipendien ist ebenfalls wichtig, da diese die Datenerfassung erleichtern, und ein belebender theoretischer Rahmen, der das Feld mit zeitgenössischen wichtigen theoretischen Ideen verbindet, ist wichtig. Dennoch gibt es kein Patentrezept: Einige dieser Forschungsschübe sind nur von kurzer Dauer, während andere sich stärker institutionalisieren und sich in einem gleichmäßigeren Tempo entwickeln.

6 SCHLUSSFOLGERUNG

Und wie sieht es mit der öffentlichen Wirkung der Soziologie aus? Im Vorwort zu seinem großartigen Werk *A Vision Betrayed* (*Eine verratene Vision*) macht Tony Simpson (1984) einige spitze Bemerkungen zur sozialwissenschaftlichen Literatur in Neuseeland, insbesondere in Bezug auf die Klasse, und beklagt

> ... die außerordentliche Menge an Forschungsarbeiten, die in Neuseeland durchgeführt werden und die nach ihrer Fertigstellung nie das Licht der Welt erblicken oder, wenn doch, auf ein enges und im Wesentlichen akademisches Publikum beschränkt sind. Und das, obwohl sie oft von breitem allgemeinem Interesse sind und zu Schlussfolgerungen kommen, die in direktem Widerspruch zu den allgemein verbreiteten Überzeugungen stehen. Im offensichtlichen Widerspruch dazu gibt es eindeutig einige Forschungsthemen, die in der Vergangenheit tabu waren und bis zu einem gewissen Grad tabu bleiben.

Wenn sie tabu sind, wird die Forschung zu solchen Themen gar nicht erst aufgenommen. Der Unterricht könnte als ein solches Thema gelten.

Das halbe Jahrhundert muss in verschiedene Perioden aufgeteilt werden, da sich die Bedingungen im Laufe der Zeit verändert haben. Mit diesen Zeiträumen sind verschiedene (sich stark überschneidende!) Generationen von Soziologen mit unterschiedlichen Hintergründen, Interessen, Ausbildungen und anderen Merkmalen verbunden.

Die meisten neuseeländischen Soziologen der ersten Generation waren nicht in Soziologie ausgebildet, sondern kamen aus den Bereichen Anthropologie, Geografie, Psychologie und Politikwissenschaft. Viele kamen aus dem Vereinigten Königreich oder den USA, einige aus Europa. Qualifizierte Mitarbeiter waren schwer zu finden, und viele zogen schnell weiter. Die Anfangszeit verlief teilweise holprig, weil die neuen neuseeländischen Soziologiefachbereiche auf einem Weltmarkt konkurrierten, der von der Nachfrage vieler Universitäten nach neuen Mitarbeitern überfordert war. Überlegungen zur Ausgewogenheit der Geschlechter, zur Lehrerfahrung und zu den fachlichen Interessen konnten erst später berücksichtigt werden, als es mehr Auswahl gab. Es überrascht nicht, dass die Arbeitsbelastung des Personals wenig oder gar keine Zeit für die Forschung ließ und die Publikationsambitionen bescheiden waren. Nach der anfänglich hohen Fluktuation pendelten sich die Fachbereiche mit einem Kader ein, der sich zu etwa gleichen Teilen aus einheimischen und aus dem Ausland rekrutierten Mitarbeitern zusammensetzte. Erstere waren in der Regel lokal qualifiziert und vielleicht nicht ausreichend ausgebildet; zu den letzteren gehörten viele „wiedergeborene" Neuseeländer sowie andere, die sich nicht lokal engagierten. In dieser Anfangsphase wurden die Ehefrauen oft als Korrektorinnen für Aufsätze und Tutorien eingesetzt.

Nicht alle Professoren der ersten Stunde waren führende Köpfe in diesem Fachbereich, obwohl sie ihre eigenen Fachbereiche aktiv förderten. Zwei frühe AU-Professoren waren besonders tatkräftig, aber sie verließen die Universität zu früh. Mehrere von ihnen veröffentlichten nur sehr wenig, und Ian Carter – der es tat – befasste sich hauptsächlich mit britischen Themen. Jim Robb zum Beispiel hat seine frühen Arbeiten über den nationalen Charakter Neuseelands nie richtig aufgearbeitet. Ian Pool hat sich zwar weitaus mehr mit streng demografischen Arbeiten beschäftigt, aber auch soziologische Themen behandelt. Viel Energie wurde in die Verwaltung gesteckt, was vielleicht für wachsende Fachbereiche notwendig war. Der Wechsel in die höhere Universitätsverwaltung war für zu viele eine Versuchung, da er die Energien für die disziplinäre Entwicklung aufzehrte. Vor allem Graeme Fraser war sehr aktiv in den Bemühungen um die Verwaltung der Institutionen. Die Vielfalt war gering: Auf einer SAANZ-Konferenz in den 1980er-Jahren wurde eine Podiumsdiskussion über die Professorenschaft organisiert. Alle waren männlich, und die Zuhörer waren nicht sonderlich überzeugt von Ian Pools völlig korrekter Feststellung, dass dies ein „Generationseffekt" sei. Dienstleistungsaktivitäten waren weiter verbreitet, und Soziologen neigten dazu, sich mehr für „gute Zwecke" zu engagieren. Eine gängige Form der empirischen Forschung waren Erhebungen auf lokaler Ebene auf Veranlassung von Gemeindepförtnern, die in Arbeitspapieren der Fachbereiche veröffentlicht wurden, und die durch freiwillige studentische Arbeit und sehr begrenzte finanzielle Unterstützung finanziert wurden. Ein aktiver Kader von angewandten Soziologen arbeitete in der Regierung, aber sie blieben der Disziplin treu.

Die turbulente neuseeländische Politik der 1980er-Jahre – die Springbok-Tournee, die Māori-Renaissance, „Rogernomics" und die Entwicklung vieler anderer sozialer Bewegungen – schuf soziale Bedingungen, die das Interesse der Soziologie weckten. Die Mitarbeiter waren aktiver im Verlagswesen und stärker auf Neuseeland ausgerichtet. Die „zwei Davids" (Pearson und Thorns) sorgten vor allem in den 1980er-Jahren für ein solides Grundgerüst an wichtigen Büchern. Greg Newbold war wichtig für die Entwicklung einer neuseeländischen Kriminologie und Cluny Macpherson für eine pazifische Soziologie. Paul Spoonley war mit der Zeitschrift, der

Soziologievereinigung und dem Verfassen von Texten der wichtigste institutionelle Innovator und war oft das wichtigste Mediengesicht der Soziologie. Andere Wissenschaftler schrieben aktiv für ein internationales Publikum, trieben aber auch lokale theoretische Entwicklungen voran. Lokale Lehrbücher begannen, die Konfiguration des lokalen Wissens in den verschiedenen Fachgebieten festzulegen. Obwohl es zu einer Spezialisierung kam, wurde der intellektuelle Kern nicht aufgegeben, auch wenn die Postmoderne begann, das disziplinäre Selbstvertrauen zu schwächen. Da „soziologische" Sozialtheorien und Forschungsmethoden in ein breiteres Spektrum von Fachgebieten einflossen, wurden einige von ihnen gegenüber der Soziologie wettbewerbsfähiger. Die Nachfrage der Studenten blieb hoch, wenn auch unterschiedlich, so dass die Zahl der Mitarbeiter weitgehend stabil blieb, mit Zu- und Abgängen. Bei der Rekrutierung gab es eine größere Vielfalt, und auch dies begann, die Lehr- und Forschungspläne der Soziologie umzugestalten. Viele Forschungsarbeiten blieben in kleinem Rahmen, wie z. B. die Blütezeit der Studien, die die Schattenseiten der Rogernomics dokumentierten, während sich die Strukturanalysen nur langsam entwickelten. Doch als die finanziellen Mittel und die verfügbaren statistischen Informationen zunahmen, begannen sich Forschungsprogramme zu entwickeln.

Anfang der 2000er-Jahre kam es unter der Labour-Regierung mit einem Soziologen (Steve Maharey) an der Spitze der Sozialfürsorge zu einem Investitionsschub der Regierung. Der Staat war an einer faktengestützten Politik interessiert, und es wurden mehrere Konferenzen einberufen, um zu untersuchen, wie dies am besten geschehen könnte. Die Investitionen boten Möglichkeiten für den Aufbau von Kapazitäten, auch wenn die langfristigen Folgen dieser Maßnahmen minimal waren.

In der jüngsten Phase kam es angesichts der Herausforderungen der Studenten auf einem wettbewerbsorientierten „Markt" zu einer leichten und zerklüfteten Umstrukturierung. Unter diesem Druck kam es zu einer teilweisen Auflösung des Kerncurriculums und zu Entlassungsrunden sowie zur Pensionierung fast aller akademischen Soziologen aus den 1970er-Jahren. Die zunehmende internationale Rekrutierung (angetrieben durch die Herausforderungen des Forschungsevaluierungssystems) hat Talente hervorgebracht, allerdings um den Preis einer geringeren Konzentration auf Neuseeland (bei einigen der Importe) und des Drucks, mehr Forschungsmittel zu erhalten und mehr zu veröffentlichen (und zwar international, was die internationale Sichtbarkeit Neuseelands erhöhen könnte). Die Entwicklung von „sexy" Kursen (oder Kursen mit „sexy" Titeln,

z. B. Soziologie des Essens und der Sexualität) wird großgeschrieben, um widerspenstige studentische Ansprüche anzusprechen. Tatsächlich scheinen die „altbewährten" Themen Klasse und Organisationen, die früher im Vordergrund standen, von Ethnizität und Sexualität in den Hintergrund gedrängt worden zu sein, auch wenn die Berücksichtigung der Klasse in jüngster Zeit möglicherweise eine Wende erfahren hat (vgl. Crothers, 2013). Diese Widrigkeiten haben sich auch auf einige der Semisoziologien ausgewirkt, die in der Soziologie aufgegangen sind, während Soziologiefachbereiche wiederum aus Gründen der „Effizienz" in größere Schulen eingegliedert worden sind. Die Peitsche des PBRF treibt die Forschungsproduktivität weiter in die Höhe, wenn auch vielleicht mit dem Effekt, dass die Produktion in Formen umgelenkt wird, die für die Situation in Neuseeland weniger relevant sind. Die Distanz zur Öffentlichkeit ist geringer geworden, da soziologische Begriffe weit verbreitet sind und viele Hochschulabsolventen Soziologievorlesungen besucht haben.

Es gab stetige Fortschritte. Es gibt jedoch keine ausreichende Kumulierung von Wissen, keine Festlegung von Traditionen, keine systematische Behandlung von Schlüsselfragen in einer gemeinsamen Forschungsagenda oder auch nur eine Annäherung an eine solche. Wir wissen nur etwas mehr als je zuvor über die sich verändernden sozialen Gegebenheiten in Neuseeland, und Soziologen sind nur selten ernsthaft in politische Debatten eingebunden. Das erforderliche Maß an kollektivem Selbstbewusstsein, Orientierung und Organisation, um eine solche Aufgabenagenda in Angriff zu nehmen, scheint einfach noch nicht vorhanden zu sein.

Was muss schließlich noch hinzugefügt werden, um die Geschichte der neuseeländischen Soziologie zu erfassen? Trotz der Behandlung in 24 Artikeln der beiden Sonderausgaben (Tab. 1.1 in Kap. 1) bleibt noch viel zu dokumentieren und zu bewerten. Darüber hinaus muss sich eine aktive Geschichte der neuseeländischen Soziologie um die Pflege von Ressourcen (Aufzeichnungen und andere Artefakte, ein Programm für mündliche Überlieferungen) kümmern, was in Zukunft maßgeblichere Abhandlungen ermöglichen würde. (Ironischerweise hat das PBRF-Projekt einen interessanten Längsschnittdatensatz hervorgebracht, der bei der Erstellung künftiger Geschichten nützlich sein könnte). Es muss eine Rückkopplungsschleife eingerichtet werden, um die Lehren aus den historischen Aufzeichnungen für die Zukunft zu nutzen. Es bleibt zu hoffen, dass dieser Band zu mehr Reflexivität und damit zu einer klareren Orientierung auf dem Weg der NZ-Soziologie in die Zukunft beitragen wird.

Literatur

Cremin, C., et al. (2012). Sociology and the future – SAANZ conference plenary. *New Zealand Sociology, 27*(1), 60–111.

Crothers, C. (2013). Appendix: The New Zealand literature on social class/inequality. *New Zealand Sociology, 28*(Special Issue on Class/Inequality), 320–354.

Simpson, T. (1984). *A vision betrayed*. Hodder and Stoughton.

Thorns, D. C. (1992). *Fragmenting societies: A comparative analysis of regional and urban development*. International Library of Sociology.

Literatur

American Sociological Association. (2008). *John McKinlay: Award statement.* http://www.asanet.org/about/awards/careerpractice/mckinlay.cfm. Zugegriffen am 02.09.2017.

Austrin, T., & Farnsworth, J. (2007). Assembling sociologies: Following disciplinary formations in and across the social sciences. *New Zealand Sociology, 22*(1), 45–68.

Ausubel, D. (1960 [1977]). *The fern and the tiki.* Angus & Robertson.

Baker, M. (2009). Gender, academia and the Managerial University. *New Zealand Sociology, 24*(1), 25–48.

Baldock, C. (1994). Australian and New Zealand sociology. In R. P. Mohan & A. S. Wilke (Hrsg.), *International handbook of contemporary developments in sociology.* Greenwood Press.

Baldock, C., & Lally, J. (1974). *Sociology in Australia and New Zealand: Theory and methods.* Greenwood Press.

Baldock, C. V. (1971). *Vocational choice and opportunity.* University of Canterbury.

Ballantyne, T. (2012). *Webs of empire: Locating New Zealand's colonial past.* Bridget Williams Books.

Barrington, R., & Gray, A. (1981). *The Smith women: 100 New Zealand women talk about their lives.* Reed.

Barrowman, R. (1999). *Victoria University of Wellington, 1899–1999: A history.* Victoria University Press.

Beaglehole, E., & Beaglehole, P. (1946). *Some modern Maoris.* New Zealand Council for Educational Research.

Bedggood, D. (1980). *Rich and poor in New Zealand*. Unwin.
Bell, A., Elizabeth, V., McIntosh, T., & Wynyard, M. (Hrsg.). (2017). *A land of milk and honey?: Making sense of Aotearoa New Zealand*. Auckland University Press.
Bell, C. (1996). *Inventing New Zealand: Everyday myths of Pakeha identity*. Penguin Books.
Bell, C. (Hrsg.). (2001). *Sociology of everyday life in New Zealand*. Dunmore Press.
Bell, C., & Matthewman, S. (Hrsg.). (2004). *Cultural studies in Aotearoa New Zealand: Identity, space and place*. Oxford University Press.
Bell, C., Clark, N., & Crothers, C. (1986). *National library rural service study*. Department of Sociology, University of Auckland.
Benton, R., Hopa, N., Benton, N., Crothers, C., Macpherson, C., & Henare, M. (2002). *Well-being and disparity in Tamaki-makaurau* (5 vols.). Te Puni Kokiri.
Best, E. (1903). Maori sociology. *NZ Official Yearbook*.
Blewden, M., Carroll, P., & Witten, K. (2010). The use of social science research to inform policy development: Case studies from recent immigration policy. *Kotuitui: New Zealand Journal of Social Sciences, 5*, 13–25. A257.
Brickell, C. (2007). Those "other sociologists": Social analysis before sociology. *New Zealand Sociology, 22*(2), 195–218.
Brickell, C. (2013). The teenager and the social scientist. *New Zealand Sociology, 28*(1), 36–61.
Brickell, C. (2017). *Teenagers: The rise of youth culture in New Zealand*. AUP.
Brickell, C., Martin, T., & Scarth, B. (2014a). Sociology before sociology at Otago University. *New Zealand Sociology, 29*(4), 26–42.
Brickell, C., Tolich, M., & Scarth, B. (2014b). Sociology before sociology at Otago University. *New Zealand Sociology, 29*(4), 26–42.
Broom, L., & Gibbs, J. P. (1964). Social differentiation and status interrelations: The Maori-Pakeha case. *American Sociological Review, 29*(2), 258–265.
Brown, L. B. (1959). The day at home in Wellington, New Zealand. *Journal of Social Psychology; Political, Racial and Differential Psychology, 50*, 189–206.
Brown, L. B. (1960). English migrants to New Zealand: The decision to move. *Human Relations, 13*(2), 67–74.
Brunner, E. D. (1938). *Rural Australia and New Zealand*. Institute of Pacific Relations American Council.
Burdon, R. (1966). New Zealand society: Its characteristics. *Encylopedia of New Zealand*. https://teara.govt.nz/en/1966/new-zealand-society-its-characteristics. Zugegriffen am 20.01.2017.
Butcher, A. (2009). The Asia New Zealand foundation and its research programme. *New Zealand Sociology, 24*(2), 102–112.
Cameron, J. (2000). Robson, John Lochiel. *Dictionary of New Zealand biography. Te Ara – The encyclopedia of New Zealand*. https://teara.govt.nz/en/biographies/5r21/robson-john-lochiel

Campbell, H., Rosin, C., Hunt, L., & Fairweather, J. (2012). The social practice of sustainable agriculture under audit discipline: Initial insights from the ARGOS project in New Zealand. *Journal of Rural Studies, 28*, 129–141.

Campbell, M. (2014). Reminiscing: Waikato takes root. *New Zealand Sociology, 29*(4), 44–59.

Carter, I. (1986). Most important industry: How the New Zealand state got interested in rural women, 1940–1944. *New Zealand Journal of History, 20*, 27–43.

Carter, I. (1988). A failed graft: Rural sociology in New Zealand. *Journal of Rural Studies, 4*, 215–222.

Carter, I. (2004). The missing link: Dietetics and rural sociology in thirties New Zealand. *New Zealand Sociology, 19*(2), 197–219.

Clayworth, P. (2014). Social sciences – Forerunners of the social sciences. *Te Ara – The encyclopedia of New Zealand.* https://teara.govt.nz/en/social-sciences. Zugegriffen am 30.01.2017.

Clements, K. (1988). *Back from the brink.* Allen & Unwin.

Cock, P., Hay, C., Gidlow, B., & Wilmott, B. (1979). The indigenisation of sociology in Australia and New Zealand. *The Australian and New Zealand Journal of Sociology, 15*(3), 69–77.

Coleman, P. (1987). *Progressivism and the world of reform.* University Press of Kansas.

Collyer, F. (2013). Sociologists and their work: Inter-country comparisons in the sociology of health and medicine. *New Zealand Sociology, 28*(1), 62–82.

Condliffe, J. B. (1923). *The life of society: An introduction to the study of citizenship.* Whitcombe & Tombs.

Congalton, A. A. (1953). Social grading of occupations in New Zealand. *British Journal of Sociology, 4*(1), 45–59.

Congalton, A. A. (Hrsg.). (1954). *Hawera, a social survey: A report of a community venture.* Hawera and District Progressive Association; Hawera Star Publishing.

Connell, R. (2007). *Southern theory: The global dynamics of knowledge in social science.* Allen & Unwin.

Cotterell, G., & Crothers, C. (2011). Social indicators and social reporting in New Zealand, and the potential contribution of the Family Whānau and Wellbeing Project. *Social Policy Journal of New Zealand, 37*, 152–171.

Cotterell, G. A., & von Randow, M. (2010). Addressing the quantitative skill shortage in the social sciences. *New Zealand Science Review, 67*(4), 126–128.

Cremin, C., et al. (2012). Sociology and the future – SAANZ conference plenary. *New Zealand Sociology, 27*(1), 60–111.

Crothers, C. (1978). On the myth of rural tranquillity: Comment on Webb and Collette. *American Journal of Sociology, 83*, 1441–1445.

Crothers, C. (2004). A multidisciplinary applied bachelor's degree in the social sciences: The AUT experience. In B. Yourn & S. Little (Hrsg.), *Walking to*

different beats: Good practice and innovation in higher education (S. 57–76). Dunmore Press.
Crothers, C. (2005a). History of New Zealand sociology. In J. Gemov et al. (Hrsg.), *History of Australian sociology* (S. 67–80). Melbourne University Press.
Crothers, C. (2005b). Mapping the social sciences by exploring Performance-Based Research Fund data: Characteristics of New Zealand academic social sciences research outputs. In L. Bakker, J. Boston, L. Campbell, & R. Smyth (Hrsg.), *Evaluating the Performance-Based Research Fund: Framing the debate 2006* (S. 185–209). Institute of Policy Studies: Victoria University of Wellington.
Crothers, C. (2006). *Mapping the social sciences: Characteristics of academic research outputs.* Building Research Capacity in the Social Sciences: Occasional Paper 3, 22pp.
Crothers, C. (2007). Race and ethnic studies in New Zealand: Review essay. *Ethnic and Racial Studies, 30*(1), 165–170.
Crothers, C. (2008a). New Zealand sociology textbooks. *Current Sociology, 56*(2), 221–234.
Crothers, C. (2008b). The state of New Zealand sociology: An updated profile. *New Zealand Sociology, 23*(1), 3–29.
Crothers, C. (2010a). New Zealand sociology in a neo-liberal era: Strands of political economy in New Zealand social science. In M. Burawoy, M. K. Chang, & M. F. Hsieh (Hrsg.), *Facing an unequal world: Challenges for a global sociology* (Bd. II, S. 228–243). Institute of Sociology at Academia Sinica, Council of National Associations of the ISA, and Academia Sinica.
Crothers, C. (2010b). Reproducing the center at the periphery: Antipodean traditions of sociology. In S. Patel (Hrsg.), *The ISA handbook of diverse sociological traditions* (S. 346–357). Sage Publications.
Crothers, C. (2011a). Maori sociology: Legacy and resources. *New Zealand Sociology, 26,* 76–82.
Crothers, C. (2011b). Editorial: Status of New Zealand sociology. *New Zealand Sociology, 26*(2), 4–9.
Crothers, C. (2012). Most influential sociological materials on New Zealand: An editorial reporting bibliometric voting. *New Zealand Sociology, 27*(1), 4–12.
Crothers, C. (2013a). Editorial: International Year of Statistics 2013. *New Zealand Sociology, 28*(2), 3–20.
Crothers, C. (2013b). Appendix: The New Zealand literature on social class/inequality. *New Zealand Sociology, 28*(Special Issue on Class/Inequality), 320–354.
Crothers, C. (2014). History of New Zealand Sociology: An introductory editorial. *New Zealand Sociology, 29*(4), 2–25.
Crothers, C. (2016a). Editorial: Societal interpretations of New Zealand. *New Zealand Sociology, 31*(7), 3–18.

Crothers, C. (2016b). Rounding out the picture: Editorial introduction to the second issue on history of New Zealand Sociology. *New Zealand Sociology, 31*(3), 2–18.

Crothers, C. (2016c). Reverberations from Littledene: Empirical research in New Zealand Sociology. *New Zealand Sociology, 31*(3), 268–305.

Crothers, C. (2016d). The development of sociology in New Zealand within the contemporary political economy: Where to now? *New Zealand Sociology, 31*(7), 250–259.

Crothers, C. (2017). New Zealand graduates with sociology degrees. *New Zealand Sociology, 32*(1), 97–103.

Crothers, C., & Gribben, C. (1986). The state of New Zealand sociology: Some preliminary observations. *New Zealand Sociology, 1*(1), 1–17.

Crothers, C., & Pavlich, G. (Hrsg.). (1995). Directions in sociology for New Zealand/Aotearoa. *New Zealand Sociology, 10*(1), 63–66.

Crothers, C., & Robb, J. (1985). New Zealand. In *UNESCO sociology and social anthropology in Asia and the Pacific* (S. 460–508). Wiley.

Crothers, C., Tait, D., Waghorne, M., & Dwyer, T. (1981, November). *Applied sociology: The future of the discipline.* Paper presented to Sociological Association of Australia and New Zealand, Christchurch, 9pp.

Crothers, C., Macpherson, C., & Matthewman, S. (2014). History of Auckland sociology department (together with AUT). *New Zealand Sociology, 29*(4), 74–98.

Curtis, B. (2007). Academic life: Commodification, continuity, collegiality, confusion and the Performance-Based Research Fund. *New Zealand Journal of Employment Relations, 32*(2), 1–16.

Curtis, B. (2017). The rise and rise of the Performance-Based Research Fund? In C. Shore & S. Wright (Hrsg.), *Death of the public university?: Uncertain futures for higher education in the knowledge economy* (Chap. 9). Berghahn Books.

David-Ives, C. (2015). André Siegfried in New Zealand: A racialist vision of social progress. *Journal of New Zealand & Pacific Studies, 3*(1), 25–37.

Davidson, C., & Tolich, M. (Hrsg.). (1999 [2003]). *Social science research in New Zealand: Many paths to understanding.* Longman.

Davis, P. (1980). *The social context of dentistry.* Croom Helm.

Davis, P. (2004). Saving and sharing research data: Issues of policy and practice. *Social Policy Journal of New Zealand/Te Puna Whakaaro, 21*, 211–215.

Deeks, J., & Perry, N. (1992). *Controlling interests: Business, the state and society in New Zealand.* Auckland University Press.

Dew, K. (2014). Health sociology in New Zealand. *New Zealand Sociology, 29*(4), 140–160.

Dixon, L. (2011). Sociology in New Zealand secondary schools and the development of standards based assessment. Where to if the sociology unit standards are retired? *New Zealand Sociology, 26*(2), 141–144.

Dixon, L. (2015). Recent developments in sociology in New Zealand secondary schools. *New Zealand Sociology, 30*(1), 178–182.
Doig, W. T. (1940). *A survey of standards of life of New Zealand dairy-farmers.* Govt. Printer.
Doig, W. T. (1942). *Rich and poor in New Zealand.* Christchurch Co-operative Book Society.
Donald, M. N., & Havighurst, R. J. (1959). The meanings of leisure. *Social Forces, 37*(4), 355–360.
Du Plessis, R. (2014). Sociology at the University of Canterbury: A very partial history. *New Zealand Sociology, 29*(4), 99–123.
Du Plessis, R., & Fougere, G. (Hrsg.). (1998). *Politics, policy and practice/He Pounamu Kōrero: Essays in honour of Bill Willmott.* Working Paper No. 17. Sociology Department, University of Canterbury.
Ellis, G. (2016). *Complacent nation.* BWB Text.
Finnane, M. (2008). Promoting the theory and practice of criminology: The Australian and New Zealand society of criminology and its founding moment. *The Australian and New Zealand Journal of Criminology, 41*(2), 199–215.
Fitzgerald, R., & Park, J. (2003). Introduction: Issues in the practice of medical anthropology in the Antipodes. *Special Issue, Medical Anthropology: Tales from the Antipodes. SITES, 1,* 1–29.
Fleck, C. (2015). The study of the history of sociology and neighboring fields. *Contemporary Sociology: A Journal of Reviews, 44*(3), 305–314.
Forster, J. (Hrsg.). (1969). *Social process in New Zealand: Readings in sociology.* Longman Paul.
Fraser, C. (1869). Art XLVI – On university education, as adapted to the circumstances and prospects of the Colony of New Zealand. *Transactions and Proceedings.*
Furze, B., et al. (2008, 2011 [2013]). *Sociology in today's world.* Cengage Learning Australia.
Gawith, E. J., et al. (1993). *Women centre stage: A study of SROW and its research.* Society for Research.
Gidlow, B., & Spoonley, P. (1993). Symposium: The funding of social science research in New Zealand. *New Zealand Sociology, 8*(2), 190–237.
Gillespie, J. M., & Allport, G. W. (1955). *Youth's outlook on the future.* Doubleday & Co.
Gordon, L. (2016). The sociology of education in New Zealand: An historical overview. *New Zealand Sociology, 31*(3), 166–183.
Greenhalgh, C. (2016). The travelling social survey: Social research and its subjects in Britain, Australia and New Zealand, 1930s–1970s. *History Australia, 13*(1), 144–160.
Haigh, D. (2014). Community development and New Zealand local authorities in the 1970s and 1980s. *New Zealand Sociology, 29*(1), 79–97.

Hamer, D. (Hrsg.). (1974). *The Webbs in New Zealand, 1898: Beatrice Webb's diary with entries by Sidney Webb* (2. Aufl.). Price Milburn for Victoria University Press.
Hancock, M., Robb, J., & Thompson, R. (1996). The establishment of sociology in New Zealand: A 'founders' retrospect. *New Zealand Sociology, 11*(2), 317–333.
Hansen, D. (1965). Sociology and social research in New Zealand. *Sociology and Social Research, 50*(1), 36–46.
Harington, P. (2016). Sociology and social work in New Zealand. *New Zealand Sociology, 31*(3), 108–143.
Hawke, G., et al. (2014). *Our futures: Te Pae Tāwhiti.* http://www.royalsociety.org.nz/our-futures. Zugegriffen am 20.02.2017.
Hill, M., Mast, S., Bowman, R., & Carr-Gregg, C. (Hrsg.). (1983). *Shades of deviance.* Dunmore Press.
Hird, M. J., & Pavlich, G. C. (Hrsg.) (2003). *Sociology for the asking: An introduction to sociology for New Zealand.* Oxford University Press.
Holmes, J. (2001). Introducing New Zealand sociolinguistics to New Zealand sociologists. *New Zealand Sociology, 16*(1), 1–17.
Humpage, L. (2015). *Policy change, public attitudes and social citizenship: Does neoliberalism matter?* Policy Press.
Jones, F. L., & Davis, P. (1986). *Models of society: Class, stratification and gender in Australia and New Zealand.* Croom Helm.
Kirkman, A. (2012). Professor James Harding Robb (Jim) – A public sociologist: 28 April 1920–23 June 2011. *New Zealand Sociology, 27*(1), 46–59.
Kirkman, A. M. (2014). Sociology at Victoria University of Wellington. *New Zealand Sociology, 29*(4), 61–75.
Kukutai, T., & Jackson, N. (2011). Introduction: Essays honouring Ian Pool. *New Zealand Population Review, 37*, 1–11.
Kukutai, T., & Webber, M. (2011). Navigating the 'space between': Authenticity and identity in 'Māori' social science. *New Zealand Sociology, 26*(Special issue), 4–20.
Lally, J., & Baldock, C. (1975). Australian and New Zealand sociology. In R. P. Mohan & D. Martindale (Hrsg.), *Handbook of contemporary developments in world sociology.* Greenwood Press.
Loveridge, A. (2016). Rural sociology in New Zealand: Companion planting? *New Zealand Sociology, 30*(3), 205–228.
Lunt, N., Davidson, C., & McKegg, K. (Hrsg.). (2003). *Evaluating policy and practice: A New Zealand reader.* Pearson Prentice Hall.
MacArthur, B., & Harington, P. (2014). Obituary: David Bettison. *New Zealand Sociology, 29*(1), 180–184.
MacLeod, R. (Hrsg.). (1987). *The commonwealth of science.* Oxford University Press.

Macpherson, C. (2016a). David Charles Pitt. *New Zealand Sociology, 31*(1), 224–227.
Macpherson, C. (2016b). New directions in Pacific social science: An editorial introduction. *New Zealand Sociology, 31*(2), 2–17.
Macpherson, C., & Macpherson, L. (1990). *Samoan medical belief and practice.* Auckland University Press.
Martin, J. E. (2010). *Honouring the contract.* Victoria University Press.
Matthewman, S., & Hoey, D. (2006). What happened to postmodernism? *Sociology, 40*(3), 529–547.
Matthewman, S., West-Newman, C. L., et al. (2007 [2013]). *Being sociological.* Palgrave Macmillan.
Matthews, K. M. (1992). 'For and about women': Women's studies in New Zealand universities, 1974–1990. *Women's Studies Journal, 8*(1), 16–29.
Matthews, K. M. (2009). Rosemary Seymour – Links and legacies. *Women's Studies Journal, 23*(1), 4–18.
Mayer, K. B. (1964). Sociology in Australia and New Zealand. *Sociology and Social Research, 49*(1), 27–31.
McCreary, J. (1971a). The school of social science; Part I – The Martians. *New Zealand Social Work Journal, 7*(1), 9–17.
McCreary, J. (1971b). The school of social science; Part II – The Minions. *New Zealand Social Work Journal, 7*(2), 41–49.
McFalls, J. A., Jr., Engle, M. J., & Gallagher, B. J., III. (1999). The American Sociologist: Characteristics in the 1990s. *American Sociologist, 30*(3), 96–100.
McFerran, L. (1973). *Marihuana use in New Zealand: A micro-sociological study.* Medical Research Council of New Zealand.
McIntosh, T. (2012). Māori sociology in New Zealand. *Global Dialogue.* http://isa-global-dialogue.net/maori-sociology-in-new-zealand/
McIntosh, T., Mulholland, M., et al. (2011). *Maori and social issues.* Huia.
McLennan, G., Ryan, A., & Spoonley, P. (2000 [2004]). *Exploring society: Sociology for New Zealand students* (1. Aufl.). Addison Wesley Longman.
McManus, R. (2006). Shifting practices in New Zealand sociology. *New Zealand Sociology, 21*(2), 270–288.
McManus, R. (2012). *Death in a global age.* Palgrave Macmillan.
Mercurio, J. (1974). Caning: Educational ritual. *Journal of Sociology, 10*(1), 49–53.
Merton, R. K., & Wolfe, A. (1995). The cultural and social incorporation of sociological knowledge. *American Sociologist, 26*(3), 15–39.
Mitchell, A. (1972). *The half-gallon quarter-acre pavlova paradise.* Whitcombe and Tombs.
Mol, H. (1968). Sociology in Australia and New Zealand. *American Sociologist, 3*(2), 146–147.
Morris, A. (1955). Crime and delinquency. *Te Ao Hou, 1*, 14–16.

Morrison Philip, S. (2009). A demographer's demographer: Arvind Zodgekar. *New Zealand Population Review, 35*, 1–22.
Murchie, E., et al. (1984). *Rapuora: Health and Maori women*. Maori Women's Welfare League.
Murray, G. (2006). *Capitalist networks and social power in Australia and New Zealand*. Ashgate.
Neilson, D. (2016). Sociology on the left in New Zealand: Currents and contests in recent and future history. *New Zealand Sociology, 31*(3), 246–267.
Pearson, D. (2014). Disinterested relations? Reflections on sociology and history in and beyond New Zealand. *New Zealand Sociology, 29*(4), 169–186.
Pearson, D. G. (1980). *Johnsonville: Continuity and change in a New Zealand township* (Studies in Society (Sydney, NSW) 6). Allen & Unwin.
Pearson, D. G. (1990). *A dream deferred: The origins of ethnic conflict in New Zealand*. Allen & Unwin: Port Nicholson Press.
Pearson, D. G. (2001). *The politics of ethnicity in settler societies: States of unease*. Palgrave.
Pearson, K. (1979). *Surfing subcultures of Australia and New Zealand*. University of Queensland Press.
Pietsch, T. (2010). Wandering scholars? Academic mobility and the British World, 1850–1940. *Journal of Historical Geography, 36*(4), 377–387.
Pitt, D. C. (1970). *Tradition and economic progress in Samoa*. Clarendon Press.
Pitt, D. C. (Hrsg.). (1977). *Social class in New Zealand*. Longman Paul.
Pitt, D. C., & Macpherson, C. (1974). *Emerging pluralism: The Samoan Community in New Zealand*. Longman Paul.
Pool, I. (1960). A method for the social grading of areas. *Pacific viewpoint: Change, conflict, continuity, 1*(2), 225–237.
Pool, I. (2004). E G Jacoby: A brief historiography of New Zealand demography. *New Zealand Population Review, 30*(1 & 2), 1–3.
Pool, I. (2016). The seminal relationship between demography and sociology. *New Zealand Sociology, 31*(3), 144–165.
Pope, J. H. (1887). *The state: The rudiments of New Zealand sociology for the use of beginners*. G. Didsbury, Govt. Printer.
Popper, K. (1945). *The open society and its enemies*. Routledge.
Pratt, J. (1992). *Punishment in a perfect society: The New Zealand penal system, 1840–1939*. Victoria University Press.
Quinlan, M., & Bohle, P. (2013). Re-invigorating industrial relations as a field of study: Changes at work, substantive working conditions and the case of OHS. *New Zealand Journal of Employment Relations, 38*(3), 1–24.
Rashbrooke, M. (2016). Keynote address: Public lecture missing in action: Income inequality and sociology. *New Zealand Sociology, 31*(5), 32–55.

Reeves, W. P. (Pharos). (1890). *Some historical articles on communism and socialism: Their dreams, their experiments, their aims, their influence.* Lyttelton Times Office.
Robb, J. H. (1987). *The life and death of official social research in New Zealand.* Sociology Working Paper 7, VUW.
Rodgers, D. T. (2000). *Atlantic crossings: Social politics in a progressive age.* Harvard University Press.
Rodgers, J., & Stenning, P. (2017). Chapter 2: A short history of New Zealand criminology. In A. Deckert & R. Sarre (Hrsg.), *The Palgrave Australian and New Zealand handbook of criminology, crime, and justice.* Palgrave.
Royal Society of New Zealand. (2014). *Our futures. Te Pae Tawhiti.* RSNZ.
Schmidt, J., Russell, M., McManus, R., Matthewman, S., Baker, M., & Pearson, D. (2014). 'The sociological working life': Final plenary presentations at SAANZ conference. *New Zealand Sociology, 29*(1), 162–179.
Scott, W. H. (1978). *Australia and NZ Sociology, 1971–78: An introduction.* Department of Anthropology and Sociology, Monash University and SAANZ.
Shuker, R. (1984). *Educating the workers? A history of the Workers' Education Association in New Zealand.* Dunmore.
Shuker, R. (2001). Site-ing New Zealand cultural studies: The evolution of SITES. *New Zealand Sociology, 16*(2), 77–90.
Siegfried, A. (1914). *Democracy in New Zealand.* Bell.
Simpson, T. (1984). *A vision betrayed.* Hodder and Stoughton.
Sinclair, K. (1959). *A history of New Zealand.* Penguin.
Sinclair, K. (1965). *William Pember Reeves: New Zealand Fabian.* Clarendon Press.
Sinclair, K., & McNaughton, T. (1983). *A history of the University of Auckland, 1883–1983.* Auckland University Press and Oxford University Press.
Smith, L. (1999 [2012]). *Decolonizing methodologies: Research and indigenous peoples.* Otago University Press.
Somerset, H. C. D. (1938 [1974]). *Littledene: A New Zealand rural community.* New Zealand Council for Educational Research.
Spoonley, P. (Hrsg.). (2003a). Special issue: Graeme Fraser and New Zealand sociology. *New Zealand Sociology, 18* (1), 1–54.
Spoonley, P. (2003b). Island imaginings: The possibilities of post-colonial sociology in Aotearoa. *New Zealand Sociology, 18*(1), 55–66.
Spoonley, P. (2009). *Mata Toa: The life and times of Ranginui Walker.* Penguin.
Spoonley, P. (2016). Has Gramsci left the building? *New Zealand Sociology, 31*(7), 246–249.
Spoonley, P., Pearson, D., & Shirley, I. (Hrsg.). (1982). *New Zealand, sociological perspectives.* Dunmore Press.
Spoonley, P., Pearson, D. G., & Shirley, I. F. (Hrsg.). (1990). *New Zealand society: A sociological introduction.* Dunmore Press.

Spoonley, P., Fraser, G., & Maharey, S. (2016). A New Zealand sociological imagination: The Massey story. *New Zealand Sociology, 31*(3), 39–61.
Spoonley, P., et al. (Hrsg.) (o.J.). (various) *Exploring society: Sociology for New Zealand students*. Addison Wesley Longman.
Steinmetz, G. (2017). Field theory and interdisciplinarity: History and sociology in Germany and France during the twentieth century. *Comparative Studies in Society and History, 59*(2), 477–514.
Steven, R. (1978). Towards a class analysis of New Zealand. *Australian and New Zealand Journal of Sociology, 14*(2), 113–129.
Stewart, J. (2015). William Beveridge in New Zealand: Social security and world security. *Canadian Journal of History, 50*(2), 262–289.
Swain, D. (2009). Emeritus Professor James Ernest Ritchie O.N.Z.M. 12 December 1929–24 September 2009. *New Zealand Sociology, 24*(2), 113–114.
Tauri, J., & Webb, R. D. (2011). The Waitangi Tribunal and the regulation of Māori protest. *New Zealand Sociology, 26*(Special issue), 21–41.
Taylor, C., & Mackay, M. (2016). Social impact assessment (SIA) in New Zealand: Legacy and change. *New Zealand Sociology, 31*(3), 229–245.
Taylor, C. N., Bryan, C. H., & Goodrich, C. G. (2004). *Social assessment: Theory, process and techniques* (3. Aufl.). Social Ecology Press.
Thomas, J. N. (1974). *The Institute of Pacific relations: Asian scholars and American politics*. University of Washington Press.
Thompson, R. (1964). *Race and sport*. Oxford University Press.
Thompson, R. (1972). The development of sociology in New Zealand. *The Australian and New Zealand Journal of Sociology, 8*(3), 188–193.
Thompson, R. H. T. (1967). Sociology in New Zealand. *Sociology and Social Research, 5*(4), 503–508.
Thomson, R., & Jackson, S. (2016). History and development of the sociology of sport in Aotearoa New Zealand. *New Zealand Sociology, 31*(3), 76–107.
Thorns, D., & Pearson, D. (1983). *Eclipse of equality: Social stratification in New Zealand*. Allen & Unwin.
Thorns, D. C. (1992). *Fragmenting societies: A comparative analysis of regional and urban development*. International Library of Sociology.
Thorns, D. C. (2003). The challenge of doing sociology in a global world: The case of Aotearoa/New Zealand. *Current Sociology, 51*(6), 689–708.
Timms, D. W. G. (1971). *The urban mosaic*. Cambridge University Press.
Timms, D. W. G., & Zubrzycki, J. (1971). A rationale for sociology teaching in Australasia. *The Australian and New Zealand Journal of Sociology, 7*(1), 3–20.
Tipples, R., Mackay, M., & Perkins, H. (2016). Tracing the development of a sociological orientation at Lincoln University. *New Zealand Sociology, 20*(3), 19–38.

Tolich, M. (2002). Pakeha "paralysis": Cultural safety for those researching the general population of Aotearoa. *Social Policy Journal of New Zealand, 19*, 164–178.

Tolich, M., & Smith, B. (Hrsg.). (2015). *The politicisation of ethics review in New Zealand*. Dunmore.

Trlin, A. (Hrsg.). (1977). *Social welfare and New Zealand society*. Methuen.

Vosburgh, M., & Kronick, J. (1980). The family policy implications of a new social program: The New Zealand accident compensation scheme. *Journal of Marriage and Family, 42*(3), 683–693.

Ward, K. (2016). Religion in New Zealand since the 1960s: Some sociological perspectives. *New Zealand Sociology, 30*(3), 184–204.

Watson, J. E. (1952). Travelling time to work: Some notes from the New Zealand census of 1945. *Social Forces, 30*(3), 283–292.

Webb, R., & Poata-Smith, E. (2011). Introducing the Maori special issue. *New Zealand Sociology, 26*(3), 1.

Webb, S. D., & Collette, J. (Hrsg.). (1973). *New Zealand society. Contemporary perspectives*. John Wiley & Sons, Australasia.

Wilkes, C., & Shirley, I. (Hrsg.). (1984). *In the public interest: Health, work and housing in New Zealand*. Benton Press.

Wilson, P., & Chappell, D. (1969). *The police and the public in Australia and New Zealand*. University of Queensland Press.

Winks, R. W. (1954). *These New Zealanders*. Whitcombe and Tombs.

Witten, K. (2006). *Building Research Capability in the Social Sciences (BRCSS): National survey of social scientists 2006*. BRCSS Network.

Witten, K., & Hammond, K. (2010). What becomes of social science knowledge: New Zealand researchers' experiences of knowledge transfer modes and audiences. *Kotuitui: New Zealand Journal of Social Sciences Online, 5*, 1–10.

The manufacturer's authorised representative in the EU is Springer Nature Customer Service Centre GmbH, Europaplatz 3, 69115 Heidelberg, Germany. If you have any concerns regarding our products, please contact ProductSafety@springernature.com

Printed and bound by CPI Group (UK) Ltd, Croydon, CR0 4YY
23/03/2026
02076457-0002